# Bescherelle

# Le Vocabulaire

**POUR TOUS**

Adeline Lesot
**agrégée de lettres modernes**

Hatier

© Hatier – Paris 2024 – ISBN : 978-2-401-10478-5 – ISSN : 0990 3771

Sous réserve des exceptions légales, toute représentation ou reproduction intégrale ou partielle, faite, par quelque procédé que ce soit, sans le consentement de l'auteur ou de ses ayants droit, est illicite et constitue une contrefaçon sanctionnée par le Code de la propriété intellectuelle. Le CFC est le seul habilité à délivrer des autorisations de reproduction par reprographie, sous réserve en cas d'utilisation aux fins de vente, de location, de publicité ou de promotion de l'accord de l'auteur ou des ayants droit.

Achevé d'imprimer par Pollina à Luçon - France - 49638
Dépôt légal : 10478-5/01 - Mai 2024

# Avant-propos

## *Un outil de référence et de découverte*

Ce *Vocabulaire pour tous* veut répondre à l'intérêt qu'un large public porte aujourd'hui à la langue et aux mots.
Il a été conçu avec ce double objectif :
- Présenter **un ouvrage de référence** où le lecteur pourra vérifier ses connaissances, comprendre les principales notions liées au vocabulaire, retrouver le sens d'un mot, un emploi, et apprendre à utiliser le mot juste.
- Offrir **un espace de découverte** à tous les curieux de la langue française désireux d'en savoir plus sur son histoire, sur l'évolution des usages, et de se laisser surprendre par le riche univers des mots.

## *Six parties pour tout comprendre*

Les six parties qui composent l'ouvrage proposent au lecteur un itinéraire complet :
- Comprendre les **notions de base** de la linguistique à l'aide de définitions simples permettant de décrire précisément ce qui constitue le lexique, les vocabulaires, le mot ; découvrir la diversité des moyens de classement et d'explication des mots.
- Explorer l'**histoire du lexique** : découvrir les origines du français, les emprunts faits aux langues anciennes et aux langues étrangères ; remonter aux sources de l'étymologie et comprendre d'où vient le français parlé hors de France.
- Analyser les divers **modes de formation des mots** : repérer des familles, s'interroger sur le rôle des préfixes et des suffixes ; observer les particularités des mots composés et des mots tronqués jusque dans leurs formes les plus récentes.
- Réfléchir au **sens des mots** : reconnaître la diversité des significations et les changements rencontrés au cours de l'histoire et jusque dans les emplois contemporains ; prendre en compte les valeurs données aux mots par le contexte.
- **Choisir les mots** pour leur précision, les nuances qu'ils apportent ; intégrer le mot dans un contexte approprié ; **répertorier les mots** utilisés dans un domaine d'activité particulier et préciser leur sens spécifique.
- **Trouver les réponses** précises aux questions sur l'orthographe ou le bon emploi d'un mot, **devant les pièges** de la ressemblance et de la confusion.

## *Plusieurs niveaux de lecture*

Chaque partie propose plusieurs niveaux de lecture :
- Des **définitions** et des **analyses** détaillées expliquent les phénomènes lexicaux en les commentant.
- De nombreux **exemples** illustrent les notions et des **tableaux** mettent les mots en contexte.
- Des **quiz** au début de chaque partie invitent le lecteur à tester ses connaissances ; des renvois aux paragraphes permettent de vérifier les réponses aux questions.
- Des **listes** organisées recensent les mots réunis par une même origine, par un rapport de sens ou par un thème commun.
- Des **rubriques** courtes, signalées par un fond de couleur, attirent l'attention sur un fait lexical étonnant, une curiosité, des rapprochements inattendus.
- Pour finir, un **index des notions**, riche de plus de 300 entrées, peut servir de base de données à l'utilisateur.

# Sommaire

## DÉCRIRE, CLASSER LES MOTS

### Qu'est-ce que le vocabulaire ?

1. Lexique et vocabulaire : quelle différence ?
2. Vocabulaires spécifiques et vocabulaire commun
3. Vocabulaire actif et vocabulaire passif
4. Le lexique, un ensemble organisé de mots
5. Le lexique, des mots en relation
6. Le lexique, un ensemble classifiable
7. Étude diachronique et étude synchronique du lexique
8. Qu'est-ce que la lexicologie ?
9. Qu'est-ce que la lexicographie ?

### Qu'est-ce qu'un mot ?

10. Les onomatopées et les interjections
11. Les mots grammaticaux et les mots lexicaux
12. Les mots simples et les mots construits
13. Le signifiant et le signifié
14. L'association du signifiant et du signifié
15. Le référent d'un mot
16. Ce qui fait sens dans un mot
17. Le mot, une unité de sens autonome

### Les dictionnaires

18. À quoi sert un dictionnaire ?
19. Dictionnaires encyclopédiques et dictionnaires de langue
20. Les dictionnaires analogiques
21. Les dictionnaires spécialisés
22. Les entrées des dictionnaires
23. Les articles des dictionnaires
24. Les définitions des dictionnaires

## COMPRENDRE L'HISTOIRE DU LEXIQUE FRANÇAIS

### Les origines du lexique français

25. Le fonds gaulois ou celtique
26. Le latin populaire
27. Le fonds germanique ou francique
28. L'évolution phonétique du latin au français
29. Reconnaître l'ancien français
30. Les verbes défectifs, témoins de l'ancien français
31. La présence de l'ancien français dans les locutions figées
32. Quelques formes usuelles léguées par l'ancien français
33. La création de dérivés en moyen français
34. Les doublets : des mots de formation populaire et savante
35. Le phénomène de relatinisation

### Les emprunts lexicaux

36. Qu'est-ce qu'un emprunt lexical ?
37. Les étapes de l'assimilation des emprunts
38. Le cas des anglicismes
39. Les grandes périodes d'emprunt
40. Le nombre des emprunts
41. Les emprunts à l'arabe
42. Les emprunts à l'espagnol
43. Les emprunts à l'italien
44. Les emprunts à l'allemand
45. Les emprunts à l'anglais

## L'étymologie

46 L'étymologie : l'origine des mots
47 L'étymologie : l'étude de l'origine des mots
48 Les fausses étymologies
49 D'étonnants parcours étymologiques
50 Des parentés inattendues entre les mots
51 Les mots venus d'un nom propre de pays ou de peuple
52 Les mots venus d'un nom propre de ville
53 Les mots venus d'un nom propre de la littérature
54 Les mots venus d'un nom propre de personne

## Les mots de la culture gréco-latine

55 Le latin dans la vie politique et sociale
56 Le latin dans la pensée et les arts
57 Le latin dans l'imprimerie et l'édition
58 Le latin des expressions familières
59 Des noms issus de noms propres mythologiques
60 Des adjectifs issus de noms propres mythologiques

## Les mots de la francophonie

61 Le français, langue d'origine pour plusieurs pays
62 Le français, langue exportée
63 Le français imposé par la colonisation
64 Quels sont aujourd'hui les pays francophones ?
65 Quelques mots du vocabulaire français de Belgique
66 Quelques mots du vocabulaire français de Suisse
67 Quelques mots du vocabulaire français du Québec
68 Quelques mots du vocabulaire français d'Afrique

# FORMER LES MOTS

## Les familles de mots

69 Qu'est-ce qu'une famille de mots ?
70 Reconnaître les mots de la même famille
71 Qu'est-ce qu'un étymon ?
72 Qu'est-ce que le radical d'un mot ?
73 Quelques familles de mots à un radical
74 Quelques familles de mots à deux radicaux
75 Quelques familles de mots à trois radicaux
76 Quelques familles de mots à quatre radicaux et plus

## Les mots dérivés

77 Former un mot dérivé : les préfixes et les suffixes
78 Former un mot dérivé : la base du mot
79 Qu'est-ce qu'une dérivation inverse ?
80 Les deux sortes de préfixes
81 Les préfixes qui marquent la situation dans l'espace : *a-*, *en-*, *ex-*, *in-*…
82 Les préfixes qui marquent le sens contraire : *a-*, *dé-*, *in-*…
83 Le préfixe qui marque le retour : *re-*
84 Les préfixes qui marquent la relation : *co-* et *inter-*
85 Le rôle des suffixes
86 Les suffixes en recul, les suffixes en progression
87 Les suffixes diminutifs, péjoratifs et argotiques
88 Le suffixe *-isme*
89 Les suffixes qui expriment l'action
90 Les suffixes qui expriment la possibilité, la capacité : *-able*, *-ible* et *-abilité*, *-ibilité*

91 Quelques suffixes spécialisés : *-eur*, *-ien*, *-ier*, *-iste*...
92 Quelques mots dérivés à ne pas confondre

### Former des mots par composition

93 Qu'est-ce qu'un mot composé ?
94 Comment identifier un mot composé ?
95 Les différents modes de composition
96 Le sens des mots composés
97 Les mots composés, un procédé en expansion
98 Qu'est-ce qu'un mot composé de formation savante ?
99 Quelle est l'utilité des composés savants ?
100 Les principaux éléments latins de formation savante
101 Les principaux éléments grecs de formation savante
102 Le dynamisme de la formation savante

### Former des mots par réduction

103 Qu'est-ce qu'un sigle ? Qu'est-ce qu'un acronyme ?
104 L'origine des sigles
105 L'évolution des sigles
106 Qu'est-ce qu'une aphérèse ? Qu'est-ce qu'une apocope ?
107 Les mots tronqués en *-o* : *un mélo*, *la photo*, *une expo*...
108 Les mots tronqués forment-ils des mots nouveaux ?

## CONNAÎTRE LE SENS DES MOTS

### La polysémie

109 Qu'est-ce qu'un mot monosémique ?
110 Qu'est-ce qu'un mot polysémique ?
111 La polysémie due à la fréquence d'emploi des mots
112 La polysémie due aux déplacements de sens
113 La polysémie due à l'emploi du vocabulaire courant dans les vocabulaires spécialisés
114 Définir le sens du mot d'après son domaine d'emploi
115 Définir le sens du mot d'après le contexte de la phrase
116 Distinguer le sens du mot d'après sa construction

### Les sens figurés

117 Qu'est-ce que le sens propre ?
118 Qu'est-ce que le sens figuré ?
119 Le transfert de sens : du concret à l'abstrait
120 Le transfert de sens : de l'inanimé à l'animé
121 Le transfert de sens : les métaphores
122 Le transfert de sens : les métonymies
123 Qu'est-ce qu'une locution figurée ?
124 L'origine de quelques locutions figurées

### Changements de sens et nouveaux sens

125 Les mots qui changent de sens en changeant de référent
126 Les mots qui changent de sens en s'éloignant de leur sens d'origine
127 Comment les changements de sens sont-ils signalés dans un dictionnaire ?
128 L'extension du sens
129 La restriction du sens
130 Le renforcement du sens
131 L'affaiblissement du sens
132 Qu'est-ce qu'un néologisme de sens ?
133 Quelques glissements de sens contemporains

## Connotation, appréciation, atténuation

- 134 La dénotation : qu'est-ce que le sens dénoté ?
- 135 La connotation : qu'est-ce que le sens connoté ?
- 136 Valeur symbolique et connotation
- 137 Les mots qui dévalorisent : les mots péjoratifs
- 138 Les mots qui valorisent : les mots mélioratifs
- 139 Les mots positifs ou négatifs selon le contexte
- 140 Qu'est-ce qu'un euphémisme ?
- 141 Les euphémismes d'aujourd'hui

## EMPLOYER LE MOT JUSTE, ENRICHIR SON VOCABULAIRE

### Les synonymes et les niveaux de langue

- 142 Qu'est-ce qu'un synonyme ?
- 143 Remplacer un mot par un synonyme
- 144 Les synonymes évitent les répétitions
- 145 Les synonymes permettent de nuancer l'expression
- 146 Qu'est-ce qu'un niveau de langue ?
- 147 Adapter le synonyme au niveau de langue
- 148 Une langue de synonymes : l'argot

### Les antonymes

- 149 Qu'est-ce qu'un antonyme ?
- 150 Les différents types de mots antonymes
- 151 Adapter l'antonyme au contexte
- 152 Les différents degrés dans l'expression du contraire

### Varier et nuancer son vocabulaire

- 153 Exprimer différentes façons de regarder
- 154 Exprimer différentes façons de se tourner vers l'avenir
- 155 Exprimer différentes façons de faire savoir
- 156 Exprimer différentes façons d'agir sur autrui
- 157 Exprimer différentes façons de promettre
- 158 Exprimer différentes façons d'exclure (quelqu'un)
- 159 Nommer les différentes sortes de célébrité
- 160 Nommer les différentes sortes d'imitation
- 161 Nommer les différentes sortes de discours
- 162 Nommer les différentes sortes de groupes (de personnes)
- 163 Nommer les différentes sortes de dialogue
- 164 Nommer les différentes sortes de révolte
- 165 Nommer les différentes sortes d'accord
- 166 Choisir entre deux mots presque synonymes

### Employer le mot juste

- 167 Le mot qui convient pour les salaires
- 168 Le mot qui convient pour les poids et mesures
- 169 Le mot qui convient pour la suppression d'une partie du corps
- 170 Le mot qui convient pour dégager un aliment de son enveloppe
- 171 Le mot qui convient pour les réparations
- 172 Le mot qui convient pour les limites

- 173 Le mot qui convient pour les traces
- 174 Le mot qui convient pour le nez des animaux
- 175 Le mot qui convient pour le poil des animaux
- 176 Le mot qui convient pour le repaire des animaux
- 177 Spécialité : la médecine et la chirurgie
- 178 Spécialité : le sport
- 179 Spécialité : la mer et les cours d'eau
- 180 Spécialité : la pêche et les poissons
- 181 Spécialité : la végétation et la forêt
- 182 Spécialité : les phénomènes naturels
- 183 Spécialité : les pierres et les bijoux
- 184 Spécialité : l'astronomie et l'astronautique

## Les vocabulaires par thèmes

- 185 Le vocabulaire des cinq sens
- 186 Le vocabulaire des âges de la vie
- 187 Le vocabulaire de la parenté
- 188 Le vocabulaire du climat et des saisons
- 189 Le vocabulaire du conte
- 190 Le vocabulaire du spectacle de théâtre
- 191 Le vocabulaire de la presse écrite
- 192 Le vocabulaire de la prison
- 193 Le vocabulaire de la justice
- 194 Le vocabulaire de l'avocat
- 195 Le vocabulaire de la grève
- 196 Le vocabulaire des élections
- 197 Le vocabulaire de l'organisation politique

# ÉVITER LES PIÈGES

## Les paronymes : des mots à ne pas confondre

- 198 Qu'est-ce qu'un paronyme ?
- 199 Les principaux paronymes

## Les homonymes : des mots presque identiques

- 200 Qu'est-ce qu'un homonyme ?
- 201 Les différentes formes d'homonymes
- 202 Quelques homophones grammaticaux à ne pas confondre
- 203 Quelques homophones lexicaux à ne pas confondre

## Les pléonasmes : des mots superflus

- 204 Éviter le redoublement de l'idée dans deux mots côte à côte
- 205 Éviter les adverbes qui font double emploi dans la phrase

## Le genre des noms

- 206 Le genre des noms : les noms féminins
- 207 Le genre des noms : les noms masculins
- 208 Les noms qui n'ont pas le même sens au masculin et au féminin

## Les noms toujours au pluriel

- 209 Les noms féminins toujours au pluriel
- 210 Les noms masculins toujours au pluriel

# ANNEXES

**Alphabet phonétique international** ............................................. page 247
**Index des notions** ............................................. page 249

# DÉCRIRE, CLASSER LES MOTS

# QUIZ

1. Que désigne-t-on par le mot *lexique* ? → 1
2. Qu'appelle-t-on le *vocabulaire passif* ? → 3
3. Qu'est-ce qu'une étude **diachronique** ? → 7
4. En quoi consiste le travail d'un **lexicographe** ? → 9
5. *Ouf* est-il un mot ? → 10
6. *Quand* est-il un mot grammatical ou un mot lexical ? → 11
7. Combien la langue française compte-t-elle de **mots grammaticaux** ? → 11
8. Qu'est-ce qui distingue les **mots simples** des **mots construits** ? → 12
9. Quelle différence y a-t-il entre un **signifiant** et un **signifié** ? → 13
10. Le mot *code* comporte-t-il un, deux ou quatre morphèmes ? → 16
11. De quand date le **premier dictionnaire** définissant des mots français en français ? → 21
12. Combien de mots trouve-t-on définis dans un **dictionnaire d'usage** ? → 22
13. Quel est le **dernier mot** de la plupart des dictionnaires ? → 24

# Qu'est-ce que le vocabulaire ?

Le *vocabulaire* désigne communément les mots d'une langue. Par tradition et par souci pédagogique, l'étude du vocabulaire se distingue de celle de l'orthographe, de la grammaire ou de la conjugaison. On fera *travailler le vocabulaire, apprendre du vocabulaire*. Mais en quoi consiste ce vocabulaire ? Et ce mot est-il approprié ?

## VOCABULAIRE(S) ET LEXIQUE

### 1 Lexique et vocabulaire : quelle différence ?

Les deux mots ne désignent pas exactement la même chose, même s'ils figurent parfois comme synonymes.

- Le **lexique** est l'ensemble des mots qui existent dans une langue. Le lexique du français est l'ensemble des mots de la langue française.

- Le **vocabulaire** est l'ensemble des mots utilisés par celui qui parle la langue, le locuteur. Un locuteur peut avoir un vocabulaire pauvre, qui repose sur l'emploi de mots courants, ou un vocabulaire riche, qui comporte des mots rares.

> ⊕ Le mot *locuteur* désigne celui qui produit des énoncés : le sujet parlant.

Le vocabulaire représente donc les **potentialités du lexique** telles qu'elles se réalisent dans le discours de celui qui parle.

- On peut dire que chacun doit chercher à enrichir son **vocabulaire** et que, pour cela, il lui faut travailler sur le **lexique**.

### 2 Vocabulaires spécifiques et vocabulaire commun

- Les **vocabulaires**, au pluriel, désignent des domaines particuliers du lexique. Ils forment des corpus, c'est-à-dire des ensembles, qui se prêtent facilement à l'inventaire des mots utilisés.
    - le vocabulaire politique, le vocabulaire des jeunes, le vocabulaire de tel auteur du XVIIe siècle…

Les **vocabulaires spécifiques** sont les vocabulaires techniques et professionnels.
~ le vocabulaire médical, le vocabulaire de l'architecture, de la danse...

Ce qui n'appartient pas aux vocabulaires spécifiques constitue le **vocabulaire commun**.

## 3  Vocabulaire actif et vocabulaire passif

Le vocabulaire dont le locuteur se sert habituellement constitue le **vocabulaire actif**.

Le vocabulaire que le locuteur n'emploie pas mais qu'il est capable de reconnaître et de comprendre constitue le **vocabulaire passif** ou **vocabulaire latent**. Il est disponible mais n'est jamais mis en œuvre par le locuteur.
~ L'utilisateur d'un appareil ménager n'emploie jamais la plupart des mots de la notice de cet appareil, mais il les comprend grâce au contexte.

## QU'EST-CE QUE LE LEXIQUE ?

Tout ce que l'on peut appeler *mot* constitue le lexique, un ensemble très vaste. Néanmoins, on ne doit pas se représenter le lexique comme un sac qui renfermerait pêle-mêle les mots de la langue.

## 4  Le lexique, un ensemble organisé de mots

**Le lexique est un organisme qui se transforme**

• Les mots apparaissent et disparaissent. Leur emploi se développe ou se raréfie. De nouvelles unités se créent. Le lexique est un **ensemble composé d'éléments vivants**.

• Cependant, on évitera de parler de l'*évolution* du lexique, ce qui laisserait penser que le phénomène conduit à une amélioration. Mieux vaut parler de **transformation**.

Qu'est-ce que le vocabulaire ? 3 à 5

### Le lexique constitue un système

• La linguistique moderne voit dans le lexique un objet susceptible d'être étudié comme un ensemble de structures. Le lexique est un **système**, c'est-à-dire un tout dont les éléments prennent sens les uns par rapport aux autres.

• L'organisation de ce système est fondée sur deux axes :

– L'**axe des combinaisons** (ou axe syntagmatique).
Les mots entrent en rapport les uns avec les autres par leur succession dans un énoncé. Ces combinaisons s'opèrent selon les règles du sens et de la construction dans la phrase ; on appelle **syntaxe** l'ensemble des règles qui président à ces combinaisons. L'usager peut, dans la limite des impératifs de la langue, procéder à des agencements différents sur un **axe horizontal**.

Les mots s'organisent ici dans leur succession.

– L'**axe des substitutions** (ou axe paradigmatique).
Les mots sont en rapport avec d'autres mots de la langue. Il est possible de remplacer une unité par une autre unité, au même point de l'énoncé, sur un **axe vertical**.

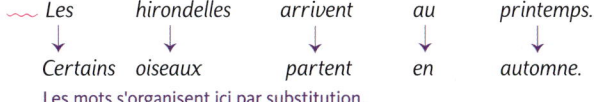

Les mots s'organisent ici par substitution.

## 5 Le lexique, des mots en relation

Le lexique forme un ensemble constitué d'éléments en relation les uns avec les autres. Ces liens que les mots entretiennent entre eux peuvent être :

• des **relations d'identité**.
C'est le cas des synonymes ➜ 142 ;

• des **relations d'opposition**.
C'est le cas des antonymes ➜ 149 ;

• des **relations d'implication**.
C'est le cas des hyperonymes et des hyponymes ➜ 145 ;

• des **relations de ressemblance** par leur forme.
C'est le cas des homonymes ➜ 200.

## 6 Le lexique, un ensemble classifiable

Le lexique, en tant qu'ensemble organisé, est susceptible de se prêter à divers types de classifications.

### Les classes grammaticales
- Ce sont les classifications les plus connues. Elles distinguent les verbes, les noms, les pronoms, les adjectifs, les adverbes, etc., qui représentent les parties du discours. À l'intérieur d'une classe grammaticale, on peut opérer de nouveaux regroupements.

### La distribution des mots selon le sens
- Dans la catégorie du verbe, on regroupe par exemple :
– les verbes d'état : *être, devenir, rester...*
– les verbes d'action : *marcher, produire, améliorer...*

### La distribution des mots selon la syntaxe
- Il s'agit de la construction dans la phrase. Dans la catégorie des verbes d'action, on observe par exemple que les verbes de mouvement *aller, partir, venir, courir,* qui sont des verbes intransitifs, ont pour particularité de pouvoir être suivis directement d'un infinitif, sans préposition.

⌇ *Il va/part/vient/court passer son examen.*

### La distribution des mots selon la valeur
- Dans la catégorie de l'adjectif, on distingue par exemple :
– les adjectifs qualificatifs objectifs : *un objet carré* ;
– les adjectifs qualificatifs subjectifs : *un objet charmant.*

# ÉTUDIER LE LEXIQUE

## 7 Étude diachronique et étude synchronique du lexique

Pour mener à bien l'étude du lexique, on peut procéder de deux façons.

### L'étude diachronique du lexique
- On considère **les mots dans leur histoire** : on recherche leur origine (étymologie → 46), on retrace leur évolution, on explique les changements survenus.
- Cette perspective envisage les phénomènes tels qu'ils se sont **succédé dans le temps**.

### L'étude synchronique du lexique
- On considère **les mots à un moment donné du temps** : on les décrit, on les étudie tels qu'ils se présentent dans un certain état de la langue.

Qu'est-ce que le vocabulaire ?  6 à 9

- La perspective synchronique envisage donc les phénomènes lexicaux dans leur **fonctionnement à un moment déterminé**.

> *L'échiquier de Saussure :*
> *une représentation de la diachronie et de la synchronie*
> Pour faire comprendre la différence entre diachronie et synchronie, Ferdinand de Saussure (1857-1913), le fondateur de la linguistique moderne, prend l'exemple d'un spectateur placé devant le plateau d'un jeu d'échecs :
> - soit il reconstitue les coups joués précédemment pour apprécier la partie ; c'est l'**angle diachronique** ;
> - soit il examine les pièces sur l'échiquier telles qu'elles se présentent au moment qui l'intéresse ; c'est l'**angle synchronique**.

## 8 Qu'est-ce que la lexicologie ?

La lexicologie est l'**étude scientifique du lexique**. Elle comprend l'étude de la forme et du sens des mots.

### L'étude de la forme des mots : la morphologie
- La **morphologie** s'occupe par exemple de la dérivation (préfixes, suffixes), de la composition, etc. → 77, 93.

### L'étude du sens des mots
- Elle s'occupe par exemple de l'évolution du sens, du sens figuré, etc. → 118.
- Lorsque cette étude porte sur les relations de sens au niveau de la phrase ou du discours, elle prend le nom de **sémantique**.

## 9 Qu'est-ce que la lexicographie ?

La lexicographie comprend l'analyse des **méthodes** et la mise en œuvre des **techniques** nécessaires à la **composition des dictionnaires** → 18-24.

Le **rôle d'un dictionnaire** → 18 est de donner la définition d'un mot. La plupart des dictionnaires renseignent aussi sur le fonctionnement du mot dans son rapport avec les autres mots du lexique. Les dictionnaires traitent ainsi les questions d'homonymie → 200, de synonymie → 142, de polysémie → 110 et de niveau de langue → 146.

# Qu'est-ce qu'un mot ?

La question *Qu'est-ce qu'un mot ?* peut sembler inutile car elle porte sur un outil usuel, qui a le caractère de l'évidence pour l'usager. Pourtant, si l'on veut donner une définition rigoureuse de cet outil essentiel, il faut commencer par s'interroger : de quoi un mot est-il constitué ? Que dit le mot que nous prononçons ou écrivons ?

## LES DIFFÉRENTS TYPES DE MOTS

Que peut-on précisément appeler *mot* ? La définition habituelle est la suivante : tout son ou groupe de sons correspondant à un sens est un mot. C'est dire que le champ est vaste. Néanmoins, pour authentifier l'existence d'un mot, on s'en tiendra au critère le plus sûr : sa présence dans un dictionnaire.

### 10 Les onomatopées et les interjections

Malgré leur apparence peu sérieuse, onomatopées et interjections sont considérées comme des mots.

■ Une **onomatopée** est un mot qui imite un bruit.
~ *cui-cui, cocorico, glouglou…*
On fera la différence entre un soupir, qui n'est pas un mot, et *pff !*, qui est un mot ; cette onomatopée figure dans la plupart des dictionnaires.

■ Une **interjection** est une exclamation qui traduit une réaction vive.
~ *zut ! oh ! hélas !*

• De nombreuses interjections sont formées sur l'imitation d'un bruit, à la manière des onomatopées.
~ *ouste ! hop ! ouf !*

• Les interjections qui répondent à une question ou expriment un ordre jouent le même rôle qu'une phrase. On les appelle des **mots-phrases**.
~ *stop ! attention ! chut !*

### Des lettres qui sont aussi des mots

- Quelques **lettres** deviennent des **mots** dans certains emplois : *l'abc ou le b.a.-ba du métier* (les rudiments) ; *mettre les points sur les i* (s'expliquer nettement) ; *répéter pour la n-ième (ou x-ième) fois* ; *une table en L, en T, en U* ; *un col en V* ; *l'X, un X* (l'École polytechnique, un polytechnicien) ; *déposer une plainte contre X* (contre un inconnu) ; *un enfant né sous X* (un enfant abandonné à la naissance et dont la mère a gardé l'anonymat).

- Les **lettres grecques** servent aussi à former des mots : *l'alpha et l'oméga* (le commencement et la fin) ; *un delta* (l'embouchure d'un fleuve) ; *sans changer un iota* (sans rien changer) ; *l'usager lambda* (l'usager quelconque).

## 11 Les mots grammaticaux et les mots lexicaux

### Les mots grammaticaux

- Les mots grammaticaux sont les **pronoms** *(je, tu, ceux, on, qui...)*, les **déterminants** *(le, la, ce, votre...)*, les **prépositions** *(à, de, en, par...)*, les **conjonctions** *(et, car, bien que, quand...)*.

- Les mots grammaticaux ne sont qu'une centaine en français. Ils constituent des **unités stables** : leur nombre, leur forme et leur sens n'évoluent pas.

- Ces mots sont aussi appelés **mots fonctionnels**. Ils n'ont pas d'autonomie en dehors de la relation grammaticale qu'ils assurent.

### Les mots lexicaux

- Les mots lexicaux sont les **noms** *(réunion, vacances, poney, ordinateur...)*, les **verbes** *(être, vivre, rêver, dormir...)*, les **adjectifs** *(content, petit, désagréable, étonnant...)*, les **adverbes** *(maintenant, beaucoup, pourtant, ailleurs...)*.

- Le français compte environ 70 000 mots lexicaux. Leur nombre, leur forme et leur sens évoluent.

### Perdre ses mots : les maladies de la mémoire et de la parole

- Les études menées sur les maladies de la mémoire et de la parole révèlent que **l'on oublie certains mots plus vite** que d'autres.

- Les noms propres disparaissent en premier ; puis ce sont les mots lexicaux : d'abord les noms de choses, ensuite les noms abstraits, puis les adjectifs, enfin les verbes ; les mots grammaticaux s'effacent en dernier.

## 12 Les mots simples et les mots construits

Les mots lexicaux peuvent être simples ou construits.

### Les mots simples
- Les mots simples ne peuvent pas être décomposés en unités de sens plus petites.
  → *joli, maison, dire, jour, cacahuète*

### Les mots construits
- Les mots construits peuvent être **décomposés en plusieurs unités significatives**. Parmi les mots construits, on distingue les mots composés → 93 et les mots dérivés → 77-78.
  → *bande dessinée*          *irrésistible*
     mot composé              mot dérivé

- Les **mots composés** sont formés par **juxtaposition** :
– de deux ou plusieurs mots de la langue ;
  → *bande dessinée, pare-brise, sous-entendre, tout à coup, bleu turquoise*
– d'éléments empruntés au grec ou au latin.
  → *claustro/phobe, démo/cratie, pédi/cure, noct/ambule*

- Les **mots dérivés** sont formés par l'ajout :
– d'un **préfixe** ;
  → *ir/résistible, re/commencer, co/voiturage, dé/conseillé, sub/division*
– d'un **suffixe**.
  → *vrai/ment, méthod/ique, simpl/ifier, espér/ance*

## CE QUI CONSTITUE LE MOT

Un mot est constitué de deux éléments : une forme et un sens. La linguistique nomme *signifiant* la forme du mot et *signifié* le sens du mot.

## 13 Le signifiant et le signifié

### Le signifiant d'un mot
- Le signifiant est l'aspect matériel, la **forme** du mot.
– Le son ou la suite de sons que l'on entend lorsqu'on prononce le mot est la **forme** sonore ou **phonique** du mot : [velo].
– La suite de lettres qui composent le mot à l'écrit est sa **forme graphique** : *vélo*.

### Le signifié d'un mot
- Le signifié est le **contenu**, le concept, ce que l'on signifie à l'aide du signifiant.
  → L'idée d'un appareil de locomotion formé d'une roue avant et d'une roue arrière entraînée par un pédalier est le signifié correspondant au signifiant ***vélo***.

Qu'est-ce qu'un mot ?

## 14 L'association du signifiant et du signifié

- La linguistique nomme **signe linguistique** l'association du signifiant et du signifié.

- Le signifiant et le signifié d'un mot sont **indissociables** : l'un ne va pas sans l'autre. Mais leur rapport est **arbitraire** ou, plus exactement, il n'est pas motivé : il n'y a pas de raison pour que tel signifié corresponde à tel signifiant.
  — Dans d'autres langues, d'autres signifiants sont utilisés pour le signifié *vélo* : **bike** (en anglais), ***Fahrrad*** (en allemand)…

- C'est cependant un **rapport nécessaire** qui lie le signifiant et le signifié. Pour assurer une compréhension satisfaisante, il est indispensable que les membres d'une communauté linguistique emploient les mêmes signifiants pour les mêmes signifiés.
  — Un locuteur ne peut pas substituer un signifiant à un autre et décider d'appeler ***avion*** un ***vélo***. La communication s'en trouverait totalement perturbée.

## 15 Le référent d'un mot

- Le signifiant et le signifié renvoient ensemble à un **objet du monde** que l'on appelle le **référent**.
  — Le référent de *vélo* est le vélo sur lequel je pourrais pédaler, alors que je ne peux pédaler ni sur le signifiant ni sur le signifié.

- Le référent est **absent du mot**. Il appartient au domaine extralinguistique. La différence entre le référent et le signifié, c'est que le référent continue d'exister quand le signifié n'est pas « en service » dans l'énoncé.
  — L'objet *vélo* continue d'exister même quand je ne parle pas de *vélo*.

# LE SENS D'UN MOT

On définit le mot comme un élément linguistique significatif, c'est-à-dire doté de sens. Un mot se reconnaît donc au fait qu'il forme une unité de sens. Toutefois, un problème se pose : dans la plupart des mots, plusieurs unités de sens sont associées.

## 16 Ce qui fait sens dans un mot

- Dans la plupart des mots, à l'exception des mots simples → 12, **plusieurs éléments** sont associés pour produire du sens.
  • Dans un verbe, la **terminaison** est porteuse du sens autant que le radical.
    — *chantaient*     *chanterons*
    Les terminaisons *-aient* et *-erons* sont des éléments essentiels pour le sens du verbe ; ni l'une ni l'autre ne sont pourtant des mots.

- Dans les mots dérivés, les **préfixes** et les **suffixes** expriment aussi le sens du mot.

  ~ *revoir*     *prévoir*
  *réglage*     *règlement*

  Les préfixes *re-* et *pré-* et les suffixes *-age* et *-ement* sont des éléments essentiels pour le sens du mot ; aucun d'eux n'est pourtant un mot.

Pour désigner tous les éléments, y compris les plus petits segments, qui font sens dans un mot, la linguistique utilise le concept de **morphème**.
On distingue ainsi :

- le **morphème**, unité minimale ;
- le **mot**, unité supérieure.

  ~ *code*            *digi/code*            *dé/cod/eur*
  (un morphème → un mot)    (deux morphèmes → un mot)    (trois morphèmes → un mot)

## 17  Le mot, une unité de sens autonome

Les morphèmes se distinguent par leur **degré d'autonomie**.

Certains morphèmes n'ont **pas d'existence propre**. Ils sont toujours liés à d'autres éléments. On ne les rencontre jamais seuls.

~ *décodeur*

*dé-* et *-eur* sont des morphèmes non autonomes.

D'autres morphèmes ou des groupes de morphèmes peuvent être employés seuls. Ils ont une existence autonome. Ce sont des **mots**.

~ *code, digicode, décodeur*

On peut donc définir le mot comme étant une **unité signifiante autonome**.

# Les dictionnaires

*Les dictionnaires sont les outils indispensables à la connaissance précise du lexique. Ils présentent l'avantage de fournir un très grand nombre de renseignements sous un format réduit, particulièrement dans leur version informatisée. L'atout majeur du dictionnaire est l'ordre alphabétique, favorisant une consultation rapide ou vagabonde.*

## LE RÔLE DES DICTIONNAIRES

Tous les dictionnaires sont utiles ; des points communs les réunissent, mais ils ne rendent pas tous les mêmes services.

### 18 À quoi sert un dictionnaire ?

**Rassembler les mots**
- Le dictionnaire, en fonction de son format et du lecteur auquel il s'adresse, offre à la consultation une **somme cohérente de mots** répondant aux besoins de la recherche.

**Classer les mots**
- La méthode de classement est l'**ordre alphabétique**.

**Décrire et définir les mots**
- La description permet d'analyser la forme du mot, sa **morphologie**. La définition donne le sens du mot ; elle est centrée sur l'**analyse sémantique**, qui prend en compte le sens du mot dans le contexte de la phrase et du discours.

**Mettre les mots en relation**
- Le dictionnaire relie les mots par un **système de renvois** : synonymes → 142, antonymes (mots de sens contraire) → 149, homonymes (mots de forme proche) → 200. Il inscrit le mot dans le contexte de ses emplois.
- Certains dictionnaires spécialisés dans l'apprentissage de la langue commencent la présentation du mot par une phrase d'exemple : avant même d'être défini, le mot est mis en relation avec les **autres mots de la phrase**.

## 19 Dictionnaires encyclopédiques et dictionnaires de langue

**Les dictionnaires encyclopédiques**

- Leur rôle est de renseigner sur l'**objet réel** que le mot désigne. L'information est donc centrée sur le référent → 15, souvent représenté par un dessin ou une photographie.
  - Au mot **obstacle**, le *Petit Larousse illustré* représente par des dessins légendés tous les obstacles utilisés dans un concours hippique.

- Certains dictionnaires encyclopédiques procèdent à des regroupements de mots par matière, ce qui les conduit parfois à renoncer à l'ordre alphabétique au profit d'un **classement thématique**.
  - *Théma, encyclopédie Larousse* s'organise en grandes divisions : sciences et techniques, arts et culture, etc.

**Les dictionnaires de langue**

- Leur rôle est de donner des informations sur le **mot** lui-même : son sens, ses emplois, ses particularités, son fonctionnement dans la phrase.

- Ces dictionnaires se caractérisent par le nombre d'**exemples** et de **citations** qui donnent le mot en contexte et dans ses différents emplois.

## 20 Les dictionnaires analogiques

Ces dictionnaires regroupent les mots par analogie : par **association d'idées**. La nomenclature → 22 ne compte qu'un certain nombre de **mots-clés**, disposés alphabétiquement. Autour du mot-clé sont classés les mots qui peuvent lui être associés, parce qu'ils relèvent du même thème.

L'article → 23 décompose le thème principal en **thèmes secondaires** et liste les mots qui s'y rapportent.

> **neige**
> (du lat. *nix, nivis*)
>
> **Eau congelée qui tombe en flocons.** Neige fraîche, poudreuse. Neige lourde, pourrie. / Neige fondue (pluie mêlée de neige). / Chute de neige. Flocons. Cristaux. / Congère (amas de neige entassée par le vent). Névé (masse de neige qui donne naissance à un glacier).
>
> **Relatif à la neige.** Neiger. Enneiger. Enneigement. / Chasse-neige. / Sports d'hiver. Ski (v. ce mot). Raquettes. / Luge. Traîneau. / Fonte des neiges. Avalanche. / Neigeux. / Nival (relatif au régime de cours d'eau). Nivéal (relatif aux plantes). / Nivôse. / Boule de neige. / Perce-neige.

*Dictionnaire analogique Larousse*
© Larousse 2007

## 21 Les dictionnaires spécialisés

### Les dictionnaires de spécialité

- Leur rôle est de définir précisément les mots utiles pour un **domaine d'emploi particulier**, souvent scientifique, technique ou professionnel.

  dictionnaire de médecine, de l'architecture, de botanique, de droit…

- L'ensemble des mots présentés constitue la **terminologie** de cette discipline.

### Les dictionnaires spécialisés de la langue

- Ils portent sur un domaine d'étude particulier concernant les mots. La part de la définition est restreinte ; l'intérêt réside dans le **regroupement des mots** par réseaux.

| CARACTÉRISTIQUE | DICTIONNAIRE |
|---|---|
| origine des mots | dictionnaire étymologique |
| relations de sens | dictionnaire des synonymes |
| relations de forme | dictionnaire des homonymes |
| associations d'idées | dictionnaire analogique |
| emprunts | dictionnaire des anglicismes |

- Aujourd'hui, l'attirance du public pour le classement alphabétique dans la lecture et la consultation entraîne la **multiplication des dictionnaires** consacrés au vocabulaire et aux mots : dictionnaires de mots croisés, dictionnaires des mots oubliés, dictionnaire des rimes (où les mots sont classés alphabétiquement par leur(s) dernière(s) syllabe(s)), dictionnaires d'expressions idiomatiques (expressions et locutions propres à une langue), dictionnaires des patois…

---

*Les premiers dictionnaires*

- Les premiers dictionnaires étaient des **dictionnaires bilingues** : le *Dictionnaire françoislatin* de Robert Estienne, publié en 1539 (premier ouvrage à s'intituler *dictionnaire*), aidait les lettrés dans le maniement du latin, devenu langue savante.

- Le premier **dictionnaire monolingue** est celui de Pierre Richelet (1680), illustré d'exemples pris chez les écrivains parmi « leurs expressions les plus belles ».

# LE TRAITEMENT DES MOTS
# DANS UN DICTIONNAIRE DE LANGUE

Il est important, pour assurer une consultation rapide et efficace, que les dictionnaires adoptent un même schéma.

## 22 Les entrées des dictionnaires

Les entrées sont les mots, disposés dans l'ordre alphabétique, qui font l'objet d'une explication. Elles sont imprimées en gras dans le dictionnaire.

### Le nombre d'entrées

- Il est le résultat d'une sélection opérée dans le lexique par le concepteur du dictionnaire.
- Ces choix sont adaptés :
- au format du dictionnaire ;
- au public auquel le dictionnaire est destiné.
  - Un dictionnaire de langue française en un volume, comme *Le Petit Robert*, compte environ 60 000 entrées.
  - *Le Grand Larousse de la langue française* en sept volumes compte plus de 70 000 entrées.

### La nomenclature des dictionnaires

La **somme des entrées** constitue la nomenclature d'un dictionnaire. Elle est nécessairement plus restreinte que le nombre de mots effectivement traités. Cela tient à plusieurs raisons :

- Seules certaines **formes du mot** sont retenues comme entrées.
  - Pour les **verbes**, une seule entrée : l'infinitif.
  - Pour les **noms**, une seule entrée. Dans le cas des noms animés (désignant une personne ou un animal), la forme au masculin est suivie de la terminaison du féminin si celle-ci existe.
  - Pour les **adjectifs**, une seule entrée : l'adjectif masculin singulier suivi de la terminaison au féminin.

- Les **différents sens du mot** sont le plus souvent regroupés sous une même entrée.
  - *Le Petit Robert* propose une seule entrée ***mouche*** pour les trois sens du mot : 1. insecte volant ; 2. petit morceau de taffetas (tissu de soie) noir que les femmes mettaient sur la peau pour en faire ressortir la blancheur ; 3. espion.

## 23 Les articles des dictionnaires

### Le schéma d'un article

- L'**article** d'un dictionnaire, ou **notice**, est le texte qui suit le mot d'entrée.
- L'article classique d'un dictionnaire se déroule selon le schéma suivant :
1. Transcription phonétique du mot, placée entre crochets.
2. Classe grammaticale du mot.
3. Origine et formation du mot.
4. Définition du mot ; dans ses différents sens si le mot est polysémique.
5. Illustration des emplois de chaque sens du mot par des exemples et/ou des citations.

### Le traitement des différents sens

- La plupart des dictionnaires pratiquent un **classement polysémique** : sous une seule entrée, les différents sens du mot sont distingués par items, ou notices successives.

> **STUDIO** n.m. (mot ital. « atelier de peintre »). **1.** Petit appartement comprenant une seule pièce principale. **2.** Local où opère un photographe. **3.** AUDIOVIS. Local où se font les prises de vues ou de son ; bâtiment ou groupe de bâtiments aménagé pour le tournage des films. **4.** Salle de répétition (en danse) et/ou d'enregistrement (en musique).

*Petit Larousse illustré 2012*
© Larousse 2011

- Un petit nombre de dictionnaires renouvelle l'analyse du sens en pratiquant une organisation originale qui propose à la fois :
– un **regroupement** : l'article intègre les dérivés et les composés du mot d'entrée ;
– et un **dégroupement** : il répartit sous plusieurs entrées les différents sens du mot selon les dérivés, les synonymes ou les contraires qu'il peut accepter.

> **1. EXCÉDER** [ɛksede] v. tr. (lat. *excedere*, dépasser, de *cedere*, marcher; v. 1300). [Conj. **10.**] **1.** (sujet nom de chose) Dépasser en importance, en quantité : *L'eau excède le niveau habituel. Les avantages excèdent les inconvénients* (syn. L'EMPORTER SUR). *Les divers frais d'installation excéderaient nos revenus de cette année* (Gide). — **2.** (sujet nom de pers.) Aller au-delà de certaines limites : *Je pourrais vous répondre que vous avez excédé vos pouvoirs* (Duhamel) [syn. OUTREPASSER]. ◆ **excédent** n. m. (lat. *excedens, -entis*; 1380). Quantité qui dépasse la limite, la mesure normale : *Payer une taxe pour un excédent de bagages* (syn. SUPPLÉMENT). *Avoir de la peine à écouler l'excédent de la production* (syn. SURPLUS). *Un budget en excédent* (syn. BÉNÉFICE). ◆ **excédentaire** adj. (1955). *Une récolte excédentaire de blé.*
> **2. EXCÉDER** [ɛksede] v. tr. (de *excéder* 1; 1668). *Excéder quelqu'un*, lui donner une irritation extrême, l'importuner grandement : *Nous étions excédés de la manière dont nos alliés pratiquaient la coopération* (de Gaulle) [syn. ↓AGACER, EXASPÉRER, ↑HORRIPILER]. *Le bruit m'excède* (syn. ↓ÉNERVER, ↓IRRITER). ◆ **excédant, e** adj. (v. 1300, rare av. 1700). *Un travail excédant* (syn. ↑EXTÉNUANT). *Un enfant excédant* (syn. EXASPÉRANT, ↑HORRIPILANT). ◆ **excédé, e** adj. Exaspéré : *Elle hausse les épaules d'un air excédé* (Mallet-Joris).

*Le Lexis*
*Le Dictionnaire Larousse érudit de la langue française*
© Larousse 2009

## 24 Les définitions des dictionnaires

Elles se présentent sous la forme de **périphrases**, c'est-à-dire qu'elles éclairent le sens du mot par des équivalents. On rencontre différents types de définitions.

### La définition par le synonyme ou l'antonyme

• Elle donne le sens du mot en utilisant des synonymes, des périphrases synonymes ou en rapprochant le mot de ses contraires.

～ *inné* : que l'on a en soi dès la naissance (synonymie)
～ *refuser* : ne pas accorder ce qui est demandé (antonymie)

• Les définitions adoptent souvent la formulation *qui n'est pas* ou *qui est*. Pour plus de clarté, elles associent parfois les deux.

～ *infini* : qui n'a pas de borne, qui est plus grand que toute quantité de même nature

### La définition par le genre et les différences spécifiques

• Elle commence par placer le mot dans la catégorie la plus large pour préciser ensuite les **caractères particuliers** du mot.

～ *manche* : partie du vêtement qui entoure le bras
                genre        caractère spécifique

～ *cortège* : suite de personnes qui en accompagnent une autre pour lui faire honneur
          sens générique    situation spécifique    objectif spécifique

    dans une cérémonie
    circonstance spécifique

La définition éclaire le mot *cortège* en répondant aux questions *quoi ?, comment ?, pourquoi ?, où ?*

---

### *La dernière entrée des dictionnaires*

• Le dernier mot de la plupart des dictionnaires de langue est l'entrée **zythum** (ou *zython*) : n. m. (gr. *zuthos*, bière). Nom donné par les archéologues du XIX$^e$ siècle à la bière fabriquée dans l'Égypte pharaonique avec de l'orge fermentée.

• Celui du *Grand Robert de la langue française* est **zzzz...** : onomatopée évoquant un bruit continu qui vibre légèrement (ronflement, bourdonnement d'insecte...).
On ne voit pas en effet ce que l'on pourrait ajouter à cela.

# COMPRENDRE L'HISTOIRE DU LEXIQUE FRANÇAIS

# QUIZ

1. Combien y a-t-il de **mots d'origine gauloise** dans le lexique français d'aujourd'hui ? → 25

2. Qu'appelle-t-on le *latin vulgaire* ? → 26

3. Pourquoi dit-on *pas grand-chose* à la place de *pas grande-chose* ? → 32

4. Comment explique-t-on que *métier* et *ministère* ont la même origine ? → 34

5. Doit-on écrire *des spaghettis* ou *des spaghetti* ? → 37

6. Combien de mots français sont-ils empruntés aux **langues étrangères** : moins de 200, 1 500 ou plus de 4 000 ? → 40

7. Le mot *hasard* a-t-il été emprunté à l'arabe, à l'anglais ou à l'allemand ? → 41

8. *Sport* a-t-il pour origine un mot anglais ou français ? → 45

9. De quand date la première apparition du mot *rescapé* ? → 46

10. Le *vaccin* a-t-il pour origine un nom de plante, de personne ou d'animal ? → 50

11. Un *carpaccio* a-t-il pour origine un nom de ville, d'animal ou de personne ? → 54

12. Qu'est-ce qu'un *tollé* ? → 55

13. D'où viennent les notes de la gamme : *ut*, *ré*, *mi*, *fa*, *sol*, *la*, *si* ? → 56

14. De quel nom de dieu grec la *morphine* est-elle issue ? → 59

15. À quelle date le français a-t-il été importé au **Canada** ? → 62

16. Combien de pays sont membres de l'**Organisation internationale de la francophonie** ? → 64

# Les origines du lexique français

> On ne s'étonne pas aujourd'hui d'avoir pour prénom Alain ou Laurent, pour nom de famille Dupuis ou Tournier, de se rendre à Paris, Lyon ou Marseille... Ces noms ont pourtant une origine très ancienne (latine, celtique, grecque...). Ce que l'on observe pour ces quelques noms propres se vérifie pour une large partie du lexique. Les mots français ont un passé ancien et des origines diverses.

## LE FONDS HÉRÉDITAIRE DU FRANÇAIS

Le mot *fonds* renvoie à la variété des langues qui ont servi de matière première à ce qui allait devenir le français. Elles sont les ressources dont le français a hérité. C'est pourquoi on qualifie ce fonds d'*héréditaire*. On dit aussi le *fonds primitif* du français.

### 25 Le fonds gaulois ou celtique

Le gaulois est une langue celtique qui a été parlée **en Gaule entre le V$^e$ siècle avant J.-C. et le IV$^e$ siècle après J.-C.** Ce fonds est le plus ancien du français, mais il se limite aujourd'hui à environ 70 mots, la plupart se rapportant à la nature et à l'agriculture.

- *alouette, bec, bouleau, bruyère, chemin, chêne, dune, glaise, lande, mouton, souche, talus...*
- *arpent, borne, char, charrue, glaner, lieue, sillon, soc, tonneau...*

> *La langue des Gaulois*
>
> • La langue des Gaulois n'étant pas une langue écrite, elle a laissé **peu de traces**. Au fil des générations, elle s'est effacée au profit du latin. Dans la Gaule gallo-romaine, quatre siècles après la conquête romaine, le gaulois avait disparu en tant que langue.

## 26 Le latin populaire

▌ Le latin populaire est la langue parlée dans **la Gaule conquise en 57 avant J.-C. par les armées romaines** de Jules César. On l'appelle aussi le **latin vulgaire** (du latin *vulgus* : le commun des hommes, la foule), c'est-à-dire celui du plus grand nombre.

▌ Ce latin n'était pas le latin classique des grands textes écrits, mais un latin oral transmis par les soldats, les marchands, les artisans. Il a subi des **transformations phonétiques importantes** → 28. C'est de ce latin populaire qu'est issu l'essentiel du lexique français.

### *Le latin des Gallo-Romains*

• Les élites de la Gaule conquise adoptent rapidement le latin. L'ensemble de la population s'approprie le latin populaire qui deviendra, avec de nombreuses variantes locales, la **langue gallo-romaine**.

## 27 Le fonds germanique ou francique

▌ Le francique est une langue germanique, celle des **Francs qui ont envahi la Gaule au V$^e$ siècle**, installé leurs dynasties pendant six siècles et donné son nom à la France. Le fonds germanique est représenté dans le lexique d'aujourd'hui par près de 500 mots qui se rapportent à la guerre et à l'organisation politique, aux qualités et sentiments ainsi qu'à la vie quotidienne et à la nature.
～ *bannir, bourg, butin, fief, gagner, guerre, guetter, hache, maréchal, trêve...*
～ *franc, hardi, honte, orgueil...*
～ *blanc, bleu, danser, jardin, écume, robe, tourbe...*

### *L'influence francique au nord, l'influence latine au sud*

• Les rois francs parlent le francique et le gallo-romain. En installant leur pouvoir dans le nord de la Gaule, ils font évoluer la langue parlée dans le Nord au contact du germanique, alors que la langue parlée au sud de la Loire reste proche du latin. On distingue aujourd'hui ces langues du Nord et du Sud par les termes : **langue d'oïl** et **langue d'oc** (nommées d'après les deux façons de dire *oui*).

Les origines du lexique français

# L'ÉVOLUTION DU LATIN AU FRANÇAIS

## 28 L'évolution phonétique du latin au français

Les mots latins utilisés dans la langue parlée ont subi des transformations au fil des siècles, au point qu'il est difficile de reconnaître le lien entre le mot français et le mot latin d'origine. Pour simplifier, on peut résumer cette évolution phonétique du latin au français par trois règles principales.

### Le maintien de l'accent tonique
Les **syllabes accentuées des mots latins** se sont maintenues en français.

- Les voyelles toniques demeurent.
  mórt(em) > mort
  pónt(em) > pont

> ⊕ Le signe > *(entraîne)* indique qu'une forme a entraîné une nouvelle forme plus récente.

- Les voyelles toniques suivies d'une seule consonne sont légèrement modifiées.
  amárum > amer      béne > bien
  portáre > porter   férum > fier

### La disparition ou la modification des voyelles non accentuées

- Les voyelles non accentuées disparaissent ou se modifient.
  táb(u)lam     > table (disparition du *u*)
  sán(i)tatem   > santé (disparition du *i*)
  ornaméntum    > ornement (modification du *a* en *e*)

### La disparition ou l'affaiblissement des consonnes intervocaliques

- Les consonnes intervocaliques, c'est-à-dire placées entre deux voyelles, disparaissent ou s'affaiblissent.
  re(g)ínam  > reïne  > reine (disparition du *g*)
  se(c)úrum  > seür   > sûr (disparition du *c*)
  ripam      > rive (affaiblissement du *p* en *v*)

---

### *Du roman au françoys*

- En 813, le clergé, qui parle latin, est invité par le concile de Tours à prêcher en *lingua romana rustica* afin d'être mieux compris des fidèles. Cette « langue romaine rustique » devenue la langue de tous prend le nom de **roman**.

- Au IXe siècle, à la fin du règne de Charlemagne, le roman est une langue à part entière qui recevra beaucoup plus tard le nom de ***françoys*** puis de ***français***.

# L'APPORT DE L'ANCIEN FRANÇAIS (Xe-XIIIe SIÈCLE)

### Qu'est-ce que l'ancien français ?

- L'ancien français est le nom donné, tardivement, à la langue utilisée dans le **nord de la France actuelle depuis le xe siècle jusqu'au xiiie siècle**. Cette époque, qui est d'abord celle de l'**art roman**, a vu naître et se développer l'**art gothique** à partir du milieu du xiie siècle.
- C'est en ancien français que furent rédigées les œuvres littéraires majeures de cette première période du Moyen Âge :
– les **chansons de geste** : *Chanson de Roland* (fin du xie siècle) ;
– les romans de **Chrétien de Troyes** : *Lancelot, Yvain, Perceval* (seconde moitié du xiie siècle)... ;
– les lais (poèmes) de **Marie de France** (milieu du xiie siècle)...

## 29 Reconnaître l'ancien français

Quel était le vocabulaire du Moyen Âge ? D'où venaient ces mots ? Nous sont-ils restés ? Sous quelle forme ? On peut répondre à ces questions en observant deux vers de la *Chanson de Roland*.

~~ Halt sunt li pui e tenebrus e grant.
    Hauts sont les monts et ténébreux et grands.

~~ Li val parfunt e les ewes curant.
    Les vallées profondes et les eaux rapides.

| MOT DE L'ANCIEN FRANÇAIS | HISTOIRE |
|---|---|
| **halt** : haut | Vient du latin *altus*. Le *h* est une influence germanique ; il est resté en français moderne. |
| **pui** : monts | Vient du latin *podium* : un socle, donc une hauteur. Le mot se retrouve dans le *Puy-de-Dôme*, la ville du *Puy* et le verbe *appuyer*. |
| **grant** : grand | Le *t* final a été remplacé par *d*, mais le son [t] subsiste aujourd'hui dans la liaison : *un grand homme ; grand ouvert*. |
| **val** : vallées | Subsiste dans de nombreux noms de lieu (*le Val de Loire*). |
| **parfunt** : profondes | A été remplacé par *profond*, formé sur le latin *profundus*. |
| **ewes** : eaux | Résulte de la transformation phonétique du latin *aqua*. Trois siècles plus tard, *ewe* donnera *eau*. |
| **curant** : rapides | Vient du verbe latin *currere* : courir. On écrit *courant* depuis le xvie siècle. |

Les origines du lexique français

## 30 Les verbes défectifs, témoins de l'ancien français

Les verbes défectifs sont des verbes auxquels **certaines formes font défaut**. Celles qui restent vivantes sont les témoins directs de l'ancien français.

| VERBE DÉFECTIF | FORMES QUI SE SONT MAINTENUES |
|---|---|
| *choir* : tomber | L'infinitif et le participe passé *chu* se sont maintenus. |
| *clore* | A été supplanté par *fermer* mais reste vivant, surtout au participe passé (*clos*). |
| *échoir* : être fixé par le sort | Il reste surtout les participes : *le cas échéant, le terme échu*. |
| *émoudre* : aiguiser sur une meule | Subsiste dans l'expression *frais émoulu (de l'université)* : récemment sorti (de l'université). |
| *faillir* : faire défaut | Il reste plusieurs formes : <br>– au sens de *manquer* (*faillir à son devoir* et dans l'expression *ou peu s'en faut*) ; <br>– avec le sens moderne *être sur le point de* (*j'ai failli attendre*). |
| *férir* : frapper | Subsiste dans l'expression *sans coup férir* et au participe passé : *être féru (de généalogie)* : être passionné (de généalogie). |
| *gésir* : être étendu | Subsiste dans *il gît, ci-gît, gisant*. |
| *quérir* : chercher | L'infinitif subsiste dans un emploi littéraire après *aller, venir, envoyer*. |
| *seoir* | Ce verbe avait deux sens : <br>– du premier sens (même sens que *s'asseoir*), il reste deux formes : *se dresser sur son séant* et *un établissement sis, une maison sise avenue Montaigne* ; <br>– du second sens (*convenir, aller bien*), il reste la troisième personne : *cela vous sied bien* et le participe présent *séant* (qui convient) ou *seyant*. |

### Le verbe choir

On rencontre le très ancien verbe **choir** :

• dans *Le Petit Chaperon rouge* :
*Tire la bobinette et la chevillette cherra* ;

• dans *Les Amours* de Ronsard au XVIe siècle :
*Qui ne les eût à ce vespre cueillies*
*Chutes à terre elles fussent demain* ;

• dans le vocabulaire des jeunes, où il refait surface dans une expression synonyme de *plaquer, quitter* :
*Elle a laissé choir son copain.*

## 31 La présence de l'ancien français dans les locutions figées

| MOT DE L'ANCIEN FRANÇAIS | LOCUTION FIGÉE | SENS |
|---|---|---|
| *cap* : la tête | *de pied en cap* | des pieds à la tête |
| *dam* : le dommage | *au grand dam* | au préjudice, au grand regret (de quelqu'un) |
| *for* (*forum* : la place publique ; le tribunal) | *en son for intérieur* | en soi-même, en conscience |
| *huis* : la porte | *à huis clos* | les portes étant fermées, donc sans public |
| *maille* : un demi-denier (une monnaie de très faible valeur) | *avoir maille à partir* (*partir* : partager) | avoir un différend, être en conflit avec quelqu'un |
| *martel* : le marteau | *se mettre martel en tête* | se faire du souci |
| *noise* : le bruit, la querelle | *chercher noise à quelqu'un* | lui chercher querelle |
| *us* : l'usage | *les us et coutumes* | les usages traditionnels |
| *vau* : un val, une vallée | *aller à vau-l'eau* | se perdre, échouer |
| *vif* : vivant | *mort ou vif, plus mort que vif* | mort ou vivant |
| *vis* : le visage | *vis-à-vis* | face à face |

## 32 Quelques formes usuelles léguées par l'ancien français

### La négation *ne... pas*

- Exprimer la négation en ancien français consistait à utiliser la particule **ne** en la faisant suivre d'un nom d'objet ou de petite unité : *un pas, la mie, le point, la goutte, rien* (en latin *res* : la chose), *la personne, l'âme*.
    - *ne venir pas, ne manger mie, ne voir point/goutte/rien/personne/âme (qui vive)* signifiait donc qu'on n'avançait pas d'un pas, qu'on ne mangeait pas une mie, qu'on ne voyait pas un point/une goutte/une chose/une personne/une âme.
- Sous l'influence de la négation, les mots **pas, point, rien, personne** ont pris eux-mêmes une valeur négative. Le mot *pas* est resté en tant qu'élément nécessaire pour former la locution négative *ne... pas* en français moderne.

### Les adverbes, prépositions et interjections formés de deux mots soudés : *beaucoup, malgré, adieu...*

- **Les adverbes**
    - *beaucoup*     < *beau coup*
    - *dehors*        < *de fors* (hors)
    - *dorénavant*  < *d'ores* (maintenant) + *en avant*

> ⊕ Le signe < (*vient de*) indique qu'une forme est issue d'une forme plus ancienne.

*naguère < n'a guère* : il n'y a guère (de temps)
*plutôt < plus tost* (tôt)
*sitôt < si tost* (tôt)
**ET** : bien/tôt, ce/pendant, de/dans, en/fin, long/temps, par/fois, sur/tout

- **Les prépositions**

  *malgré < mal gré* (de mauvais gré)
  *hormis < hors mis*

- **Les interjections**

  *adieu < à Dieu*     *bonjour < bon jour*     *bonsoir < bon soir*

## La forme masculine de l'adjectif *grand* utilisée au féminin

- ***Grand***, comme un certain nombre d'adjectifs de l'ancien français, ne possédait qu'une seule forme pour le masculin et le féminin. Cette particularité subsiste en français moderne. *Grand* est dans ce cas toujours suivi d'un trait d'union.

  *une grand-rue*          *à grand-peine*
  *la grand-voile*         *une grand-mère*
  *une grand-route*        *pas grand-chose*

## Les adjectifs *bel, fol, mol, nouvel, vieil*

- Ces cinq adjectifs de l'ancien français subsistent en même temps que *beau, fou, mou, nouveau, vieux*. Ces formes concurrentes sont aujourd'hui réparties en fonction de l'initiale du mot qui suit : s'il s'agit d'un ***h* muet** ou d'une **voyelle**, il faut *bel, mol*, etc.

  *un bel avenir*

## Les comparatifs et les superlatifs irréguliers

- Les formes irrégulières du comparatif et du superlatif de supériorité sont un héritage de l'ancien français, qui l'a lui-même reçu du latin.

  *melius  >  mielz    > mieux / le mieux*
  *melior  >  meillor  > meilleur / le meilleur*
  *pejor   >  pire / le pire*
  *minor   >  meindre  > moindre / le moindre*

### Gars et garçon : les vestiges des déclinaisons latines

- ***gars*** et ***garçon*** ne faisaient qu'un mot à l'origine. L'ancien français avait gardé du latin un système de déclinaison à deux formes : le cas sujet et le cas régime (complément). *Gars* est le mot avec fonction de sujet ; *garçon* le même mot avec fonction de complément.

- D'autres vestiges de ces déclinaisons présents en français moderne sont les couples ***chantre*** et ***chanteur***, ***copain*** et ***compagnon***, ***on*** et ***homme***, ***pâtre*** et ***pasteur***, ***pute*** et ***putain***, ***sire*** et ***seigneur***.

# L'APPORT DU MOYEN FRANÇAIS (XIVe-XVe SIÈCLE)

### Qu'est-ce que le moyen français ?

- Le moyen français est le nom donné au français de l'époque du Moyen Âge des **XIVe et XVe siècles**. C'est le temps du plein épanouissement de l'**art gothique**, qui se diffuse partout en Europe.
- Dans cette langue furent rédigées des œuvres littéraires de genres très variés :
– *Le Livre des merveilles* de **Marco Polo** (1298) ;
– des **histoires** et **chroniques** : Joinville, Froissart (début du XIVe siècle) ;
– des **poèmes lyriques** : Guillaume de Machaut (XIVe siècle), Christine de Pisan, Charles d'Orléans (XVe siècle) ;
– des **farces** : *La Farce de Maître Pathelin* (milieu du XVe siècle) ;
– les poèmes de **François Villon** (milieu du XVe siècle).

## 33 La création de dérivés en moyen français

Le moyen français est une période très productive pour la dérivation (invention de nombreux suffixes et apport de nouveaux préfixes).

### Les suffixes *-ance, -ateur, -ation, -ible, -ique, -ition*

- Créés aux XIVe et XVe siècles, ils ont permis la formation de nombreux dérivés.

| SUFFIXE | EXEMPLES |
|---|---|
| *-ance* | élégance, méfiance, obéissance, renaissance, vigilance… |
| *-ateur* | fondateur, orateur, réparateur… |
| *-ation* | éducation… |
| *-ible* | accessible, audible, compréhensible, disponible, divisible, éligible, flexible, inadmissible, incorrigible, lisible… |
| *-ique* | chronique, despotique, germanique, héroïque, ironique, optique, physique, pudique, rustique, typique, unique… |
| *-ition* | audition… |

### Le préfixe *in-* (*im-, ir-*)

- Ce préfixe négatif a permis la formation d'un nombre considérable de mots. Aucun des dérivés suivants n'existait dans le lexique français avant le XIVe siècle.

*inaccessible, inadmissible, inaltérable, inanimé, inappréciable, incapable, incertain, incertitude, incommunicable, incompréhensible, incompris, inconnu, incorrect, incroyable, indécent, indéterminé, indiscipliné, indomptable, indu, inégal, inépuisable, inespéré, inexprimable, inguérissable, inhabité, inouï, insoutenable, intangible, invariable ; impardonnable, imprenable, impuissance ; irréprochable…*

# 34 Les doublets : des mots de formation populaire et savante

Les mots de l'ancien français qui résultent des transformations phonétiques subies à partir du latin vulgaire → 26 sont appelés **mots de formation populaire**.

À partir du XIIIe siècle, au moment où la langue écrite se développe, d'autres mots d'origine latine apparaissent dans le lexique, forgés directement sur le latin classique par les lettrés et les savants. Ces mots nouveaux sont appelés **mots de formation savante**.

*sécurité < securus*
*nocturne < nocturnus*

Le résultat de cette double formation, populaire et savante, est que parfois **deux mots français issus d'une même origine latine coexistent** dans le lexique. On appelle ces mots des **doublets** :
- l'un a suivi l'évolution phonétique naturelle et progressive depuis l'origine ;
- l'autre a été calqué sur le même mot latin, tardivement et artificiellement.

| | | |
|---|---|---|
| *apprendre* | ET | *appréhender* |
| *blâmer* | ET | *blasphémer* |
| *chétif* | ET | *captif* |
| *frêle* | ET | *fragile* |
| *loyal* | ET | *légal* |
| *métier* | ET | *ministère* |
| *nager* | ET | *naviguer* |
| *parole* | ET | *parabole* |
| *raide* | ET | *rigide* |
| *répit* | ET | *respect* |
| *sevrer* | ET | *séparer* |
| *terroir* | ET | *territoire* |

## 35 Le phénomène de relatinisation

Les créations lexicales, très nombreuses en moyen français, se font sur des bases anciennes. C'est par retour au latin que les mots sont formés. On peut parler d'une **relatinisation** du vocabulaire à cette époque.

— Le mot latin *ebrius* avait donné *ivre*, attesté dès le XIe siècle (*ivresse* au XIIe siècle). En revenant au latin *ebrius*, on a créé au XIVe siècle le mot *ébriété*.

### Quelques exemples de relatinisation aux XIVe et XVe siècles

• **Noms correspondant à des adjectifs**

— *chauve* / *calvitie* (formé sur le latin *calvus*)
*carré* / *quadrature* (formé sur le latin *quadratus*)
*mûr* / *maturité* (formé sur le latin *maturus*)

• **Adjectifs correspondant à des noms**

— *aigle* / *aquilin* (formé sur le latin *aquilinus*)
*nuit* / *nocturne* (formé sur le latin *nocturnus*)
*vengeance* / *vindicatif* (formé sur le latin *vindicare* : venger)
*doute* / *indubitable* (formé sur le latin *indubitabilis*)

On estime qu'un tiers du vocabulaire abstrait que nous utilisons aujourd'hui est dû au moyen français. Si l'on ajoute la période de la Renaissance, c'est la moitié du lexique français qui s'est formée au cours des XIVe, XVe et XVIe siècles.

# Les emprunts lexicaux

> Les *tsunamis*, la crise des *subprimes*, l'activisme des *djihadistes* : ces événements récents nous familiarisent avec des mots étrangers que le lexique français ignorait. Ces mots sont progressivement assimilés, selon le processus de l'emprunt, aussi ancien que la formation de la langue, mais qui se trouve amplifié aujourd'hui par l'action des médias.

## LE PROCESSUS DE L'EMPRUNT LEXICAL

### 36 Qu'est-ce qu'un emprunt lexical ?

L'emprunt lexical est le **procédé par lequel une langue s'approprie un mot venu d'une autre langue**. Les emprunts constituent une des principales sources d'enrichissement du lexique.
- *ping-pong* : mot japonais.
- *matelot* : vient du néerlandais.
- *turban*, *tulipe* : viennent du turc.

Le nombre et la nature des emprunts faits par une « langue emprunteuse » à une « langue source » varient selon les **relations historiques, culturelles, économiques** qu'entretiennent les pays.
- Aujourd'hui, la diffusion, dans toutes les langues du monde, du vocabulaire de l'informatique issu de l'anglo-américain est une réalité évidente.

L'emprunt est un **phénomène nécessaire**. Le mot emprunté sert le plus souvent à remplacer un mot qui manque dans le lexique. Lorsqu'une invention, une technique, une idée ou une pratique est importée, les mots servant à la nommer sont importés avec elle.

On peut distinguer :
- les emprunts qui nomment des **objets nouveaux** (les emprunts dénotatifs → 134) ;
  - *un piano* au XVII$^e$ siècle, *une webcam* au début du XXI$^e$ siècle.
- les emprunts qui accompagnent une **adaptation à un certain mode de vie** (les emprunts connotatifs → 135).
  - l'italien *farniente* au XVII$^e$ siècle.
  - les mots d'origine anglo-américaine *cool* et *cocooning* à la fin du XXI$^e$ siècle.

# 37 Les étapes de l'assimilation des emprunts

## Le processus de francisation

- Un mot emprunté prend place dans le lexique de la langue emprunteuse en subissant certaines **modifications**. Dans le cas du processus de francisation, les mots étrangers intègrent les caractéristiques du français :
– la **prononciation** : bowling [buliŋ] ;
– les **marques morphologiques et orthographiques** : grandioso → grandiose ; bulldog → bouledogue ; to kidnap → kidnapper ;
– le procédé de la **dérivation** (ajout d'un suffixe au mot étranger) : wagonnet, golfeuse, fascisant, stressant.

> ### Was ist das ? *Comment une expression étrangère devient un mot français*
>
> Quelques mots français sont le curieux produit de phrases ou de groupes de mots venus de langues étrangères.
>
> - L'exemple le plus célèbre est l'allemand *Was ist das ?* (Qu'est-ce que c'est ?) qui a donné un **vasistas** (petite ouverture dans une porte ou une fenêtre).
> - L'italien *all'erta* ([portez-vous] sur la hauteur [pour vous protéger]) a donné une **alerte**.
> - L'italien *all'arme* ([courez] aux armes [pour repousser l'ennemi]) a donné une **alarme**.
> - L'anglais *hand in cap* (terme de jeu qui signifie « la main dans le chapeau ») a donné un **handicap** (en sport).

## L'évolution des procédés d'assimilation

- Jusqu'au XXᵉ siècle, les mots empruntés subissent en général une complète réécriture, au point qu'il devient difficile de reconnaître le mot d'origine. On peut parler d'**emprunts masqués**.

 **algèbre**, **redingote**, **paquebot** : réécritures de *al-jabr, riding-coat, packet-boat*.

- À partir du XXᵉ siècle, la tendance consiste à transférer les mots d'une langue à l'autre sans modification. Au lieu d'être dissimulé, l'emprunt est au contraire revendiqué. Ces **emprunts affichés** sont clairement perçus comme des mots étrangers. On se contente de leur appliquer quelques-unes des marques grammaticales et orthographiques du français.

 *espresso* → un expresso *pizze* → des pizzas
 *gentlemen* → des gentlemans *spaghetti* → des spaghettis

**N. ORTH.** Les rectifications orthographiques (1990) recommandent d'appliquer à tous les mots empruntés les marques du pluriel français.

> **Les faux emprunts**
>
> Il arrive qu'une langue donne une apparence étrangère à des mots qui n'ont jamais existé sous cette forme dans leur langue d'origine. C'est le cas du français qui a produit ainsi de faux anglicismes.
>
> • ***rugbyman***, ***tennisman*** ne sont pas utilisés par les Anglais eux-mêmes.
>
> • Bon nombre de mots en **-ing** sont de pures créations françaises : *parking, planning, pressing, brushing, footing, zapping* n'existent pas en anglais.

## 38 Le cas des anglicismes

Les temps ne sont plus où l'on intégrait progressivement *skyscraper* dans la langue française grâce au poétique *gratte-ciel*. Depuis la deuxième moitié du xxe siècle, l'afflux des anglicismes et la vitesse de leur diffusion obligent le lexique français à absorber ces mots anglais et américains coûte que coûte et dans l'urgence. Trois solutions se présentent.

### Le maintien

• Le mot prend place dans le lexique français sous la forme qui est la sienne en anglais. Il peut être cependant francisé par une terminaison verbale ou un suffixe.

— *charter, disc-jockey, discount, free lance, hooligan*.
— *blog* → *un blog, bloguer, un blogueur*.

### La traduction

• L'anglicisme est traduit en français quand cela est possible. On parle de calque.

— ***fin de semaine*** : traduit *week-end* (traduction déjà ancienne).
— ***après-rasage*** : traduit *after-shave*.
— ***surdose*** : traduit *overdose*.
— ***restauration rapide*** : traduit *fast-food*.
— ***vaporisateur*** : traduit *spray*.

• Ce procédé du calque est recommandé, mais il n'est pas toujours suivi dans l'usage.

— ***best of*** : toujours préféré à *le meilleur de*.
— ***discount*** : tient bon devant *rabais*, jugé péjoratif.
— ***flash-back*** : reste en concurrence avec *retour en arrière*.
— ***kitchenette*** : n'a pas reculé devant *cuisinette*.

### Le remplacement

• L'anglicisme n'est pas conservé ; il est remplacé par un équivalent qui offre une signification comparable.

— ***ordinateur*** : remplace *computer*.
— ***libre*** : remplace le plus souvent le préfixe *self (soi-même)* :
  *self-service* → libre-service.

- Ces synonymes sont rarement spontanés. Ils sont préconisés dans des circulaires parues au *Journal officiel* (18 janvier 1973 ; 3, 12 et 16 janvier 1974). La loi Toubon de 1994 donne la liste des équivalents officiels destinés à éviter certains anglicismes. Le législateur, comme le linguiste d'ailleurs, estime qu'un emprunt est superflu lorsqu'un mot français existe pour le remplacer.

▌ Certains de ces équivalents sont bien acceptés dans le lexique.
  - *baladeur* : est utilisé pour *walkman*.
  - *logiciel* : a supplanté *software*.
  - *voyagiste* : remplace *tour operator* (et même *tour-opérateur*).

▌ D'autres termes n'entrent pas dans l'usage ; l'anglicisme est trop bien implanté.
  - *Coach* et *coaching* n'ont pas encore cédé devant **mentor** et **mentorat**, pourtant recommandés pour les remplacer.

## LE FRANÇAIS : UNE LANGUE EMPRUNTEUSE

### 39 Les grandes périodes d'emprunt

▌ Dès le Moyen Âge, le français emprunte à l'**arabe** son vocabulaire scientifique, les Arabes ayant déjà développé de grandes connaissances en mathématiques, en médecine, en astronomie.

▌ Aux XIV$^e$ et XV$^e$ siècles, la volonté d'enrichir le lexique conduit les humanistes à emprunter au **latin** classique. De nouveaux termes sont introduits en français par les traducteurs d'ouvrages de l'Antiquité.

▌ À la Renaissance (XV$^e$ et XVI$^e$ siècles), le français s'ouvre aux langues étrangères (l'**espagnol**, l'**allemand**). À la suite des grandes découvertes, les mots venus du Nouveau Monde sont transmis au français par l'**espagnol** et le **portugais**. Mais c'est surtout l'**italien** qui fournit le plus grand nombre de mots au français : les contacts établis par les guerres d'Italie, le prestige des arts italiens, la présence de la cour des Médicis à la cour de France répandent l'usage de l'italien en France.

▌ Au XVII$^e$ siècle, l'époque du classicisme, les écrivains s'emploient à épurer le lexique, mais les besoins de la science et des techniques obligent à emprunter des mots nouveaux au **latin** et aux **langues européennes**.

▌ Au XVIII$^e$ siècle, les Lumières et la Révolution fondent le vocabulaire politique français sur des concepts empruntés à l'**anglais**.

▌ À partir du XIX$^e$ siècle, le développement industriel de l'Angleterre, l'essor des pratiques sportives venues d'outre-Manche puis l'influence grandissante des États-Unis augmentent le nombre des emprunts à l'**anglais**.

Les emprunts lexicaux

▌ Avec la colonisation (du XIXe siècle au milieu du XXe siècle), le français emprunte aux langues des pays colonisés, notamment à l'**arabe**, les mots qui servent à nommer les réalités locales (alimentation, usages traditionnels et vestimentaires, architecture) ainsi que bon nombre d'expressions populaires.

▌ Au XXe siècle, l'**anglo-américain** s'impose dans les échanges commerciaux et comme langue de communication scientifique. Les industries nouvelles du cinéma, de l'automobile, l'influence du mode de vie américain multiplient, par le relais des médias et de la publicité, les **anglicismes** qui s'intègrent rapidement dans le vocabulaire français.

▌ La fin du XXe siècle et le début du XXIe siècle voient le développement des nouvelles technologies, diffusées à l'échelle mondiale par la **langue américaine**. Le français, comme les autres langues du monde, lui emprunte massivement son vocabulaire.

## 40 Le nombre des emprunts

▌ On évalue à 4 200 les mots d'origine étrangère présents dans le vocabulaire français, dans les proportions suivantes :
- 1 000 mots empruntés à l'**anglais**
- plus de 700 mots empruntés à l'**italien**
- plus de 200 mots empruntés à l'**arabe**
- plus de 160 mots empruntés à l'**allemand**
- plus de 150 mots empruntés à l'**espagnol**
- environ 100 mots empruntés aux **langues amérindiennes**
- le reste emprunté au **russe** *(mammouth, steppe...)*, au **portugais** *(banane, bambou...)*, au **néerlandais** *(bière, maquereau, yacht...)*, au **turc** *(horde, caviar, minaret...)*, au **japonais** *(judo, karaté, kamikaze...)* et à d'autres langues en moindre proportion

⊕ On constate que 90 % des mots empruntés sont des noms.

# LA RÉPARTITION DES EMPRUNTS DANS LE LEXIQUE FRANÇAIS

Les exemples qui suivent ne sont qu'un échantillon des emprunts présents dans le lexique français. On les trouvera classés selon la langue et la période d'emprunt.

## 41 Les emprunts à l'arabe

**Du IX$^e$ siècle au XV$^e$ siècle**
*alambic, alchimie, algèbre, almanach, amiral, bazar, camphre, chiffre, coton, élixir, hasard, magasin, safran, sirop, sucre, zéro...*

**Aux XVI$^e$ et XVII$^e$ siècles**
*alcool, babouche, café, carafe, fakir, goudron, luth, soude, tarif, zénith...*

**Aux XIX$^e$ et XX$^e$ siècles**
*baraka, barda, baroud, bled, gourbi, maboul, nouba, ramdam, toubib, zouave...*

## 42 Les emprunts à l'espagnol

**Au Moyen Âge et au XVI$^e$ siècle**
*anchois, camarade, canot, casque, fanfaron, guitare, satin...*

**Aux XVII$^e$ et XVIII$^e$ siècles**
*alcôve, caramel, chocolat, cigare, romance, sieste...*

**Aux XIX$^e$ et XX$^e$ siècles**
*boléro, gaucho, guérilla, guérillero, tango...*

• Il faut ajouter les mots issus des **langues amérindiennes**, transmis par l'espagnol dès le XVI$^e$ siècle.

Les mots d'origine aztèque : *cacahuète, cacao, chocolat, tomate...*

Les mots d'origine caraïbe : *caïman, hamac, maïs, zombi...*

## 43 Les emprunts à l'italien

**Du Moyen Âge au XVII$^e$ siècle (principalement au XVI$^e$ siècle)**

• **Le vocabulaire de la guerre**
*alarme, alerte, attaquer, bombe, camp, canon, cavalier, citadelle, colonel, embuscade, espion, fantassin, infanterie, sentinelle, soldat...*

• **Le vocabulaire de l'architecture**
*antichambre, appartement, arcade, balcon, belvédère, campanile, corniche, corridor, coupole, façade, fresque, guirlande, mezzanine, mosaïque, piédestal...*

Les emprunts lexicaux  **41 à 45**

- **Le vocabulaire de la finance**
  ↝ *banque, banqueroute, bilan, faillite…*
- **Le vocabulaire de la vie de cour**
  ↝ *altesse, ambassade, cortège, courtisan…*
- **Le vocabulaire des arts**
  ↝ *arabesque, cantilène, dessin, madrigal, opéra, saltimbanque, sérénade, sonate, sonnet, trio…*

### Au xviiie siècle

- **Les vocabulaires de la musique et de la peinture**
  ↝ *adagio, arpège, cantate, concerto, mandoline, oratorio, piano(-forte), solfège, soprano, ténor…*
  ↝ *aquarelle, gouache, pittoresque…*

### Aux xixe et xxe siècles
↝ *confetti, diva, expresso, fascisme, ferroviaire, fiasco…*

## 44  Les emprunts à l'allemand

### Du xve siècle au xviie siècle
↝ *arquebuse, blocus, se blottir, chenapan, choucroute, espiègle, huguenot, nouille, sabre, trinquer…*

### Au xviiie siècle
↝ *humanisme, loustic, nickel, obus, quenelle, statistique, vasistas, zinc…*

### Aux xixe et xxe siècles
↝ *accordéon, bock, chic, chope, ersatz, képi, putsch, valse…*

## 45  Les emprunts à l'anglais

### Dès le xviie siècle
↝ *badge, boxe, comité, contredanse, dock, paquebot, punch, rhum…*

### Au xviiie siècle
↝ *bal, bouledogue, budget, club, disqualifier, grog, humour, jockey, jury, partenaire, redingote, rosbif, spleen, whisky…*

- La Révolution française forge une grande partie de son **vocabulaire politique** à partir d'emprunts à l'anglais.
  ↝ *adresse* (au parlement), *amender, majorité, minorité, parlementaire, vote…*

### Aux xixe et xxe siècles

- **Le vocabulaire du sport**
  ↝ *badminton, football, golf, handicap, looping, match, record, ring, surf, tennis, test, turf…*

L'HISTOIRE DU LEXIQUE FRANÇAIS

- **Le vocabulaire de la vie mondaine**
  ~ *bar, cocktail, dandy, music-hall, palace...*
- **Le vocabulaire de la technique et du tourisme**
  ~ *fioul, jeep, jerricane, wagon...*
  ~ *bungalow, charter, tourisme, trekking, week-end...*
- **Le vocabulaire des métiers, des vêtements, de la musique**
  ~ *cameraman, détective, nurse, reporter, script...*
  ~ *jeans, short, slip, smoking...*
  ~ *blues, disc-jockey, jazz, pop, rock...*

## Au XXI$^e$ siècle

- **Le vocabulaire de l'économie et du numérique**
  ~ *start-up ; blog, tweet, webcam...*

---

### France-Angleterre aller-retour

Voici quelques mots manifestement venus de l'anglais. Mais l'anglais à qui nous les avons pris autour du XIX$^e$ siècle les avait lui-même empruntés au français quelques siècles auparavant.

- ***le budget*** : de l'ancien français *la bougette* : petit sac où l'on met son argent. Il désigne le Trésor royal en Angleterre *(to open the budget)* et les recettes et dépenses de l'État en France.
- ***un challenge*** : de l'ancien français *chalenge* : débat judiciaire.
- ***l'humour*** : du français *humeur*.
- ***une interview*** : formé par l'anglais sur le français *entrevue*.
- ***une performance*** : de l'ancien français *parformance*, de *parformer* : accomplir.
- ***un pedigree*** : de l'ancien français *pié de grue* : marque distinctive formée de trois traits.
- ***le sport*** : de l'ancien français *desport* : amusement.
- ***le tennis*** : du français *tenez !* : exclamation du joueur lançant la balle au jeu de paume.
- ***un toast*** : de l'ancien français *tostee*, tranche de pain grillée (du latin *tostus*, participe passé de *torrere* : griller).
- ***un tunnel*** : du français *tonnelle* (*tonel* au XVI$^e$ siècle) : voûte en berceau.

# L'étymologie

L'étymologie est la généalogie des mots. Tel mot *vient de*, tel autre *est issu de*, ils sont *de la même famille*... Toutes ces expressions imagées indiquent bien une recherche des origines. Il est cependant parfois difficile de reconnaître leurs ancêtres. Derrière *papier* on devine *papyrus*, mais, pour certains mots, la recherche peut devenir plus délicate et réserver des surprises.

## QU'EST-CE QUE L'ÉTYMOLOGIE ?

### 46  L'étymologie : l'origine des mots

▍ L'étymologie est l'**origine** des mots.

▍ Certains mots ont une **origine inconnue** (notée *o.i.* dans les dictionnaires).
  ～ *se moquer*    *goinfre*

▍ Dans presque tous les cas, on parvient à retrouver l'étymologie d'un mot. Un mot peut avoir pour origine :
  • un **nom de lieu ou de personne** ;
    ～ *barème* : de François Barrême, mathématicien du XVIIᵉ siècle.
  • un **mot emprunté à une autre langue** ;
    ～ *ironie* : est formé sur le grec ancien *eirôneia* (interrogation feinte).
    ～ *lavande* : est emprunté à l'italien au XIVᵉ siècle.
    ～ *bijou* : vient du breton *bizou* (l'anneau), de *biz* (le doigt). Il a été importé à la cour de France par Anne de Bretagne en 1491.
  • un **mot du fonds héréditaire du français** → 25-27.
    ～ *galet* : mot d'origine gauloise.
    ～ *jour* : vient du latin *dies*.
    ～ *jardin* : vient du francique *gard*.

La **datation précise de l'origine d'un mot** est difficile à établir. Les dictionnaires signalent sa première apparition, mais seulement dans les textes écrits. Qu'en est-il de son emploi oral ? Pour les mots les plus anciens, les repères varient sur un ou plusieurs siècles. En revanche, certains mots « récents » peuvent être datés avec une grande précision. En voici trois exemples célèbres :

| MOT | ÉTYMOLOGIE |
|---|---|
| le *vandalisme* | Le mot est né en 1793 pendant la Révolution française. L'abbé Grégoire l'a créé pour qualifier le saccage des monuments liés à la monarchie (Saint-Denis, Notre-Dame de Paris). Il le forme sur le nom des *Vandales*, peuple qui avait envahi la Gaule au V$^e$ siècle. |
| un *rescapé* | Le mot apparaît le 11 mai 1906, lorsqu'une explosion fait 1 200 victimes dans les mines de Courrières. Pour parler des survivants, les sauveteurs venus de Belgique utilisent le mot de leur dialecte : *rescapés*. Les journalistes diffusent ce mot qui remplace aussitôt l'ancien *réchappés*. |
| un *robot* | Le mot vient du tchèque *robota* : travail ou travailleur forcé. Il est né en 1924, venu de l'œuvre d'anticipation *R.U.R. (Les Robots universels de Rusum)* de Karel Capek. |

## 47 L'étymologie : l'étude de l'origine des mots

L'étymologie est aussi l'**étude de l'origine** des mots. Elle tente de répondre aux questions : d'où viennent les mots ? Comment sont-ils arrivés jusqu'à nous ? Sa méthode lui permet d'explorer l'histoire du mot en partant de son état actuel et en remontant jusqu'à son état le plus ancien.

Le premier travail de la recherche étymologique consiste à :

- **décomposer le mot** ;
  - *vinaigre* : est composé de *vin* + *aigre*.
- **éliminer du mot le préfixe et/ou le suffixe** s'il s'agit d'un mot construit ;
  - *em/bras/ser* : la suppression du préfixe *em-* et du suffixe *-ser* fait apparaître le mot *bras*.
- **remonter aussi loin que possible** dans la formation du mot afin de dégager sa racine, appelée aussi son étymon → 71.
  - *manuel* : a pour étymon *man*, qui est le mot latin *manus* (main) que l'on retrouve dans *maniable, manuscrit*...
  - *banal* : a pour étymon *ban*, mot francique signifiant « le territoire du seigneur », que l'on retrouve dans *bannière, banlieue, banni*.

Il faut aussi **expliquer l'évolution** du mot. Dans sa recherche, l'étymologie intègre :

- les **transformations phonétiques** du mot ;
  - *droit* : vient du latin *directus* en suivant les différentes phases de l'évolution phonétique : *directus* > *dreit* > *droit* → 28.

➕ Le signe > (*entraîne*) indique qu'une forme a entraîné une nouvelle forme plus récente.

- les **changements de sens**.
  - *em/bras/ser* : signifiait littéralement jusqu'au XVIIIᵉ siècle « prendre dans ses bras ». Le sens s'est ensuite déplacé → 126.

Pour être complète, la recherche étymologique doit s'accompagner de connaissances précises sur l'**histoire de la langue**.
  - *surprise* : comprendre que ce mot a pour origine *sur* + *prise* n'est pas suffisant. L'étymologie révèle qu'au XIIIᵉ siècle cette *prise* supplémentaire désignait une taxe qui venait s'ajouter aux impôts existants, ce qui était, on s'en doute, une très mauvaise surprise.

## 48 Les fausses étymologies

Les fausses étymologies sont le résultat d'erreurs d'interprétation. L'erreur consiste à attribuer à tort une même origine étymologique à deux mots entre lesquels on perçoit une ressemblance. Ces fausses étymologies ont parfois enrichi le sens des mots ; elles ont aussi contribué à compliquer l'orthographe du français.

### De fausses étymologies populaires

- Elles sont dues à l'usage : des glissements de sens s'opèrent par attraction de deux mots d'origines différentes.
  - *souffreteux* : est associé à *souffrir* alors que son origine est tout autre, puisqu'il vient de l'ancien français *soufraite* (dénuement).
  - *forcené* : est intuitivement rattaché à *force*. C'est une erreur. Il vient de *fors* (hors de) et de *sen* (bon sens).
  - *écroué* : est issu du mot francique *skrôda* (morceau d'étoffe, puis de parchemin, puis registre d'une prison). Mais l'image du prisonnier enfermé à double tour a rapproché *écroué* de l'*écrou* métallique avec lequel il n'a pourtant aucune parenté.
  - *péage* : on rattache ce mot au verbe *payer* alors qu'il vient de *pied* (*pedaticum*, de *pes, pedis* : pied). Au Moyen Âge, le péage est le droit de mettre le pied, donc de passer (en s'acquittant d'une certaine somme, il est vrai).

### De fausses étymologies savantes

- Elles sont dues aux lettrés de la Renaissance : la relatinisation → 35 de certains mots repose en effet sur des erreurs.
  - *poids* : vient de *pensum* (ce qui est pesé) mais il a été recréé par erreur au XVIᵉ siècle sur *pondus*, d'où la présence du *d*.
  - *legs* : vient de l'ancien mot *lais*, du verbe *laisser*, mais il a été rattaché par erreur à *léguer*, d'où la présence du *g*.
  - *cour* : le latin *cohortem* a donné naturellement en ancien français *cort* : court (d'où *courtois*). Mais les lettrés du XVᵉ siècle rattachent par erreur le mot à *curia* et suppriment le *t* à *cour*.

# LES SURPRISES DE L'ÉTYMOLOGIE

L'étymologie réserve aux amateurs des découvertes surprenantes. Ainsi le mot *cidre* n'a rien de breton. Il vient de l'hébreu *chakar* transmis par le grec *sikera*, que le latin emprunte sous la forme *sicera*, qui donne *cidre*...

## 49 D'étonnants parcours étymologiques

### un avion

- Le mot pourrait être considéré comme un nom de marque. Clément Ader, en effet, baptisa de ce nom l'appareil qu'il avait inventé et qui vola pour la première fois en 1890. *Avion* vient du latin *avis* : oiseau.

- Mais le mot ne s'imposa pas immédiatement. On continua d'utiliser le mot *aéroplane*. L'élément *aéro-* avait déjà été exploitée pour des tentatives comparables dans : *aérostat* (1783), qui se tient dans l'air ; *aéronef* (1844), navire de l'air ; et donc *aéroplane* (1885), qui plane dans l'air.

- Cependant l'*avion*, petit à petit, traçait sa route. En 1914, il remplaça l'*aéroplane*. *Avion* produisit pourtant peu de dérivés et de composés (*aviateur, aviatrice, porte-avions*), alors que l'élément *aéro-* continuait à former nombre de mots relatifs à l'aviation : *aéropostal, aéroport, aéronaval, aéro-club, aérogare*, etc.

### le calcul

- Un calcul est d'abord un caillou ; c'est le sens latin de *calculus*. À Rome, le *calculus* servait par exemple à voter. Les petits cailloux étaient aussi utilisés comme jetons pour compter, d'où, par le latin, le verbe *calculer* dont *calcul* est un dérivé.

- Au XVIe siècle, le développement de la chirurgie permit de découvrir la présence de concrétions pierreuses dans les organes ; le nom de *calculs* fut donné à ces « pierres ». C'est ce *calcul* qui est employé dans *calcul biliaire* ou *calcul rénal*.

- On a donc ici l'exemple d'un mot dont le sens le plus récent est le sens le plus proche de l'origine étymologique.

### le danger

- Le mot vient du latin populaire *dominiarium* (pouvoir, domination) et de *dominus* (le maître, le seigneur). *Être en danger* signifie donc : être sous le pouvoir, être à la merci de quelqu'un et, on peut le craindre, être exposé à ses atteintes.

- *Danger* ayant subi l'influence de *dam* (dommage, préjudice, dégât), on s'oriente vers une nouvelle interprétation : *être en danger*, c'est être sous le coup d'une menace, donc ne pas être en sûreté. D'où le sens actuel de *péril*.

### *un diplôme*

- Le mot grec *diplôma* signifiait : document plié en deux. En latin, *diploma* désignait les écrits officiels authentifiés. Ce sens s'est maintenu en français jusqu'au début du XIXe siècle, les diplômes regroupant les brevets, les chartes, les décrets... La *diplomatique* était alors la science des actes officiels.

- L'adjectif *diplomatique* qualifia bientôt ce qui a trait aux documents internationaux, et donc aux relations entre les États, le *diplomate* devenant le représentant d'un pays à l'étranger, capable de faire preuve de *diplomatie*.

- Le *diplôme* au sens actuel de titre décerné par un jury apparaît au début du XIXe siècle, avec le développement des établissements d'enseignement.

### *un examen*

- Le mot désigne d'abord l'aiguille d'une balance. Il vient du latin *exigere* : peser.

- Le rapport entre une pesée et un examen apparaît bien dans l'*examen de conscience*, où l'on pèse ses défauts et ses mauvaises actions. On le retrouve dans l'*examen d'un document* ou l'*examen des faits*, qui exigent que l'on distingue avec soin la part du vrai et celle du faux, ainsi que dans notre moderne *mise en examen*, où l'ouverture d'une information fournit les éléments susceptibles de « mettre en balance » l'innocence et la culpabilité.

- La « pesée » intervient aussi dans l'*examen scolaire et universitaire*, qui permet d'évaluer les capacités du candidat et de sanctionner ses lacunes.

### *la grève*

- Au sens premier, la *grève* est un terrain pierreux au bord d'un fleuve ou d'un cours d'eau. À Paris, la *Grève* était le lieu où l'on déchargeait les marchandises transportées sur la Seine. La *place de Grève* était située à l'emplacement de l'actuel Hôtel de Ville. Sur cette place se réunissaient les travailleurs qui attendaient de l'ouvrage : ils étaient *en grève*, ils venaient *faire grève* dans l'espoir de trouver un emploi.

- L'image d'un rassemblement lié aux conditions de travail explique le sens moderne de cessation collective et volontaire du travail qui apparaît dès le début du XIXe siècle.

### *une personne*

- Le mot *persona*, d'origine étrusque, désigne le masque de théâtre. Du masque porté par l'acteur, on passe aisément au rôle que celui-ci interprète. Le mot en est venu à signifier : la personnalité, l'individu, la personne.

- L'ancien français, qui omettait souvent l'article, disait : *je ne vois personne* pour *je ne vois pas une personne* → 32. Par proximité avec la négation, *personne* a pris lui-même une valeur négative. Si bien que le même mot signifie à la fois quelqu'un et l'absence de quelqu'un...

### *une robe*

- Le mot est d'origine germanique. *Rauba* signifiait : le butin obtenu par le pillage. Il consistait en biens personnels incluant principalement les vêtements. De l'ancien verbe *rober* : voler, il nous est resté *dérober* et l'expression *à la dérobée*.

- La robe eut d'abord le sens général de vêtement de dessus ample et long que portaient les femmes et les clercs. Les hommes de loi, les professionnels de la justice sont des *gens de robe*. Sous l'Ancien Régime, cette *noblesse de robe* se distinguait de la noblesse d'épée.

### *la tragédie*

- Il n'est pas surprenant que le mot vienne du grec, mais son origine est cependant inattendue. En grec, *tragos* est le bouc et *ôdé*, le chant. La tragédie est donc à l'origine le *chant du bouc*, un chant religieux qui accompagnait le sacrifice d'un bouc lors des fêtes de Dionysos.

- Cette cérémonie évolua en un spectacle chanté, le chœur tenant d'abord la première place, puis en un dialogue alterné entre le chœur et les acteurs, dans lequel était représenté le destin funeste de personnages historiques ou légendaires.

### *le travail*

- Le *tripalium*, d'où vient *travail*, était un instrument de torture formé de trois pieux. Le travail a donc d'abord signifié : le tourment, la souffrance.

- Ce sens s'est conservé dans les emplois liés aux douleurs de l'enfantement : une *femme en travail* est une femme qui accouche ; une *salle de travail* est une salle d'accouchement. *Travailler* reste synonyme de *tourmenter* dans l'expression populaire *ça le travaille !*

- Le rapport avec le sens premier de torture n'est pas étonnant si l'on songe au *travail de la terre* ou au *travail des métaux*. Travailler, c'est soumettre la terre, le métal, à un traitement violent ; et ce travail exige également un effort physique intense.

- Le sens moderne et courant de labeur effectué en vue d'obtenir un résultat utile est apparu à la fin du XV$^e$ siècle.

L'étymologie

## 50 Des parentés inattendues entre les mots

Certains mots que l'on ne penserait pas à rapprocher présentent une parenté étymologique. Ils ont pour origine un étymon commun → 71.

### *l'angoisse* et *l'angine*

- angoisse : de *angustiae* (étroitesse → gêne → serrement de cœur, au sens propre et au sens figuré).
- angine : de *angina* (mal qui serre la gorge).

ÉTYMON COMMUN : latin *angere* (serrer, tourmenter).

### *le bain* et *le bagne*

- bain : du latin populaire *balneum*.
- bagne : xviie siècle ; de l'italien *bagno* (bain), par référence à la forteresse de Livourne où l'on enfermait les galériens et qui était construite sur d'anciens établissements de bains ; ou par référence à l'établissement de bains à Constantinople où étaient retenus les prisonniers destinés aux galères.

ÉTYMON COMMUN : latin *balneum* (bain).

### *charger* et *la caricature*

- charger : de *cargier* > *chargier*.
- caricature : de l'italien *caricatura*, dérivé du verbe italien *caricare* (charger). Une *charge*, qui désigne aussi une exagération satirique, est synonyme de *caricature*.

ÉTYMON COMMUN : latin populaire *carricare* (charger), dérivé de *carrus* (char).

### *chercher* et *circuler*

- chercher : du bas latin *circare* > *cerchier* (aller autour, parcourir).
- circuler : *circulare*, de *circulus* (cercle).

ÉTYMON COMMUN : latin *circus* (cercle).

### *un divan* et *la douane*

- divan : par le turc *diouan*, la salle du conseil privé du sultan ; le conseil lui-même ; par l'arabe : estrade garnie de coussins, puis lit de repos sans dossier ni bras.
- douane : par l'italien *do(g)ana* (registre) ; contrôle et perception à l'entrée et à la sortie d'un pays.

ÉTYMON COMMUN : persan *diwan* (les registres du scribe → les bureaux de l'administration).

### *ennuyeux* et *odieux*

- ennuyeux : du latin populaire *inodiare*, de *in odio esse* (être un objet de haine).
- odieux : du latin *odiosus*.

ÉTYMON COMMUN : latin *odium* (haine).

### *un fétiche* et *factice*
- **fétiche** : du portugais *feitiço* (sortilège ; [dieu] « fabriqué »).
- **factice** : à partir de *factitius* (qui n'est pas naturel).

ÉTYMON COMMUN : latin *factitius* (artificiel) < *facere* (faire).

### *fier* et *féroce*
- **fier** : a d'abord signifié « cruel », puis « farouche, orgueilleux » jusqu'au XVII$^e$ siècle.
- **féroce** : du latin *ferox* (hardi, intrépide).

ÉTYMON COMMUN : latin *ferus* (sauvage, non domestiqué).

### *un gîte* et *un gisement*
- **gîte** : de l'ancien participe passé de *gésir* (où l'on peut coucher) : *un gîte rural, le gîte du lièvre*.
- **gisement** : sur le radical *gis-* de *gésir* ; action de se coucher → couches de minéraux dans le sous-sol.

ÉTYMON COMMUN : le verbe défectif *gésir*.

### *un hôte* et *un otage*
- **hôte** : de l'ancien français *oste*.
- **otage** : de l'ancien français *ostage* (logement, demeure : au Moyen Âge, les otages étaient tenus captifs dans la demeure du souverain).

ÉTYMON COMMUN : latin *hospitem* (hôte).

### *pacifier* et *payer*
- **pacifier** : de *pacificare* < *pax* + *facere* (faire la paix).
- **payer** : de *pacare* (apaiser, par exemple son créancier... en payant ses dettes).

ÉTYMON COMMUN : latin *pax, pacis* (paix).

> ● Le signe < *(vient de)* indique qu'une forme est issue d'une forme plus ancienne.

### *le paysan* et *les païens*
- **paysan** : homme d'un « pays » *(pagus)*.
- **païen** : paysan associé par les chrétiens des premiers siècles aux cultes polythéistes et aux croyances animistes.

ÉTYMON COMMUN : latin *paganus* (habitant du *pagus* : le village ; la campagne).

### *un piège* et *empêcher*
- **piège** : de *pedica* (piège pour les pieds ; engin où les pieds se prennent).
- **empêcher** : de *impedicare* < *in* + *pedica* (prendre au piège ; entraver ; empêtrer).

ÉTYMON COMMUN : latin *pes, pedis* (pied).

# L'étymologie

## *un préjudice* et *un préjugé*

- **préjudice** : jugement anticipé, voire précipité, pouvant donc nuire.
- **préjugé** : participe passé de *préjuger* : opinion formée par avance. (En anglais, *a prejudice* a les deux sens de *préjugé* et de *préjudice*.)

ÉTYMON COMMUN : latin *praejudicare* (*prae* : avant + *judicare* : juger).

## *le Sénat* et *sénile*

- **Sénat** : de *senatus* (assemblée d'hommes âgés) ; conseil des anciens (les *senatores* qui, à Rome, composent le Sénat).
- **sénile** : de *senilis* (propre au vieillard).

ÉTYMON COMMUN : latin *senex* (homme âgé).

## *le sirop* et *le sorbet*

- **sirop** : du latin médiéval *sirupus*, de l'arabe *sarâb* (boisson).
- **sorbet** : de l'italien *sorbetto*, venu du turc *chorbet* (de l'arabe populaire *chourba* : boisson).

ÉTYMON COMMUN : arabe classique *charbât* (boisson).

## *la vache* et *le vaccin*

- **vache** : du nom *vacca*.
- **vaccin** : de l'adjectif *vaccinus* (propre à la vache). *Variola vaccina*, la variole de la vache, était nommée par ellipse *la vaccine*. Dès le XVIIIe siècle, on inocula le virus de la vaccine à l'homme pour le protéger contre la variole. Ce type d'inoculation, répandu par Pasteur à la fin du XIXe siècle, reçut le nom de *virus vaccin* puis *vaccin*.

ÉTYMON COMMUN : latin *vacca* (vache).

---

### Le chevalier et le bœuf en daube : une relation étymologique

- Rien ne semble rapprocher un chevalier d'un bœuf en daube si ce n'est une relation étymologique.
Le mot francique **dubban** signifiait : frapper, et principalement frapper le chevalier du plat de l'épée lors de l'**adoubement**, c'est-à-dire aussi l'équiper, l'apprêter.
Un pas franchi par l'italien, et on en arrive au sens de *préparer*, accommoder une viande. C'est justement ce qui est fait dans la recette du *bœuf en* **daube**...

# LES MOTS QUI ONT POUR ORIGINE UN NOM PROPRE

## 51 Les mots venus d'un nom propre de pays ou de peuple

**un bikini**
Nom déposé, « lancé » en 1947. Il a été donné par référence à l'atoll de Bikini, dans les îles Marshall (Pacifique), où peu de temps auparavant les Américains avaient procédé à des explosions atomiques.

**un bungalow**
De l'anglais, emprunté au hindi *bengla* : du Bengale.

**un canari**
Des îles Canaries, par l'espagnol *canario* : (serin) des Canaries.

**une cravate**
Du peuple croate. Au XVIIe siècle, les cavaliers croates, appelés Crabates puis Cravates, formaient le régiment des Royal-Cravate. Ils portaient une bande d'étoffe autour du cou.

**une dinde**
Les mots *poule d'Inde* ou *coq d'Inde* désignèrent d'abord... la pintade découverte en Abyssinie. À la fin du XVIe siècle, les Espagnols établis au Mexique attribuèrent ce même nom au volatile qu'ils découvraient dans les Indes occidentales (le Nouveau Monde). La *poule d'Inde* devint ensuite la *dinde*.

**un épagneul**
Du mot *español* : originaire d'Espagne. Chien de chasse dès le Moyen Âge.

**un esclave**
Du nom des peuples slaves, de nombreux prisonniers slaves des Balkans ayant été réduits en esclavage dans l'Empire germanique au Xe siècle. Par le vénitien *schiavo* ; on se salue encore en Italie, et partout dans le monde, par l'interjection *ciao !* ([je suis votre] esclave !).

**laconique**
De la Laconie ou Lacédémonie, qui est la région de Sparte. En grec ancien, *lakonikos* signifiait déjà : bref, concis, à la manière des Laconiens (ou Lacédémoniens).

**des persiennes**
De Perse. De l'ancien adjectif *persien*.

**une sardine**
De Sardaigne. Du latin *sardina* : poisson que l'on trouve sur les côtes de Sardaigne.

L'étymologie

## 52 Les mots venus d'un nom propre de ville

**angora** (adjectif et nom)
De la région d'Angora, aujourd'hui Ankara en Turquie.

**une baïonnette**
De la ville de Bayonne (Pyrénées-Atlantiques) où était fabriquée cette arme au XVIIe siècle.

**une bible**
Du grec *biblion* : le livre. *Biblos* (écorce de papyrus) tient son nom du port phénicien de Byblos (aujourd'hui Djebail au Liban) d'où était exporté ce produit.

**un corbillard**
De Corbeil. Nom donné au coche d'eau transportant la farine de Corbeil à Paris par la Seine. Puis surnom donné à une grosse voiture à cheval. Le sens actuel a été donné par référence à la couleur noire de cette voiture ou sous l'influence du mot *corbillat* : petit corbeau.

**un cordonnier**
De Cordoue, ville d'Andalousie (*Córdoba* en espagnol). De l'ancien français *cordoanier*, de *cordoan* : cuir de Cordoue.

**un ghetto**
De Ghetto, petite île près de Venise où les Juifs étaient contraints de résider au XVIe siècle. Le nom de lieu *ghetto* vient lui-même du vénitien *ghettare* : jeter, verser, fondre, ce quartier étant le quartier des fonderies.

**un jean**
De Gênes, port d'Italie d'où transitait la toile expédiée dans la deuxième moitié du XIXe siècle vers les États-Unis. Le tissu utilisé pour la confection du jean est le *denim*, dont le nom signifie : de Nîmes.

**un lycée**
Du Lukeion, quartier d'Athènes, situé au pied de la colline du Lycabette, où Aristote fonda son école de philosophie au IVe siècle avant J.-C.

**la mousseline**
De Mossoul, ville de Mésopotamie, aujourd'hui en Irak.

**(les jeux) Olympiques**
D'Olympie, ville du Péloponnèse (Grèce). Centre religieux où se déroulaient les compétitions artistiques et sportives en l'honneur du dieu Zeus olympien.

**un parchemin**
De la ville de Pergame en Asie Mineure (aujourd'hui Bergama en Turquie) où avait été mis au point le traitement des peaux d'animaux pour l'écriture.

▎ *un phare*
De **Pharos**, île proche du port d'Alexandrie (Grèce). Une tour lumineuse (considérée par les Anciens comme une des Sept Merveilles du monde) y avait été construite au IIIe siècle avant J.-C.

▎ *le rugby*
Du collège de **Rugby** en Angleterre où fut inventé ce jeu au XIXe siècle, d'abord appelé *football-rugby*.

▎ *le satin*
De la ville chinoise de **Tsia-Toung**, ou *Zaytun* en arabe. On y fabriquait cette étoffe de soie.

▎ *le vernis*
De la ville de **Berenikê** en Cyrénaïque (aujourd'hui en Libye) où l'on extrayait la résine servant à cet enduit.

## 53  Les mots venus d'un nom propre de la littérature

▎ *un baba (au rhum)*
D'**Ali Baba**, héros des *Mille et Une Nuits*. Nom donné à ce gâteau par le roi de Pologne Stanislas Leszczyński (XVIIIe siècle).

▎ *espiègle*
De Till **Eulenspiegel**, personnage de légendes allemandes et d'un roman portant ce titre, traduit en français au XVIe siècle.

▎ *un laïus*
De **Laïos** (Laïus en latin), roi de Thèbes, père d'Œdipe dans la tragédie grecque. C'est sur un discours de Laïus que portait le sujet de dissertation du premier concours de l'École polytechnique en 1804. Du personnage, le mot est passé au discours lui-même, synonyme de discours conventionnel, long et verbeux.

▎ *un pantalon*
De **Pantalon**, personnage de la comédie italienne qui portait des culottes longues. On se trouvait d'abord *vêtu en Pantalon* ; le nom est ensuite passé du personnage au vêtement.

▎ *une pipelette*
D'Alfred **Pipelet**, personnage de portier du roman-feuilleton d'Eugène Sue *Les Mystères de Paris* (1842-1843). Par extension, une personne (homme ou femme) bavarde et curieuse.

# L'étymologie

### un renard
De Renart, personnage du *Roman de Renart* (XIIIe siècle). Avant cette date, le *renard* n'existait pas ; cet animal était le *goupil*. Mais le plus célèbre goupil étant le dénommé Renart, ce nom propre devenu nom commun a éliminé l'ancien mot.

### un robinet
De Robin, nom familier donné au mouton au Moyen Âge, puis chez Rabelais ou encore La Fontaine (« Le berger et son troupeau », *Fables*, livre IX). Une petite tête de mouton ornait souvent l'arrivée d'eau des fontaines, d'où le diminutif *robinet*.

### rocambolesque
Du personnage de Rocambole des romans-feuilletons de Ponson du Terrail (XIXe siècle). Ses multiples aventures souvent invraisemblables ont servi à former l'adjectif dérivé.

### un sacripant
Du personnage de Sacripante dans l'*Orlando innamorato* de Boiardo, repris par l'Arioste dans *Orlando furioso* (XVIe siècle). Du personnage de fanfaron, on est passé au sens de vaurien.

### ubuesque
Du père Ubu, personnage grotesque et cruel de la pièce d'Alfred Jarry *Ubu roi* (1896). Se dit d'une situation qui s'apparente à une farce absurde.

### une utopie
De l'île d'Utopie, du grec *ou* (non) + *topos* (lieu) : lieu qui n'existe pas ; en aucun lieu. Nom du pays imaginaire inventé par l'écrivain humaniste Thomas More dans son ouvrage *Utopia* (1516).

## 54 Les mots venus d'un nom propre de personne

### boycotter
De Charles Cunningham Boycott (XIXe siècle). Il traitait avec une grande dureté les fermiers irlandais sur le domaine où il était intendant. Ceux-ci le mirent en quarantaine et refusèrent de payer les loyers. D'où le sens de refuser les relations commerciales avec un pays.

### un calepin
De Ambrogio Calepino, lexicographe italien du début du XVIe siècle. Les Calepin étaient le nom de ses dictionnaires. *Calepin* fut ensuite utilisé pour un registre, un carnet.

### un carpaccio (de bœuf)
Le nom de cette préparation de fines tranches de viande rouge assaisonnées d'un jus de citron fait référence aux couleurs du peintre vénitien Vittore Carpaccio (fin du XVe siècle, début du XVIe siècle).

### *cartésien*
De Cartesius, forme latinisée du nom de René **Descartes**, philosophe du XVIIe siècle, auteur du *Discours de la méthode* (1637). *Un esprit cartésien* est un esprit méthodique et rationnel.

### *draconien*
De **Dracon**, législateur d'Athènes du VIIe siècle avant J.-C., qui institua le premier code pénal, jugé par la suite excessivement sévère. *Des mesures draconiennes* sont des mesures radicales, extrêmement rigoureuses.

### *galvaniser*
De Luigi **Galvani**, médecin et physicien italien du XVIIIe siècle. Il pratiqua des expériences d'excitation électrique sur les grenouilles. *Galvaniser la foule* signifie : l'enflammer, l'exalter.

### *la guillotine*
Du Dr Joseph Ignace **Guillotin**, professeur d'anatomie. En 1789, devant l'Assemblée nationale, il demanda la création d'une machine qui abrégerait les souffrances des condamnés à l'exécution capitale.

### *lyncher, un lynchage*
De l'américain *to lynch*, de *Lynch law* : loi de **Lynch**, peut-être du nom d'un juge de l'État de Virginie qui, cédant à la pression populaire, avait condamné un innocent à la pendaison. Devenu synonyme d'exécution sommaire.

### *une mansarde*
De l'architecte François **Mansart** (première moitié du XVIIe siècle), qui généralisa l'emploi du comble brisé à quatre pans, d'abord nommé *comble à la Mansart*.

### *un mécène*
De **Maecenas**, ministre de l'empereur Auguste (Ier siècle avant J.-C.), protecteur des arts.

### *la nicotine*
De Jean **Nicot**, ambassadeur à Lisbonne, qui envoya à Catherine de Médicis en 1560 une plante venue d'Amérique, l'*herba nicotiana*, l'herbe à Nicot, c'est-à-dire le tabac.

### *un sandwich*
John Montagu, quatrième comte de **Sandwich**, donna son nom à ce système de restauration rapide… qui lui évitait de quitter sa table de jeu pour les repas !

### *la silhouette*
D'Étienne de **Silhouette**, contrôleur général des Finances en 1759. Ses mesures l'avaient rendu impopulaire à la cour, ce qui explique peut-être le nom donné au profil presque caricatural découpé sur papier noir, qui est le sens premier du mot *silhouette*.

# Les mots de la culture gréco-latine

Nous utilisons des *chiffres romains*, nous cherchons de l'*uranium* ou des *silex*, nous consultons l'*Argus* ou un site d'*intérim*, nous courons le *marathon*, nous nous endormons dans les bras de *Morphée*. Les mots empruntés à l'Antiquité gréco-latine sont nombreux dans le lexique français.

## LES MOTS LATINS D'AUJOURD'HUI

La forte présence de mots latins dans notre langue est due à deux causes principales : l'emploi figé du latin savant dans le vocabulaire juridique et administratif dès le Moyen Âge ; la place prépondérante occupée par le latin classique dans les études scolaires et universitaires jusqu'au début du XXe siècle.

### 55 Le latin dans la vie politique et sociale

**La politique et les relations internationales**

| EXPRESSION LATINE | SENS | SENS ACTUEL |
|---|---|---|
| un *casus belli* | un cas de guerre | motif d'une déclaration de guerre |
| un *forum* | une place publique | réunion accompagnée de débats ; groupe de discussion sur Internet |
| *manu militari* | par la force (la main) militaire | par la force militaire |
| être déclaré *persona (non) grata* | personne bienvenue (ou non) | personne agréée (ou non) par un État, un organisme |
| un *référendum* | *ad referendum* : à soumettre (à une assemblée) | vote des citoyens pour adopter ou rejeter une mesure |
| le *statu quo* | *in statu quo ante* : dans l'état où (les choses étaient) auparavant | état actuel des choses (dans un litige) |
| un *tollé* | *tolle hunc* : enlève-le | vive protestation d'indignés |
| un *ultimatum* | *ultimus* : dernier | dernières conditions présentées à un adversaire |
| un *veto* | *veto* : je m'oppose | opposition à une décision |

## La vie professionnelle

| EXPRESSION LATINE | SENS | SENS ACTUEL |
|---|---|---|
| un *curriculum vitæ* (C.V.) | la course de la vie | informations fournies sur sa propre vie par une personne candidate à un emploi |
| un *factotum* | fait tout | personne qui s'occupe de tous les menus travaux dans un établissement |
| un *intérim* | pendant ce temps | travail temporaire |
| un *mémento* | souviens-toi | agenda |
| un *mémorandum* | qui doit être rappelé | note écrite pour ne pas oublier (*un mémo*) |
| un *vade-mecum* | va avec moi | aide-mémoire que l'on garde avec soi |

## Le droit et l'administration

| EXPRESSION LATINE | SENS | SENS ACTUEL |
|---|---|---|
| un *alibi* | ailleurs | preuve qu'on se trouvait ailleurs au moment de l'infraction |
| *bonus malus* | bien mal | augmentation de la prime d'assurance selon le taux d'accidents de l'assuré |
| *ipso facto* | par le fait lui-même | par voie de conséquence, par le fait même |
| un *modus vivendi* | une manière de vivre | arrangement entre deux parties en litige |
| *post mortem* | après la mort | posthume |
| au *prorata* (des parts) | *pro rata parte* : selon la part calculée | en proportion (des parts de chacun) |
| le *quorum* | desquels | nombre minimal de personnes exigé pour qu'une assemblée puisse délibérer |
| un *quota* | *quota pars* : quelle part | pourcentage déterminé |
| *sine die* | sans jour | sans fixer de date |
| une condition *sine qua non* | sans laquelle non | condition indispensable |

## Les autres domaines

- La **finance** : *un déficit* (il manque)…
- L'**urbanisme** : *un forum, intra-muros*…
- Le **sport** : *un podium, ex æquo, un palmarès* (*palmaris* : qui mérite la palme)…
- L'**enseignement** : *un accessit* (il s'est approché) ; *un numerus clausus* (nombre fermé) : une limitation du nombre d'inscrits ; *un docteur honoris causa* (pour l'honneur) : un docteur (d'université) à titre honorifique…
- La **médecine** : *in vivo, in utero, in vitro* ; *le sternum, l'abdomen, l'occiput* ; *un placebo*…

### Un squelette entièrement latin

- La nomenclature internationale des os du squelette est établie sur des mots forgés sur le latin : ***sternum, humerus, radius, femur, tibia***...

- Les mots utilisés en français suivent presque tous cette nomenclature. Cependant, le *cubitus* français a pour nom officiel l'*ulna*.

## 56 Le latin dans la pensée et les arts

### Le raisonnement

| EXPRESSION LATINE | SENS | SENS ACTUEL |
|---|---|---|
| *a contrario* | par la raison des contraires | de façon identique mais à l'inverse |
| *a fortiori* | pour une raison plus forte | à plus forte raison |
| *a posteriori* | à partir de ce qui vient après | après les faits : *un jugement a posteriori* |
| *a priori* | en partant d'avant | porté avant les faits : *un jugement a priori* ; *un a priori* |
| *vice versa* | à tour *(vice)* renversé *(versa)* | réciproquement, inversement |

### La rhétorique et l'éloquence

| EXPRESSION LATINE | SENS | SENS ACTUEL |
|---|---|---|
| *ad hominem* | vers l'homme | mettant en cause la personne même de l'adversaire : *un argument ad hominem* |
| *ex abrupto* | abruptement | sans préambule, directement dans le vif du sujet |
| *in extenso* | dans son étendue | intégralement, d'un bout à l'autre |
| *un lapsus* | un faux pas | emploi involontaire d'un mot pour un autre |
| *pro domo* | pour (sa) maison | en faveur de sa propre cause : *un argument pro domo* |

## La littérature

| EXPRESSION LATINE | SENS | SENS ACTUEL |
|---|---|---|
| un *aparté* | *a parte* : à part | au théâtre, paroles qu'un personnage prononce pour lui-même et le public |
| un *deus ex machina* | un dieu (qui sort) d'une machine | grâce à la machinerie du théâtre, apparition, au dernier acte, d'un dieu venant dénouer une situation sans issue. Par extension : intervention inespérée |
| un *incipit*, un *excipit* | qui commence, qui finit | premiers mots, derniers mots d'un ouvrage |
| *in medias res* | au milieu des choses | au théâtre, dans un roman, commencement qui fait débuter l'action, le récit, au milieu d'une situation |
| un *quiproquo* | *quid pro quo* : quelque chose pour quelque chose | malentendu où une personne (ou une chose) est prise pour une autre |

## La musique

| EXPRESSION LATINE | SENS | SENS ACTUEL |
|---|---|---|
| *ad libitum* | à volonté | selon la volonté de l'interprète |
| *bis, ter* | deux, trois fois | indication invitant à répéter une phrase musicale |
| le *médium* | *medium* : moyen | registre intermédiaire entre grave et aigu |
| un *opus (op.)* | un ouvrage | suivi d'un numéro, repérage d'une composition musicale dans l'œuvre complète d'un compositeur |
| un *quatuor* | quatre | composition musicale pour quatre instruments ou quatre voix ; ensemble des musiciens qui exécutent ce quatuor |
| *ut, ré, mi, fa, sol, la, si* | premières syllabes d'une hymne à saint Jean-Baptiste : *ut queant laxis / resonare fibris / mira gestorum / famuli tuorum / solve polluti / labii reatum / Sancte Johannes* | les sept notes de la gamme (*do* a remplacé *ut* à partir du XVII$^e$ siècle) |
| un *magnificat* | *magnificat anima mea* : mon âme *magnifie* le Seigneur | chant de louange sur les paroles du cantique de la Vierge Marie |
| un *requiem* | *requiem æternam dona eis Domine* : donne-leur, Seigneur, le *repos* éternel | composition musicale sur les textes de la messe des morts |
| un *te deum* | *Te Deum laudamus* : nous *te* louons, *Dieu* | hymne de louange et de remerciement |

## 57 Le latin dans l'imprimerie et l'édition

| EXPRESSION LATINE | SENS | SENS ACTUEL |
|---|---|---|
| un *alinéa* | *a linea* : en s'éloignant de la ligne | mise en retrait de la première ligne d'un paragraphe |
| *confer* (*conf.* ou *cf.*) | comparez | renvoie le lecteur à un autre ouvrage ou à un autre passage |
| *et cætera* (etc.) | et les autres choses | et le reste |
| un *erratum*, des *errata* | une (des) erreur(s) | faute(s) survenue(s) dans l'impression d'un ouvrage et signalée(s) |
| un *ex-libris* | faisant partie des livres de... | inscription portée sur un livre pour en indiquer le propriétaire |
| un *fac-similé* | *fac simile* : fais une chose semblable | reproduction exacte d'un écrit par des procédés mécaniques ou photographiques |
| *ibidem* (*ibid.*) | ici même | indique un passage d'un ouvrage déjà cité |
| *idem* (*id.*) | la même chose | s'emploie pour éviter la répétition d'une référence |
| un *in-folio* | *in folio* : dans une feuille | livre au format d'une feuille d'impression pliée en deux |
| un *nota bene* (*n.b.*) | notez bien | note (souvent en bas de page) signalant une remarque importante |
| *recto verso* | à l'endroit à l'envers | les deux faces d'un feuillet, l'endroit et l'envers |
| *sic* | ainsi | entre parenthèses après un mot ou une phrase, indique que l'on cite textuellement sans corriger l'erreur commise |

# 58 Le latin des expressions familières

| EXPRESSION LATINE | SENS | SENS ACTUEL |
|---|---|---|
| *ad hoc* | pour cela | qui convient |
| envoyer *ad patres* | vers ses pères | tuer |
| *ad vitam æternam* | pour la vie éternelle | pour toujours ; sans que ça s'arrête |
| *gratis* | par faveur, pour rien | gratuitement |
| *grosso modo* | d'une manière grossière | en gros, sans entrer dans les détails |
| le *hic* | *hic* (ici) *est questio* (est la question) | le point difficile, l'obstacle |
| *illico* | *in loco* : sur la place, sur-le-champ | immédiatement |
| un *minus* | moins | un moins que rien |
| *mordicus* | en mordant, avec les dents | avec obstination, sans en démordre |
| *motus* (et bouche cousue) | mouvement | promesse de ne rien révéler |
| *quid* (de… ?) | quoi (de… ?) | qu'en est-il de… ? |
| un *quidam* | un certain, quelqu'un | un certain individu, sans précision |

### Le latin sans peine

- Si vous racontez l'histoire d'un *quidam* repéré grâce à son *agenda* oublié sur un coin de *lavabo* avec un *album* de lettres dont les *post-scriptum* étaient retranscrits sous forme de *rébus* et si vous ajoutez que ledit *quidam* a été appréhendé *in extremis* alors qu'il filait en *tandem* accompagné de son *alter ego* muni d'un faux *visa*, vous parlez latin couramment. Le *summum* ! Le *nec plus ultra* !

/ Les mots de la culture grecque et latine

# LES MOTS VENUS DES MYTHOLOGIES GRECQUE ET LATINE

C'est la mythologie grecque qui a surtout inspiré le lexique français. Mais les dieux romains et la culture latine ont aussi contribué à la formation de mots.

## 59 Des noms issus de noms propres mythologiques

Dans le tableau qui suit, les mots issus de la mythologie latine sont indiqués par la mention (L).

| NOM COMMUN | NOM PROPRE MYTHOLOGIQUE |
|---|---|
| un *atlas* | Atlas, géant condamné à porter la voûte céleste sur ses épaules. |
| le *chaos* | confusion primitive ayant préexisté à la constitution de l'Univers |
| une *chimère* | Chimère, animal fabuleux |
| un *dédale* | Dédale, architecte du Labyrinthe qui renferme le Minotaure |
| un *écho* | Écho, nymphe des bois et des sources |
| la *faune* (L) | les faunes, petits dieux rustiques, protecteurs des troupeaux |
| la *flore* (L) | Flora, déesse des fleurs et du printemps |
| la *foi* (L) | Fidès, personnification de la parole donnée |
| la *fortune* (L) | Fortuna, personnification du sort, bon ou mauvais |
| une *furie* (L) | les Furies, divinités infernales |
| l'*harmonie* | Harmonie, épouse de Cadmos, premier roi de Thèbes |
| une *harpie* | les Harpies, monstres ailés |
| l'*heure* (L) | Horæ en latin, Hôraï en grec, filles de Zeus et de Thémis |
| l'*hygiène* | Hygie, fille d'Asclepios et déesse de la santé |
| un *iris* | Iris, messagère des dieux sous l'apparence de l'arc-en-ciel |
| un *labyrinthe* | le Labyrinthe, édifice construit sur ordre du roi Minos pour y enfermer le Minotaure |
| les *lémuriens* | les lémures, fantômes des morts |
| la *morphine* | Morphée, dieu des songes, fils du Sommeil et de la Nuit |
| un *musée* | les Muses, filles de Zeus |
| la *musique* | les Muses, filles de Zeus |
| un *nectar* | le nectar, boisson des dieux |
| l'*océan* | Okéanos, fils d'Ouranos (le ciel) et de Gaia (la terre) |
| un *ogre* | Orcus, nom populaire du dieu de la mort |
| un *orphéon* | Orphée, poète et musicien |
| un *pactole* | le Pactole, le fleuve qui charrie de l'or |

| NOM COMMUN | NOM PROPRE MYTHOLOGIQUE |
|---|---|
| une *panacée* | Panacée, fille d'Asclepios, dieu de la médecine |
| la *panique* | Pan, dieu de la nature sauvage |
| une *pléiade* | les Pléiades, sept sœurs, filles d'Atlas, transformées en constellation |
| un *python* | Python, serpent fabuleux tué par Apollon qui l'enterra à Delphes |
| un *satyre* | les satyres, démons de la nature, mi-hommes mi-boucs |
| une *sirène* | les sirènes, monstres marins à tête et buste de femme, au chant irrésistible |
| un *volcan* | Vulcain, dieu du feu |
| un *zéphyr* | Zéphyr, personnification du vent d'ouest |

### *Le calendrier de Jules César : la mythologie dans les noms des jours et des mois*

Les noms que le français a donnés aux jours et aux mois proviennent presque tous directement du calendrier réformé en 46 avant J.-C. par Jules César (et appelé *calendrier julien*). La plupart de ces mots ont une référence directe avec la mythologie antique.

- **Les jours**

*mardi* < *martis dies* : jour de Mars
*mercredi* < *mercurii dies* : jour de Mercure
*jeudi* < *jovis dies* : jour de Jupiter
*vendredi* < *veneris dies* : jour de Vénus

> ⊕ Le signe < *(vient de)* indique qu'une forme est issue d'une forme plus ancienne.

- **Les mois**

*janvier* < *januarius* : mois de Janus
*mars* < *martius* : mois de Mars (l'activité guerrière reprend après l'hiver)
*mai* < *majus (mensis)* : mois de Maia, fille d'Atlas et mère d'Hermès

# 60 Des adjectifs issus de noms propres mythologiques

Dans le tableau qui suit, les mots issus de la mythologie latine sont indiqués par la mention (L).

| ADJECTIF | NOM MYTHOLOGIQUE |
|---|---|
| *aphrodisiaque* : qui excite le désir | Aphrodite, déesse de l'amour |
| *boréal* : du nord, voisin du pôle Nord | Borée, personnification du vent du nord |
| *éolien* : qui utilise la force du vent | Éole, maître des vents |
| *érotique* : relatif au désir sexuel | Éros, dieu de l'amour |
| *fatal* (L) : qui arrive inévitablement, avec des effets nuisibles | Fatum, personnification du destin |
| *herculéen* : doté d'une force exceptionnelle | Hercule, demi-dieu, fils de Zeus et d'Alcmène |
| *hermétique* : difficile à comprendre, réservé aux initiés | Hermès Trismégiste « trois fois grand », maître des sciences et de la magie |
| *hypnotique* : qui provoque le sommeil | Hypnos, personnification du sommeil, frère jumeau de Thanatos, la mort |
| *jovial* (L) : d'une gaieté franche et communicative | Jupiter *(Jovis)*, maître des dieux |
| *martial* (L) : relatif au combat | Mars *(Martis)*, dieu de la guerre |
| *médusé* : stupéfié | Méduse, une des trois Gorgones, qui change en pierre celui qui la regarde |
| *narcissique* : tourné exclusivement vers soi | Narcisse, beau jeune homme condamné à n'éprouver de désir que pour sa propre image |
| *olympien* : majestueux | l'Olympe, séjour des dieux |
| *protéiforme* : qui prend toutes les formes | Protée, dieu de la mer doté du pouvoir de se métamorphoser |
| *sibyllin* : peu clair, qui demande à être interprété | la Sibylle, prophétesse inspirée par Apollon |
| *titanesque* : colossal et difficile | les Titans, fils du Ciel (Ouranos) et de la Terre (Gaïa) en lutte contre Zeus |
| *vénérien* (L) : dû aux rapports sexuels | Vénus, déesse de l'amour |

# Les mots de la francophonie

Les Français, les Belges du Sud, les Luxembourgeois, les Suisses romands, les Québécois ainsi que bon nombre d'habitants des pays d'Afrique n'ont pas besoin de recourir aux traducteurs, aux interprètes, ni même aux dictionnaires pour communiquer ; ils ont une langue en commun : le français. Tout au plus ces francophones ont-ils parfois besoin d'un dictionnaire bilingue français-français pour certaines expressions bien typiques...

## BREF HISTORIQUE DU FRANÇAIS HORS DE FRANCE

Le français est la langue de nombreux pays pour des raisons historiques. Mais tous les pays ne sont pas francophones pour les mêmes raisons : certains ont le français comme langue d'origine ; d'autres ont vu le français s'installer avec les populations venues de France à la suite des grandes explorations ; dans d'autres pays, enfin, le français a été imposé comme langue du pouvoir colonial et a été conservé à des degrés divers après l'indépendance.

### 61 Le français, langue d'origine pour plusieurs pays

On parle français depuis le Moyen Âge en **Belgique**, au **Luxembourg** et en **Suisse** : le territoire de ces pays faisait en effet partie du vaste ensemble où l'on parlait la langue d'oïl ou, pour la Suisse, le franco-provençal. À l'époque de la Réforme protestante, Calvin, chassé de France, importe à Genève le français qui devient la langue religieuse des calvinistes.

> ● On écrit *le français* (*f* minuscule) pour la langue française.
> On écrit *le Français* (*F* majuscule) pour l'habitant de la France.

## 62 Le français, langue exportée

Le français s'étend hors de France aux XVIIe, XVIIIe et XIXe siècles au cours de la première époque coloniale avec l'implantation des colons dans les territoires occupés.

- Le français est présent sur la côte est du **Canada** depuis le XVIIe siècle. Le navigateur français Jacques Cartier remonte le Saint-Laurent en 1534, 1535 et 1541 ; Samuel de Champlain établit et organise les premières colonies au début du XVIIe siècle. Les Français peuplent la Nouvelle-France, l'Acadie et la Louisiane.

- Les Français occupent aux Antilles la **Martinique** et la **Guadeloupe** en 1635, puis la partie occidentale de l'île d'Hispaniola (actuellement **Haïti**). Baptisée Saint-Domingue, celle-ci devient colonie française en 1665.

- On parle français dans les quelques **comptoirs** que la Compagnie des Indes orientales a ouverts depuis le XVIIe siècle : Pondichéry, Chandernagor…

- En Afrique, **Saint-Louis du Sénégal** et les implantations sur la **côte ouest de l'Afrique** servent de bases au commerce des esclaves.

- En Amérique du Sud, la **Guyane** sert de lieu de déportation politique pendant la Révolution française.

- Les îles de l'océan Indien (l'île Bourbon, aujourd'hui la **Réunion**, et l'île de France, aujourd'hui l'île **Maurice**) sont considérées comme des territoires français au XVIIe siècle et au XVIIIe siècle. L'archipel des **Seychelles** est occupé par la France de 1756 à 1814.

### Les créoles

• Le mot *créole*, venu du portugais, désigne à l'origine l'esclave né à la maison. *Créole* qualifie une langue depuis la fin du XVIIe siècle. Le créole est un sabir, c'est-à-dire un mélange de plusieurs langues, d'abord utile aux envahisseurs pour communiquer avec les populations autochtones. Dans les colonies où travaillaient les esclaves, le créole est devenu la langue commune aux maîtres et à leurs esclaves, ainsi qu'aux esclaves d'origines ethniques différentes.

• Les **créoles à base française**, qui empruntent quelques mots au français populaire du XVIIe siècle, se répartissent sur deux zones :
– une zone américano-caraïbe : Haïti, Antilles, Guyane ;
– une zone dans l'océan Indien : Seychelles, Réunion, Maurice.
La particularité des créoles français a été d'évoluer jusqu'à devenir des langues maternelles transmises par les parents aux enfants.

## 63 Le français imposé par la colonisation

Pendant la seconde époque coloniale (1830-1939), le français est la langue de ce que l'on appelait alors l'empire colonial.

En **Algérie**, après la conquête de 1830, le français s'impose comme la langue de l'administration coloniale et de l'armée.

En **Afrique occidentale** et en **Afrique équatoriale française**, le français, présenté comme la langue de la promotion sociale, sert surtout à former les élites, auxiliaires de l'organisation coloniale. Les Libanais francophones – le Liban a été placé sous mandat de la France en 1920 –, très actifs dans les colonies françaises et belges, répandent l'usage du français dans l'industrie et le commerce.

Le français est diffusé par les missionnaires en **Indochine**, qui devient colonie française à la fin du XIX$^e$ siècle, et dans les îles du Pacifique : la **Polynésie**, annexée par la France en 1880, et la **Nouvelle-Calédonie**, annexée en 1853.

Trois pays sont passés sous protectorat français au tournant du XIX$^e$ siècle et du XX$^e$ siècle : la **Tunisie** en 1881, **Madagascar** en 1885, le **Maroc** en 1912.

## 64 Quels sont aujourd'hui les pays francophones ?

On évalue à une cinquantaine le nombre de pays francophones. Mais ces pays ne comptent pas la même proportion de locuteurs. Et la langue française n'y a pas un statut identique.

### *La francophonie et la Francophonie*

- Le mot ***francophonie*** a été inventé au XIX$^e$ siècle pour désigner tous ceux qui parlent le français quelle que soit leur nationalité. Le concept a été remis à l'honneur sur le plan culturel et politique en 1962 par le poète Léopold Sédar Senghor, président de la république du Sénégal de 1960 à 1980.

- Aujourd'hui on distingue la *francophonie* (f minuscule), l'ensemble des pays parlant français, et la ***Francophonie*** (F majuscule), qui fait référence aux institutions internationales de la francophonie.

- L'**Organisation internationale de la francophonie** (l'OIF), fondée en 1970 (alors Agence de coopération culturelle et technique, ACCT), est aujourd'hui composée de 77 États et gouvernements (57 pays membres et 20 pays observateurs). La principale instance de l'OIF est le Sommet des chefs d'État et de gouvernement des « pays ayant le français en partage », qui se réunit tous les deux ans.

- Parmi les institutions de la Francophonie, on compte le Réseau international de néologie et de terminologie.

Les mots de la francophonie

## L'HISTOIRE DU LEXIQUE FRANÇAIS

▍ **Les pays où le français est la seule langue officielle**
- la France, ses départements d'outre-mer (Martinique, Guadeloupe, Guyane, la Réunion, Mayotte) ; les collectivités d'outre-mer (la Polynésie française, Saint-Barthélemy, Saint-Martin, Saint-Pierre-et-Miquelon, Wallis-et-Futuna) et la Nouvelle Calédonie
- Monaco
- 12 pays d'Afrique : le Bénin, le Burkina Faso, le Congo-Brazzaville, la Côte d'Ivoire, le Gabon, la Guinée, le Mali, le Niger, la République démocratique du Congo, le Sénégal, le Tchad, le Togo

▍ **Les pays où le français partage le statut de langue officielle avec d'autres langues**
- la Belgique : la Wallonie et Bruxelles comptent 98 % de francophones
- la Suisse : 4 cantons sur 26 sont francophones
- le Luxembourg possède 3 langues officielles dont le français
- les Comores, les Seychelles, Vanuatu, Haïti
- les anciennes colonies belges d'Afrique : Burundi, Rwanda

▍ **Les États et régions où le français est langue officielle régionale**
- le Québec : 6 millions de francophones, soit 93 % de la population du Québec, et le Nouveau-Brunswick, tous deux provinces canadiennes
- la Louisiane (États-Unis) : 30 % de francophones dans la province d'Acadie
- le Val d'Aoste (Italie)
- les îles Anglo-Normandes

▍ **Les pays où le français est la langue d'enseignement privilégiée**
- les pays du Maghreb (surtout le Maroc et la Tunisie)
- le Liban (38 % de francophones)

> ⊕ Les pourcentages sont établis sur le nombre de francophones sachant lire et écrire le français. (Source : *La Langue française dans le monde*, 2010. OIF, Nathan.)

> *Le statut du français dans les institutions internationales*
>
> - Au XVIII$^e$ siècle, le français détrône le latin comme langue diplomatique. Il reste la langue de la diplomatie européenne jusqu'en 1919.
> - Le français est l'une des six langues officielles de l'ONU avec le russe, le chinois, l'espagnol, l'arabe et l'anglais.
> - Le français est la langue officielle du Comité international olympique.
> - Le français est la langue de travail d'Interpol.
> - Le français est la langue de travail du Bureau international du travail.

# LES VARIÉTÉS DU VOCABULAIRE FRANÇAIS HORS DE FRANCE

Le français de France et celui des autres pays francophones sont bien le même français. Mais, de même que l'on distingue facilement des différences dans la prononciation ou la syntaxe, le vocabulaire possède des variantes d'un pays à l'autre. Certains mots sont des témoins d'un état ancien de la langue ; d'autres sont des créations lexicales originales. Cette diversité forme ce que l'on peut appeler les variétés régionales du français.

## 65 Quelques mots du vocabulaire français de Belgique

- **l'athénée** : le lycée
- **un avaloir** : un égout
- **un bac** : une poubelle
- **le bourgmestre** : le maire ; **l'échevin** : l'adjoint au maire ; **la maison communale** : la mairie
- **une carabistouille** : une blague
- **le déjeuner** : le petit déjeuner ; **le dîner** : le déjeuner ; **le souper** : le repas du soir
- **un détournement** : une déviation routière
- **l'écolage** : l'apprentissage
- **un logopède** : un orthophoniste
- **une loque** : un chiffon pour le ménage
- **un pensionné** : un retraité
- **renseigner** (quelque chose) : indiquer
- **rester** : habiter
- **une séniorie** : une maison de retraite
- **un sorteur** : un videur
- **subsidier** : subventionner
- **l'unif** : la fac
- **une vacature** : un emploi vacant

Les mots de la francophonie

## 66 Quelques mots du vocabulaire français de Suisse

- **la benzine** : l'essence
- **les contemporains** : les camarades d'école qui se retrouvent chaque année jusqu'à un âge avancé
- **les courses d'école** : les sorties scolaires
- **l'écolage** : les frais de scolarité
- **le gymnase** : le lycée
- **les herbettes** : les fines herbes
- **le logopédiste** : l'orthophoniste
- **le parcage** : le stationnement
- **les samaritains** : les secouristes
- **le souper** : le repas du soir
- **le syndic** : le maire
- **l'uni** : la fac
- **une verrée** : une réunion conviviale autour d'un verre
- **une votation** : un scrutin, un vote

## 67 Quelques mots du vocabulaire français du Québec

- **le bleuet** : la myrtille
- **le cadran** : le réveil
- **le char** : la voiture
- **se démarier** : divorcer, se séparer
- **embarrer** : enfermer
- **espérer** : attendre
- **jaser** : bavarder
- **la laveuse** : la machine à laver
- **le magasinage** : le shopping
- **le manger** : la nourriture
- **la parlure** : la manière de parler
- **peinturer** : peindre
- **rester** : habiter, demeurer
- **la tabagie** : le bureau de tabac
- **se toiletter** : s'habiller, se préparer pour sortir

Le français du Québec intègre les **anglicismes** en francisant leur prononciation.
- c'est **pas fair** : c'est pas juste
- on a **du fun** : on s'amuse
- **une joke** : une blague
- **la toune** : la chanson, la rengaine *(the tune)*

Autre aménagement apporté à l'anglais par le français du Québec : le **calque** obtenu au moyen d'une traduction littérale.
- anglais *the change* → **le change** (la monnaie)
- anglais *to save* → **sauver** (épargner de l'argent)
- anglais *overtime* → **le surtemps** (les heures supplémentaires)

## 68 Quelques mots du vocabulaire français d'Afrique

- **une bâchée** : un véhicule de transport généralement couvert
- **caïmanter** : travailler beaucoup
- **déplaner** : décourager
- **droiter, gaucher** : tourner à droite, à gauche
- **une essencerie** : une station-service
- **marabouter** : jeter un sort
- **un pain chargé** : un sandwich
- **venant** : importé de France

---

### *Les langues régionales de France*

- Sur son propre territoire, la France a toujours cherché à imposer le français comme la langue unique d'un royaume centralisé puis d'une république une et indivisible. Cependant, les **autres langues parlées dans les différentes régions de France** n'ont jamais disparu. Elles ont au contraire été réhabilitées dès le XIX$^e$ siècle, et bénéficient d'un regain d'intérêt. Des **programmes d'enseignement** sont mis en place pour favoriser l'étude de ces langues, qui peuvent être présentées à l'examen national du baccalauréat (*Journal officiel* du 3 février 2006).

- Langues régionales pouvant donner lieu à une épreuve obligatoire : basque, breton, catalan, corse, créole, langues mélanésiennes, occitan-langue d'oc, tahitien.

- Langues régionales pouvant donner lieu à une épreuve facultative : gallo, langues régionales d'Alsace, langues régionales des pays mosellans.

# FORMER LES MOTS

# QUIZ

1. À quelle condition deux mots sont-ils de la **même famille** ? → 69
2. Quel rapport y a-t-il entre une *rivière* et un *arriviste* ? → 73
3. Quel est le rôle d'un **préfixe** ? → 77
4. Qu'appelle-t-on la *dérivation impropre* ? → 79
5. Quel préfixe marque la **répétition** ? → 83
6. Citez deux des **suffixes** qui servent à créer le plus de mots aujourd'hui. → 86
7. Quel suffixe féminin pour *un basketteur*, pour *un sénateur* ? → 91
8. Quelle différence y a-t-il entre des *fondations* et des *fondements* ? → 92
9. Pourquoi un *petit-beurre* n'est-il pas un petit morceau de beurre ? → 93
10. Dans un *pince-sans-rire tire-au-flanc*, combien y a-t-il de mots au total : 2 ou 6 ? → 95
11. Dans *viaduc*, quel est le sens de *duc* ? → 100
12. Que signifient les éléments *démo-* et *crat-* dans *démocratie* ? → 101
13. Qu'est-ce que la *potamologie* ? → 102
14. À quelle condition un sigle est-il appelé un *acronyme* ? → 103
15. Comment traduit-on *O.V.N.I.* en anglais ? → 104
16. Qu'est-ce qu'une *apocope* ? → 106

# Les familles de mots

Les mots vont par groupes. *Fort* est ainsi associé à *fortifier, forteresse, réconforter*… *Veille* appelle *veilleur, réveiller, réveillon, surveillant*… Ces groupes, qui représentent des ensembles cohérents, sont appelés des familles, parce que les mots qui les composent présentent une évidente parenté.

## DES MOTS DE MÊME FAMILLE

### 69 Qu'est-ce qu'une famille de mots ?

Une famille de mots est un **ensemble de mots associés entre eux par un même radical**.

~~ *bonbon, bonheur, bonhomme, bonifier, bonjour, bonsoir, bonté, débonnaire, embonpoint ; bon marché, bon vivant*
Tous ces mots ont en commun /bon/, qui est leur radical.

Le **radical** est le noyau commun aux mots d'une même famille. On l'obtient en éliminant les préfixes, les suffixes et les éléments de composition qui différencient les mots ➔ **77, 93, 98**.

~~ *(em)/bon/(point), bon/(ifier), bon/(jour), bon/(marché)*

Certaines familles comportent peu de mots. D'autres sont très étendues.
~~ On compte une soixantaine de mots pour la famille de *voir*.

> #### Mot : *un mot sans famille !*
> Le nom ***mot*** n'a produit aucun dérivé et n'a donc pas de famille directe. Pour exprimer le sens de *mot*, on doit recourir à une autre famille, celle du mot ***verbe***.
> - la violence des mots → *la violence verbale*
> - exprimer au moyen de mots → *verbaliser*
> - un délire qui déclenche une avalanche de mots → *un délire verbal*
> - un compte rendu mot à mot d'une déclaration → *un verbatim*

## 70 Reconnaître les mots de la même famille

### Des ressemblances trompeuses

- Il ne suffit pas que des mots se ressemblent pour qu'ils soient de la même famille. Il faut que l'élément qui les unit soit bien un **même radical** et que celui-ci ait le **même sens**. On doit donc se méfier des radicaux homonymes.

  ~ *solaire, solarium, soleil, solstice, ensoleillement, insolation, parasol, tournesol...*
  Ces mots forment une famille : ils ont en commun le radical *sol* qui signifie *soleil*.

  ~ *soliloque, soliste, solitaire, solitude, solo, désolé, désolation...*
  Ces mots forment une autre famille : ils ont en commun le radical *sol* qui signifie *seul*.

### Des radicaux effacés

- Certains mots de la même famille ont bien un radical commun, mais il n'est plus toujours repérable. Par ailleurs, le sens peut éloigner certains mots des autres mots du groupe.

  ~ ***usager*** et ***abusif*** : on perçoit difficilement la parenté entre ces deux mots. Ils appartiennent pourtant l'un et l'autre à la famille de *user* : se servir de.

  ~ ***république*** et ***publicité*** : ils font partie de la même famille. Ils ont en commun l'élément /publ(i)/ : peuple, collectivité. Mais chaque mot a pris son autonomie, chaque sens s'est spécialisé.

> ### *Des mots détachés de la famille*
>
> - Certains mots se sont tellement émancipés qu'ils ne peuvent plus être considérés comme de la famille. Par exemple, au milieu de *mangeur*, *mangeoire*, *mangeable*, *mangeaille*, les mots ***démanger***, ***démangeaison*** font figure d'intrus, alors qu'ils ont eux aussi pour origine le verbe ***manger***.

### Une famille, une même orthographe ?

- L'enseignement traditionnel préconisait l'étude des familles de mots pour améliorer la connaissance de l'orthographe. En principe, en effet, **une même orthographe, celle de la racine commune**, doit se retrouver dans tous les mots d'une même famille.

  ~ Tous les mots de la famille de ***terre*** s'écrivent avec deux *r* :
  te*rr*asse, te*rr*ier, te*rr*ine, te*rr*oir, te*rr*itoire, atte*rr*issage, ente*rr*ement, extrate*rr*estre, méditerranéen, souterrain ; te*rr*e-plein...

- Cependant, cette règle connaît des **exceptions** lorsque le radical s'est légèrement modifié, ou qu'une lettre entre au contact d'une autre.

  ~ Famille de ***sonner***
  so*nn*erie, so*nn*ette, co*nn*sonne, réso*nn*er (deux *n* avant un *e*)
  **MAIS AUSSI** so*n*ate, so*n*ore, so*n*orité, inso*n*oriser, asso*n*ance, disso*n*ant, réso*n*ance (un *n* avant une voyelle autre que *e*)

**Les familles de mots**

- On rencontre des **bizarreries** plus inexplicables dans le doublement des consonnes au sein d'une même famille.

| FAMILLE DU MOT | RÈGLE | EXCEPTIONS |
|---|---|---|
| *battre* | deux *t* | *bataille, combatif, combativité* |
| *char* | deux *r* | *chariot* |
| *homme* | deux *m* | *bonhomie* |
| *siffler* | deux *f* | *persiflage* |
| *souffler* | deux *f* | *boursoufler, boursouflure* |

**N. ORTH.** D'après les Rectifications orthographiques (1990), il est souhaitable, selon une belle expression, de « réaccorder les familles » dans un souci de cohérence et d'harmonie. Il est désormais recommandé d'écrire : *combattif, combattivité, charriot, boursouffler, bonhommie, persifflage*.

## FORMER DES FAMILLES DE MOTS

### 71 Qu'est-ce qu'un étymon ?

- Pour constituer une famille de mots, il est nécessaire de s'intéresser à l'étymologie des mots qui la composent.

- En effet, une famille de mots n'est pas un simple regroupement de dérivés, et il ne suffit pas d'éliminer les préfixes et les suffixes pour dégager l'élément commun aux mots d'une même famille. Il faut remonter jusqu'à leur étymon.

- L'**étymon**, ou racine, est l'élément (souvent venu du latin) dont sont issus tous les mots d'une même famille. Il représente l'origine étymologique du groupe. C'est le **fondement de la famille**.

*lumière* : tous les mots de la famille de *lumière* ont pour étymon commun le latin *lumen, luminis*, présent sous la forme *lum(in-)* :
*lumière, luminaire, luminosité, allumer, allumette, illuminer, enluminure…*

Au cours de l'histoire de la langue, les mots ayant subi de nombreuses transformations → 28, l'étymon a pu évoluer sous différentes formes dans des mots de même famille.

*pater* : cet étymon latin, qui a donné *père*, se retrouve sous la forme :
– *patr(i)* dans *patriarche, patrie, patrimoine, patronyme…* ;
– *pater(n)* dans *paternel, paternité* ;
– *parr-* dans *parricide, parrain*.

## 72 Qu'est-ce que le radical d'un mot ?

Dans les mots d'une même famille, la racine se présente souvent sous des formes différentes. Cette forme particulière que prend la racine dans le mot est le **radical**.

~ *éclairer* et **clarté** : ces mots ont une racine commune qui a pour sens *clair* sous la forme de deux radicaux : *clair-* dans <u>*éclairer*</u> et *clar-* dans <u>*clarté*</u>.

Un grand nombre de familles de mots sont formées sur plusieurs radicaux.
~ La famille de *paix* est formée sur deux radicaux : *pai-*, *pac-*.
~ La famille de *fleur* est formée sur trois radicaux : *fleur-*, *flor-*, *fior-*.

## 73 Quelques familles de mots à un radical

### *boule*

● *boulet, boulette, boulier, bouliste…*
SENS PLUS ÉLOIGNÉ : *bouleverser* (et ses dérivés), *boulon, boulot(te), débouler…*
CURIOSITÉ : *ciboulot* (familièrement : la tête ; de *civ* [l'oignon, le bulbe], *boule* et *ot*)

### *fil*

● *filet, filin, filature, filament, filandreux, filiforme, filigrane, effilé, effilocher, faufiler…*
SENS PLUS ÉLOIGNÉ : *filière, filon, enfiler, enfilade, entrefilet, se défiler ; faux-filet…*
CURIOSITÉ : *filou* (de *filer la carte*, donc tricher)

### *fin*

● *finesse, finement, affiner, raffiner* (et ses dérivés), *raffinerie…*
SENS PLUS ÉLOIGNÉ : *finasser, finaud…*
CURIOSITÉ : *peaufiner* (au sens propre : nettoyer avec une fine peau de chamois)

### *lier*

● *liaison, liant, lien, lieuse, délier…*
SENS PLUS ÉLOIGNÉ : *allié, alliage, alliance, rallier, ralliement, relier, reliure…*
CURIOSITÉS : *liane, liasse, licol* (lien placé autour du cou des animaux de trait)

### *rive*

● *rivage, riverain…*
SENS PLUS ÉLOIGNÉ : *rivière, dériver, dérive, dériveur, dérivation, dérivatif…*
CURIOSITÉS : *arriver* (de l'ancien français *ariver* : accoster) ; *arriviste* (sens figuré)

### *saut*

● *sauter, sauteuse, sautiller, sautoir ; saute-mouton…*
SENS PLUS ÉLOIGNÉ : *assaut, sursaut, sauterelle, tressauter, soubresaut…*
CURIOSITÉ : *primesautier* (qui obéit au premier [*prim* : premier] mouvement [*saut*])

### *signe*

- *signal* (et ses dérivés) ; *signer, signature, signataire, contresigner, soussigné...*
SENS PLUS ÉLOIGNÉ : *signet, insigne, signifier* (et ses dérivés), *insignifiant, insignifiance...*
CURIOSITÉS : *désignation, désigner* (à l'origine : marquer d'un signe, d'une marque distinctive)

### *tourner*

- *tour, contourner* (et ses dérivés), *incontournable, détourner, détour, détournement, entourer, entourage, chantourner, tournebroche, tournesol, tournevis, tournicoter, tournis, tournoyer, tournoiement, tournure ; demi-tour...*
SENS PLUS ÉLOIGNÉ : *alentour, alentours, autour, pourtour, retourner, retour, retournement, tournage, tournée, tourneur...*
CURIOSITÉS : *tourisme, touriste* (et ses dérivés) (de l'anglais *tourism*, *tourist*, qui viennent du mot anglais emprunté au français *tour* : circuit, excursion)

### *vent*

- *venter, venteux, ventiler, ventilateur ; coupe-vent...*
SENS PLUS ÉLOIGNÉ : *éventer, éventail, éventaire, contrevent, paravent...*
CURIOSITÉ : *ventouse* (du latin médiéval *ventosa cucurbita* : courge pleine d'air)

## 74 Quelques familles de mots à deux radicaux

Les mots ci-dessous sont groupés par séries à l'intérieur de chaque famille : la série formée sur le mot-racine ; celle formée sur le radical (qui est l'étymon latin).

### *bien*/bén(é)-

- *bienfait* (et ses dérivés), *bienheureux, bienséance, bienveillant, bienvenue ; bien-fondé...*

- *bénédiction, bénéfice* (et ses dérivés), *bénévole* (et ses dérivés), *bénin, bénir, bénitier...*

### *char*/carr-

- *chariot, charrette, charretée, charretier, charrier, charron ; antichar...*
- *carrière, carriole, carrosse, carrossable, carrosserie...*

### *croire*/cre(d)-

- *(in)croyance, (in)croyant, (in)croyable, accroire...*
- *créance, crédible, crédit, accréditer, discrédit, (in)crédule, mécréant...*

### *croix*/cruci-

- *croisé, croisade, croiser, croisement, croisillon ; chassé-croisé, mots croisés...*
- *crucial, crucifix, cruciforme, cruciverbiste...*

▌ *lait*/lact-
- *laitage, laiteux, laitier, laiterie, laitance, allaiter...*
- *lacté, lactique, lactose, lactation...*

▌ *or*/aur-
- *dorer* (et ses dérivés), *mordoré, orfèvre, oriflamme, oripeaux ; bouton-d'or...*
- *aurifère, auréole, daurade, Au* (symbole chimique de l'or)...

▌ *paix*/pac-
- *paisible, apaiser, apaisement...*
- *pacifier, pacifique, pacifisme...*

▌ *pendre*/pens-
- *pendu, pendaison, pendentif, penderie, pendule, dépendre, suspendre, perpendiculaire...*
- *suspension, en suspens, suspense, propension...*

▌ *temps*/tempor-
- *contretemps, longtemps, printemps ; mi-temps, passe-temps...*
- *temporaire, (in)temporel, temporalité, temporiser, contemporain...*

## 75 Quelques familles de mots à trois radicaux

▌ *courir*
- *cour-*     *coureur, courant, couramment, courrier, cours, course, courser, coursier, accourir, concourir, concours, discours, encourir, parcourir, parcours...*
- *curs-*     *curseur, précurseur, excursion, incursion, discursif, cursus, succursale...*
- *curr-*     *concurrent, occurrence, récurrent...*

▌ *fleur*
- *fleur*     *fleurir, fleuret, fleurette, fleuriste, fleurer, affleurer, effleurer, fleuron ; chou-fleur...*
- *flor-*     *flore, floral, floraison, floralies, efflorescence, florin, déflorer, florilège, florissant...*
- *fior-*     *fioritures...*

▌ *suivre*
- *suiv-, suit*     *suivi, suivant, suiveur, s'ensuivre, poursuivre, poursuivant, suite, ensuite, poursuite...*
- *séqu-*     *séquelle, séquence, (in)conséquence...*
- *sec-*     *second, seconder, (une) seconde, secte, sectaire, consécutif, persécuter* (et ses dérivés)...

Les familles de mots

## 76 Quelques familles de mots à quatre radicaux et plus

### *main*
- *main* — *mainmise, maintenir, maintenance, maintien ; essuie-mains, en sous-main...*
- *man-* — *manette, manœuvre, manche, manchette, manchon, emmanchure, émanciper...*
- *mani-* — *manier, maniement, maniable, remanier, manifester, manivelle...*
- *manu-* — *manuel, manucure, manufacture, manuscrit, manutention...*

### *valoir*
- *valoir* — *valable, équivaloir, équivalent, valence, ambivalence, polyvalent, prévaloir...*
- *vaille* — *vaillant, vaillance, vaillamment...*
- *valu* — *(ré)évaluer, (ré)évaluation, dévaluer, dévaluation ; plus-value...*
- *valeur, valor-* — *valeureux, dévaloriser, dévalorisation, revaloriser, revalorisation*
- *val-* — *(in)valide, convalescent...*
- *vau-* — *vaurien...*

### *vie*
- *vie* — *viable, survie ; eau-de-vie...*
- *vivre* — *vécu, (in)vivable, vivant, vivoter, revivre, survivre, survivance...*
- *vit-* — *vital, vitalité, dévitaliser, revitaliser, ravitailler, vitamine...*
- *viv(i)-* — *vivarium, vivier, vivifier, vivipare, vivisection...*
- *vif, vive* — *vivace, vivacité, aviver, raviver, vivement...*

---

**Bouter, faillir, seoir :**
*des familles nombreuses pour des mots disparus*

Certains verbes, totalement sortis de l'usage actuel, subsistent pourtant dans le vocabulaire courant grâce à leur famille.
- **bouter** *(pousser, chasser)* : est toujours présent dans *boutade, boute-en-train, bouteur, arc-boutant, boutoir, débouter, emboutir, rebouteux.*
- **faillir** *(manquer à, ne pas faire ce que l'on doit)* : est toujours présent dans *faille, (in)faillible, faillite, défaillir, défaillance, défaut, faute, fautif.*
- **seoir** (au sens d'*être assis*) : est toujours présent dans *asseoir, assis, assiette, rasseoir, rassis, séance, séant, sis.* Au sens de *convenir*, il est toujours présent dans *surseoir, sursitaire, bienséant, malséant, séant, seyant.*

# Les mots dérivés

La langue a la capacité de produire plusieurs mots à partir d'un seul mot existant. *Formation* a ainsi permis *information* puis *désinformation*. À partir de *tracer* on obtient *trace, traçage* et aujourd'hui *traçabilité*. Cette création de mots nouveaux est rendue possible par le procédé de la dérivation.

## LA FORMATION DE MOTS DÉRIVÉS

### 77 Former un mot dérivé : les préfixes et les suffixes

■ Pour former un mot dérivé, **on ajoute un préfixe et/ou un suffixe à un mot qui sert de base**.

   *former* → *dé/former, form/ation*
     base         mots dérivés par ajout d'un préfixe ou d'un suffixe

De nombreux dérivés sont construits avec **un préfixe et un suffixe**.

   *dé/form/ation*
     mot dérivé par ajout d'un préfixe et d'un suffixe

■ Le **préfixe** est placé **avant le mot de base**. Il permet de modifier le sens de ce mot.

   *former* → *dé/former*
   *poser* → *sup/poser*
   *mettre* → *trans/mettre*

Un préfixe peut s'ajouter à un autre préfixe.

   *pré/sup/poser*    *re/trans/mettre*

■ Le **suffixe** est placé **après le mot de base**. Il permet de changer la classe grammaticale de ce mot.

   *former* → *form/ation*
    verbe         nom
   *observer* → *observ/ation, observ/ateur, observ/atoire, observ/able*
    verbe        nom        nom        nom      adjectif

Un suffixe peut s'ajouter à un autre suffixe.

   *simpl/ifier* → *simpl/ific/ation*

## 78 Former un mot dérivé : le radical du mot

Le **radical** est l'élément qui reste d'un mot dérivé quand on lui enlève son préfixe et/ou son suffixe.

| MOT DÉRIVÉ | RADICAL |
|---|---|
| jardin/ier | jardin |
| sur/saut | saut |

### Les arbres fruitiers : un groupe homogène de mots dérivés

- Les plantes, arbustes et arbres fruitiers dont le nom est terminé par le suffixe *-ier* ou *-er* ont tous pour base le nom du fruit qu'ils produisent : *pommier, poirier, abricotier, dattier, olivier, oranger, pêcher...*
- Exception : le plaqueminier produit... le kaki !

À la différence du mot de base, le radical d'un mot est le plus souvent un **élément non autonome → 17**, qui ne sert qu'à recevoir des préfixes ou des suffixes ; il n'a pas d'existence en dehors du mot dérivé.

*popul/aire     popul/ariser     sur/popul/ation*

Ces trois dérivés ont pour base le même élément /popul/ d'origine latine.

Un **même radical** peut servir à former de **nombreux mots dérivés** par ajout de préfixes ou de suffixes différents.

| RADICAL | MOTS DÉRIVÉS |
|---|---|
| /pos/ | déposer, disposer, exposer, proposer, superposer |
| | positif, position, positionnement |
| | déposition, disposition, opposable, proposition, superposable |

De nombreux dérivés ont été formés par ajout d'un suffixe et d'un préfixe à un **élément latin ou grec** selon le procédé de la **formation savante → 34, 35**.

*/cred/* (du verbe latin *credere* : croire) → *crédible, crédule, incrédule...*

## 79 Qu'est-ce qu'une dérivation inverse ?

Certains mots dérivés se distinguent par l'absence de suffixe : ce sont des **dérivés à suffixe zéro**. Ils suivent une **dérivation inverse**, appelée aussi **dérivation régressive**.

*coûter → le coût*     *rebondir → le rebond*

Les mots *coût* et *rebond* sont deux dérivés à suffixe zéro.

La plupart de ces dérivés sont obtenus par la suppression de la terminaison d'un verbe. Pour cette raison, on les appelle des **déverbaux**. Ils sont nombreux et appartiennent au vocabulaire courant.

| BASE | DÉVERBAL | BASE | DÉVERBAL |
|---|---|---|---|
| appeler | l'appel | plier | le pli |
| appuyer | l'appui | reporter | le report |
| employer | l'emploi | survoler | le survol |
| marcher | la marche | tailler | la taille |
| pardonner | le pardon | troubler | le trouble |

### Mot de base ou mot dérivé ?

- Pour savoir si un mot est le dérivé d'un autre mot, il suffit de comparer leur date d'apparition dans la langue (indiquée dans les dictionnaires) : *cumul* (1692) apparaît après *cumuler* (1355). C'est donc sur le verbe *cumuler* que le nom *cumul* a été formé ; *cumul* est le déverbal de *cumuler*.

La dérivation inverse est très productive dans la création lexicale contemporaine, y compris et surtout dans la langue argotique.

| BASE | DÉVERBAL | BASE | DÉVERBAL |
|---|---|---|---|
| bouffer | la bouffe | se défoncer | la défonce |
| casser | la casse | glisser | la glisse |
| se débrouiller | la débrouille | se planquer | la planque |

### Le ressenti du vécu : la dérivation impropre

- La **dérivation impropre** consiste à faire passer un mot d'une classe grammaticale dans une autre, sans changement de forme. Le phénomène est ancien :
– **de l'infinitif au nom** : *déjeuner → le déjeuner ; rire → le rire* ;
– **de l'adjectif au nom** : *beau → le beau ; vrai → le vrai* ;
– **du nom à l'adjectif** : *un marron → marron ; une rose → rose*.

- Aujourd'hui, la dérivation impropre se répand, entraînant la formation de **néologismes** : *comique* (adjectif) → *un comique* (nom) ; *moi* (pronom) → *le moi* (nom) ; *léger* (adjectif) → *(manger) léger* (adverbe) ; *ressenti* (participe passé) → *le ressenti* (nom) ; *vécu* (participe passé) → *le vécu* (nom).

Les mots dérivés  79 à 81

# L'EMPLOI DES PRÉFIXES

## 80 Les deux sortes de préfixes

On distingue **deux sortes de préfixes** :

• les **prépositions** et les **adverbes** qui servent de préfixes mais qui peuvent aussi avoir une existence autonome : *bien, contre, entre, sous, sur…*

<u>bien</u>faisant  <u>sous</u>-estimer
<u>contre</u>-productif  un <u>sur</u>effectif
<u>entre</u>croiser

• les **éléments non autonomes** qui ne servent que de préfixes : ***a-, dé-, in-, inter-, pré-, re-*…** On ne pourrait pas les employer seuls.

Parmi ces préfixes, on trouve aussi des éléments de formation savante → 98 : ***anté-, hyper-, intra-, pré-, post-*.**

## 81 Les préfixes qui marquent la situation dans l'espace : *a-, en-, ex-, in-*…

| PRÉFIXE | SIGNIFICATION | EXEMPLES |
|---|---|---|
| *a-* (*ac-, ad-, af-, al-, am-, ap-, ar-, as-, at-*) | en direction de | abaisser, aborder, amener ; accourir ; advenir ; affluer ; apporter ; arranger ; assiéger ; atterrir |
| *en-* (*em-* devant *b, m, p*) | à l'intérieur de | encadrer, encercler, enterrer ; embarquer, emmurer, emprisonner |
|  | loin de | s'enfuir, s'envoler ; emmener, emporter |
| *ex-* | en dehors | expatrier, exporter, expulser |
| *in-* (*il-* devant *l*) *im-* (devant *b, m, p*) *ir-* (devant *r*) | dans | incorporer, injecter ; illuminer ; imbiber, s'immiscer, importer ; irruption |
| *par(a)-* | à côté | parallèle, parenthèse ; paramédical |
| *pro-* | en avant, plus loin | proclamer, progrès, projeter, prolonger, propulser |
| *sou-, sub-* | sous | soucoupe, soulever ; subdiviser, submerger |
| *trans-* | par-delà, au travers, de l'un à l'autre | transatlantique, translucide, transfuser, transporter |

## 82 Les préfixes qui marquent le sens contraire : *a-*, *dé-*, *in-*…

| PRÉFIXE | EXEMPLES |
|---|---|
| ***a-*** (***an-*** devant voyelle) | *anormal, atypique ; analphabète, anarchie* |
| ***dé-*** (***des-, dés-, dis-***) | *défaire ; desservir ; désaccord, désavantager ; discontinu, disjoindre, dissemblable, dissymétrique* |
| ***in-*** (***il-*** devant *l*) <br> ***im-*** (devant *b*, *m*, *p*) <br> ***ir-*** (devant *r*) | *inachevé, incapable, inégal, inhabituel ; illégal, illogique ; immobile, impatient ; irréel* |
| ***mal-*** | *maladroit, malchance, malheureux* |
| ***mé-*** (***més-*** devant voyelle) | *mécontent, se méfier ; mésentente* |
| ***non-*** | *non-conformité, non-intervention* |

## 83 Le préfixe qui marque le retour : *re-*

| PRÉFIXE | SIGNIFICATION | EXEMPLES |
|---|---|---|
| ***re-*** <br> (***ré-, r-, res***) | répétition | *redire, relire, reprendre, revoir ; réajuster, réélire ; resservir* |
| | retour à un état antérieur | *reboucher, refermer, relever, repartir, revenir ; rhabiller* |
| | changement de direction | *recourber, retourner ; rabattre, renverser* |
| | davantage | *rechercher, rehausser ; raffermir ; ressentir* |
| | de nouveau et complètement | *recouvrir ; réunir ; ramasser, remplir, rentrer* |

■ *re-* devient :

• *ré-* ou *r-* devant une voyelle ;

• *r-* devant un *h* muet (*rhabiller*), *re-* ou *ré-* devant un *h* aspiré (*rehausser, réhabiliter*) ;

• *res-* devant *s*. Dans les mots de formation récente, le *s* n'est pas redoublé : *resaler, resalir, resituer.*

Les mots dérivés

## 84 Les préfixes qui marquent la relation : *co-* et *inter-*

| PRÉFIXE | SIGNIFICATION | EXEMPLES |
|---|---|---|
| *co-* (*col-*, *com-*, *con-*, *cor-*) | avec | codirecteur, coéquipier, cofondateur, cogestion ; collaborer ; compatriote ; concitoyen ; corrélation |
| *inter-* | entre | interligne, s'interposer, intervenir |
| | mise en relation entre plusieurs ensembles | interministériel, international |
| | échange | interactif, interconnexion, interlocuteur |

*co-* reste *co-* devant une voyelle ou *h*.

*co-* devient :
- *col-* devant *l* ;
- *com-* devant *b*, *m*, *p* ;
- *con-* devant une consonne ;
- *cor-* devant *r*. Dans les mots de formation récente, la forme *co-* est utilisée, quelle que soit la lettre qui suit : *coauteur, colocataire, copilote, coreligionnaire*.

### Super *ou* extra ?
### L'emploi massif des préfixes d'intensité

- Dans le langage contemporain, les préfixes les plus productifs sont les préfixes d'intensité : ***archi-***, ***extra-***, ***hyper-***, ***super-***, ***sur-***, ***ultra-***. On les rencontre dans la formation de mots qui figurent dans les dictionnaires : *(un air) archiconnu, (des haricots) extrafins, un hypermarché, une superpuissance, le surendettement, (une pellicule) ultrasensible*.

- Ils sont abondamment exploités pour créer des mots nouveaux au gré des modes et selon les besoins de la surenchère : *archirésistant, extra-plat, hypermédiatisé, super sympa, surdimensionné, ultra-confidentiel*…

# L'EMPLOI DES SUFFIXES

## 85 Le rôle des suffixes

Les suffixes servent à former des noms, des adjectifs, des verbes et des adverbes.

On forme des **noms dérivés** en ajoutant un suffixe :
- au radical d'un verbe : *espérer → l'espérance*
- à un adjectif : *sage → la sagesse*
- à un autre nom : *le boulanger → la boulangerie*

On forme des **adjectifs dérivés** en ajoutant un suffixe :
- au radical d'un verbe : *exploser → explosif*
- à un nom : *une planète → planétaire*
- à un autre adjectif : *rouge → rougeâtre*

> ### *Les adjectifs dérivés de noms propres*
> On forme des adjectifs dérivés :
> - à partir de **noms propres de personnes**. Les suffixes sont le plus souvent *-ien* et *-iste* : *freudien, stalinien, calviniste, gaulliste…*
> - à partir de **noms géographiques**. Les suffixes sont le plus souvent *-ien* et *-ois* : *italien, norvégien, parisien, algérois* (habitant Alger), *ardéchois, chinois, québécois…*

On forme des **verbes dérivés** en ajoutant un suffixe :
- à un adjectif : *simple → simplifier*
- à un nom : *une colonie → coloniser*
- à un autre verbe : *traîner → traînasser*

On forme aussi des **adverbes dérivés** en ajoutant le suffixe *-ment* :
- à un adjectif : *doucement, vraiment*
- à un nom : *diablement*

Les mots dérivés

## 86 Les suffixes en recul, les suffixes en progression

Certains suffixes ne sont plus jamais utilisés, alors que d'autres sont au contraire très productifs dans la création de mots nouveaux.

### Les suffixes qui ne créent plus de mots aujourd'hui

| SUFFIXE | EXEMPLES |
|---|---|
| *-if/-ive* | *hâtif* date du XI$^e$ siècle, *craintif* et *inventif* du XIV$^e$ siècle, *fautif* du XV$^e$ siècle, *sportif* de 1862 |
| *-ise* | *bêtise* date du XIV$^e$ siècle, *débrouillardise* de 1937 |
| *-oir, -oire* | *miroir* et *rasoir* datent du XII$^e$ siècle ; *patinoire* de 1921 |
| *-ueux* | *majestueux* date du XVII$^e$ siècle, *luxueux* du XVIII$^e$ siècle, *talentueux* du XIX$^e$ siècle |

### Des suffixes très productifs aujourd'hui

| SUFFIXE | EXEMPLES |
|---|---|
| *-ilité* | *éligibilité, faisabilité, flexibilité, pénibilité, traçabilité* |
| *-iser, -atiser* | *fidéliser, finaliser, sécuriser ; dogmatiser, privatiser, somatiser* |
| *-isme* | *interventionnisme* |
| *-issime* | *célébrissime, gravissime, rarissime* |
| *-istique* | *footballistique, pianistique* |
| *-itude* | *complétude, négritude* |

*Une terminaison très productive aujourd'hui : la terminaison -er des verbes du 1$^{er}$ groupe*

• Tous les verbes nouveaux de la langue contemporaine sont des verbes en *-er* (verbes du 1$^{er}$ groupe) : *bloguer, scanner, surfer, taguer...*

### Les suffixes qui reviennent après avoir disparu

| SUFFIXE | EXEMPLES |
|---|---|
| *-ance* | *brillance, gouvernance, maintenance, mouvance, nuisance* |
| *-erie* | *croissanterie, déchetterie, sandwicherie, solderie* |

## 87 Les suffixes diminutifs, péjoratifs et argotiques

Ces suffixes ne changent pas la classe grammaticale du mot de base mais ajoutent à ce mot une **valeur nouvelle** (valeur diminutive) ou une **connotation particulière** (péjorative ou argotique → 137).

### Les suffixes diminutifs : *-cule, -eau, -iole...*

- Ils portent l'idée de **petitesse**.

| SUFFIXE | EXEMPLES |
| --- | --- |
| *-cule* | *groupuscule, monticule* |
| *-eau* | *baleineau, lionceau* |
| *-elle* | *prunelle, ruelle* |
| *-et*, *-ette* | *bâtonnet ; bûchette, fillette, tartelette* |
| *-ine*, *-inet* | *bottine ; jardinet* |
| *-iole* | *bestiole* |
| *-isseau* | *arbrisseau* |
| *-on* | *aiglon, ourson* |
| *-ot*, *-otin* | *angelot, îlot ; diablotin* |

### Les suffixes péjoratifs : *-aille, ard, -âtre...*

- Ils expriment un **jugement négatif**.

| SUFFIXE | EXEMPLES |
| --- | --- |
| *-aille* | *mangeaille* |
| *-ailler* | *criailler* |
| *-ard(e)* | *nullard* |
| *-asse* | *fadasse* |
| *-asser* | *rêvasser* |
| *-âtre* | *bellâtre* |
| *-aud(e)* | *lourdaud* |
| *-iche*, *-ichon(ne)* | *boniche ; maigrichon* |

### Les suffixes argotiques : *-ingue, -oche, -ot...*

- Ils appartiennent à la langue populaire. Ils sont souvent éphémères, et leur choix semble aléatoire.

| SUFFIXE | EXEMPLES |
| --- | --- |
| *-ingue* | *lourdingue, sourdingue* |
| *-oche* | *cinoche, fastoche* |
| *-os* [os] | *calmos, gratos* |
| *-ot* | *parigot* |

Les mots dérivés

## 88 Le suffixe *-isme*

Les mots en *-isme* sont très largement représentés dans le lexique. Non seulement le suffixe *-isme* est toujours productif et créateur de mots nouveaux, mais les dérivés en *-isme* figurent aujourd'hui parmi les mots les plus employés.

> *1960 : l'année du suffixe* -isme
>
> • 1960 est l'année de la victoire du suffixe *-isme* : il supplante alors le suffixe *-ité* dans la création de mots du vocabulaire abstrait.

Le suffixe *-isme* signifie **le fait d'être** ce qu'exprime le radical.

*un héros* → *l'héroïsme*
*un militant* → *le militantisme*
*snob* → *le snobisme*
*somnambule* → *le somnambulisme*

Il est le plus souvent utilisé pour désigner un **système de pensée**. Il peut être ajouté :
- à un nom propre : *l'épicurisme, le bouddhisme*
- à un nom commun : *l'abolitionnisme, le protectionnisme*
- à un adjectif : *l'idéalisme, le matérialisme*
- à un verbe : *l'arrivisme, le dirigisme*
- à un radical latin : *l'optimisme* (optimus : le meilleur), *le pessimisme* (pessimus : le pire)
- à un groupe de mots dans des formations fantaisistes : *l'à-quoi-bonisme ?, le je-m'en-foutisme, le jusqu'au-boutisme*

Dans plusieurs dérivés, le suffixe *-isme* confère au mot de base le sens fort de **doctrine** et d'**attitude revendiquée**.

| BASE | DÉRIVÉ | SENS |
|---|---|---|
| *actif* | *activisme* | doctrine qui préconise l'action directe et souvent violente en politique |
| *autorité, autoritaire* | *autoritarisme* | exercice d'une autorité excessive |
| *égalité, égalitaire* | *égalitarisme* | système visant à l'égalité politique et sociale absolue |

## 89 Les suffixes qui expriment l'action

### Les suffixes de verbes exprimant une action
- Ils expriment l'idée de **faire** et de **faire devenir**.

| SUFFIXE | EXEMPLES |
|---|---|
| *-ifier* | amplifier, électrifier, pacifier, planifier, solidifier |
| *-iser* | comptabiliser, désolidariser, égaliser, privatiser |

### Les suffixes de noms exprimant l'action et le résultat de l'action
- Le même mot dérivé désigne l'**action en train de se faire** et l'**action réalisée**.

| SUFFIXE | EXEMPLES |
|---|---|
| *-age*, *-issage* | codage, dressage, pilotage ; pétrissage, remplissage |
| *-aison*, *-ison* | livraison, siglaison ; guérison |
| *-ement*, *-issement* | aménagement, approvisionnement ; agrandissement |
| *-ion* | agression, décision, permission, rébellion |
| *-tion*, *-ation*, *-ition* | attribution, inscription ; convocation, fabrication, négociation ; acquisition, déposition |
| *-ure*, *-ture*, *-ature* | lecture ; fermeture ; filature |

### Les suffixes fréquentatifs
- Ils expriment la **répétition d'une action**.

| SUFFIXE | EXEMPLES |
|---|---|
| *-iller* | mordiller, tortiller |
| *-onner* | mâchonner, tâtonner |
| *-oter* | clignoter, tapoter |

## 90 Les suffixes qui expriment la possibilité, la capacité : *-able*, *-ible* et *-abilité*, *-ibilité*

Ils expriment le sens « **qui peut être**, **qui est capable d'être** ».

| SUFFIXE | EXEMPLES |
|---|---|
| *-able* | abordable, acceptable, buvable, mangeable |
| *-ible* | compréhensible, éligible, lisible |
| *-abilité* | maniabilité |
| *-ibilité* | accessibilité, crédibilité, lisibilité |

## 91 Quelques suffixes spécialisés : *-eur*, *-ien*, *-ier*, *-iste*

Certains suffixes sont plus employés que d'autres dans la formation de dérivés recouvrant un domaine précis.

### Les noms de métier

| SUFFIXE | EXEMPLES |
|---|---|
| *-eur* | cascadeur, coiffeur, éditeur, éleveur, inspecteur, pêcheur, vendeur, zingueur |
| *-ien* | chirurgien, comédien, électricien, informaticien, mécanicien, pharmacien |
| *-ier* | ambulancier, carrossier, chansonnier, cuisinier, douanier, hôtelier, infirmier, pompier, teinturier |
| *-iste* | chauffagiste, ébéniste, fleuriste, garagiste, humoriste, infographiste, journaliste, paysagiste |

### *La féminisation des noms de métiers*

Il existe depuis 1999 un Guide d'aide à la féminisation des noms de métiers publié par La Documentation française sous le titre *Femme, j'écris ton nom...* On y indique les règles de formation des suffixes féminins à partir de suffixes masculins :

- ***-eur*, *-euse*** dans les cas suivants :
– lorsque le nom correspond à un verbe reconnaissable et de même sens : *une chercheuse, une programmeuse*
– lorsque le nom est formé sur une base nominale : *une camionneuse, une pisteuse*
– lorsque la base nominale est empruntée à l'anglais : *une basketteuse*
- ***-eur*, *-eur(e)*** : lorsqu'il n'existe pas de verbe correspondant exactement au nom : *une entrepreneur(e), une ingénieur(e), une professeur(e), une proviseur(e)*
- ***-ien*, *-ienne*** : *une acousticienne, une électricienne, une informaticienne*
- ***-ier*, *-ière*** : *une agencière, une greffière, une sommelière*
- ***-teur*, *-trice*** : *une agricultrice, une sénatrice*

### Les noms de maladie

| SUFFIXE | EXEMPLES |
|---|---|
| *-ite* | appendicite, bronchite, otite, rhinite, trachéite |
| *-ose* | arthrose, dermatose, mycose, scoliose, tuberculose |

## Les lieux de fabrication, de vente, d'activité

| SUFFIXE | EXEMPLES |
| --- | --- |
| *-erie* | *braderie, brasserie, cimenterie, garderie, parfumerie, teinturerie* |
| *-oir, -oire* | *fumoir, lavoir, parloir ; laboratoire, observatoire* |

## Les qualités et les défauts

| SUFFIXE | | EXEMPLES |
| --- | --- | --- |
| *-ité* | QUALITÉS | *agilité, dextérité, efficacité, fidélité, générosité, vivacité* |
| | DÉFAUTS | *brutalité, duplicité, fatuité, instabilité, irritabilité, médiocrité, rapacité* |

## 92 Quelques mots dérivés à ne pas confondre

Lorsque le mot qui sert de base à des dérivés est **polysémique**, c'est-à-dire possède plusieurs sens, les dérivés se répartissent en fonction des significations différentes de ce mot.

mot de base : ***règle***
- Sens 1 : instrument de mesure des longueurs.
→ *régler, réglage, régleur, réglette*
- Sens 2 : ligne de conduite et ensemble de principes.
→ *régler, règlement, réglementaire, déréglé*

Un *réglage* et un *règlement*, bien qu'ils soient tous deux dérivés du même mot de base, correspondent à deux sens de ce mot et donc à deux emplois différents.

Voici quelques exemples de dérivés à ne pas confondre.

| BASE | DÉRIVÉS | EMPLOIS |
| --- | --- | --- |
| ***abattre*** | l'abattage | l'abattage du troupeau |
| | l'abattement | être plongé dans un profond abattement |
| ***accommoder*** | l'accommodation | l'accommodation à la lumière |
| | l'accommodement | un bon accommodement entre les parties |
| ***adhérer*** | l'adhérence | l'adhérence des pneus au sol |
| | l'adhésion | l'adhésion à un projet |
| ***arracher*** | l'arrachage | l'arrachage des pommes de terre |
| | l'arrachement | l'arrachement dû à l'exil |
| ***doubler*** | la doublure | la doublure d'un vêtement, d'un comédien |
| | le doublage | le doublage d'un film étranger |
| | le doublement | le doublement d'une somme |
| ***emballer*** | l'emballage | du papier d'emballage |
| | l'emballement | des emballements passionnels |
| ***étaler*** | l'étalage | un vol à l'étalage, un étalage de connaissances |
| | l'étalement | l'étalement des vacances, des paiements |

| | | |
|---|---|---|
| ***fonder*** | *les fondations* | *les fondations d'un immeuble* |
| | *les fondements* | *les fondements d'un raisonnement, d'un État* |
| ***isoler*** | *l'isolation* | *une isolation thermique, phonique* |
| | *l'isolement* | *l'isolement des personnes âgées* |
| ***prolonger*** | *le prolongement* | *le prolongement de la ligne du TGV* |
| | *la prolongation* | *la prolongation d'un congé* |
| ***reconduire*** | *la reconduite* | *la reconduite des clandestins à la frontière* |
| | *la reconduction* | *la reconduction d'un bail, d'un contrat* |
| ***régler*** | *le réglage* | *le réglage d'un mécanisme, d'un moteur* |
| | *le règlement* | *le règlement d'un conflit, d'une dette* |
| ***renoncer*** | *le renoncement* | *le renoncement d'un moine* |
| | *la renonciation* | *la renonciation au trône d'Angleterre* |
| ***rétracter*** | *la rétraction* | *la rétraction d'un muscle* |
| | *la rétractation* | *la rétractation d'un témoin* |
| ***tenter*** | *la tentation* | *succomber à la tentation* |
| | *la tentative* | *une tentative d'effraction* |

# Former des mots par composition

*Porte-bonheur, homme-grenouille, tapis-brosse, bébé-éprouvette…* Contrairement à ce que l'on pourrait croire, cet inventaire ne compte pas huit mots mais quatre ! Les mots que l'on voit ici reliés par un trait d'union forment une seule unité : ce sont des mots composés.

## LES MOTS COMPOSÉS

### 93 Qu'est-ce qu'un mot composé ?

Un mot composé résulte de la **juxtaposition** de deux ou plusieurs mots.
~ *une assistante sociale, un arc-en-ciel, (du ski) hors-piste*

Un mot composé peut être :
- un **nom** : *un porte-bonheur, le café-théâtre, le plein-emploi* ;
- un **adjectif** : *avant-coureur, hors service, gros-porteur*.

Les **locutions verbales** *(tirer parti, prendre peur, attraper froid…)* **ou adverbiales** *(tout à fait, à tort et à travers, au fur et à mesure…)* sont aussi considérées par certains linguistes comme des mots composés.

On compte également au nombre des mots composés les composés savants formés sur des **emprunts au grec ancien ou au latin** → 98.
~ *psychothérapeute, introspection*

La plupart des mots composés s'écrivent avec un **trait d'union**. Mais beaucoup n'en comportent pas : *un fait divers, un point de vue, en tête à tête* et… *un trait d'union*. Dans un petit nombre de mots, les composants sont réunis par **soudure** : *un portemanteau*.

**N. ORTH.** Le trait d'union dans les mots composés
D'après les Rectifications orthographiques (1990), la **soudure** s'impose :
- dans les mots composés de *contr(e)* et *entr(e)*, d'*extra, infra, intra, ultra* : contrattaque, entredeux ; extraterrestre, infrarouge, intraveineuse…
- dans les mots composés des **éléments savants** *aéro, audio, hydro, socio*… : aéronautique, audiovisuel…

- dans les **onomatopées** : *le tictac*
- dans les mots d'**origine étrangère** : *un weekend*

Au-delà des cas cités dans cette règle, les auteurs de dictionnaires sont invités à privilégier la soudure : *portemonnaie*.

**Le pluriel des mots composés**

- D'après les Rectifications orthographiques (1990), on forme le pluriel des noms composés du type *pèse-lettre* (verbe + nom) ou *sans-abri* (préposition + nom) en ajoutant de façon systématique une **marque de pluriel au second composant** : *un tire-bouchon, des tire-bouchons ; un après-midi, des après-midis*.

Une fois qu'il est constitué, le mot composé devient **un mot à part entière**. Ses composants sont solidaires : ils forment un ensemble figé produisant un sens nouveau.

~~ *un rond-point* : ce mot composé est un mot différent des mots *rond* et *point*. Il a pour sens : un carrefour circulaire.

Par son unité et par son sens, le mot composé se distingue donc d'un groupe nominal équivalent.

| GROUPE DE MOTS | | MOT COMPOSÉ |
|---|---|---|
| *une table ronde* <br> une table circulaire | ≠ | *une table ronde* <br> une réunion de travail |
| *des petits fours* <br> des fours de petite taille | ≠ | *des petits-fours* <br> des petites pâtisseries sucrées ou salées |
| *ma petite fille* <br> ma fille de petite taille | ≠ | *ma petite-fille* <br> la fille d'un de mes enfants |
| *une grande surface* <br> une surface étendue | ≠ | *une grande surface* <br> un supermarché |
| *un pot de vin* <br> un récipient contenant du vin | ≠ | *un pot-de-vin* <br> une somme versée illégalement pour obtenir un avantage |

## 94 Comment identifier un mot composé ?

Quelques opérations simples permettent de vérifier qu'une suite d'éléments forme un mot composé.

**L'impossibilité de changer** l'ordre des mots

~~ *un va-et-vient*
   On ne peut pas changer l'ordre : ~~un vient-et-va~~. *Un va-et-vient* est donc un mot composé.

~~ *un haut-parleur*
   On ne peut pas changer l'ordre : ~~un parleur-haut~~. C'est donc un mot composé.

~~ *un expert-comptable*
   On ne peut pas changer l'ordre : ~~un comptable-expert~~. C'est donc un mot composé.

   Exceptions évidentes à la règle ci-dessus : *un face-à-face, un tête-à-tête, un vis-à-vis...*

**L'impossibilité de remplacer** un des éléments par un synonyme ou un antonyme
→ 142, 149

~ *un garde-manger*
   On ne peut pas remplacer l'un des mots : ~~un garde-nourriture~~.

~ *un passe-partout*
   On ne peut pas remplacer l'un des mots : ~~un passe-nulle part~~.

**L'impossibilité d'insérer** un autre élément à l'intérieur de l'unité lexicale

~ *un hors-la-loi*
   On ne peut rien insérer : ~~un hors de la loi~~.

~ *un remonte-pente*
   On ne peut rien insérer : ~~un remonte la pente~~.

~ *un sans-abri*
   On ne peut rien insérer : ~~un sans aucun abri~~.

On reconnaît aussi le mot composé au fait qu'il fait le plus souvent l'objet d'une **entrée spécifique dans un dictionnaire**, à l'ordre alphabétique du premier mot qui le compose.

> **Le vinaigre *et* le gendarme : *d'anciens mots composés***
>
> • **Vinaigre** et **gendarme** étaient à l'origine des mots composés : *vin aigre* et *gens d'armes*.
>
> • Il existe d'autres exemples de ces mots aux composants aujourd'hui soudés : **portefeuille, gentilhomme, lieutenant, bienfaisant, clairvoyant**... Les linguistes hésitent : faut-il les intégrer dans la classe des mots composés ou les en exclure ?

## 95 Les différents modes de composition

Les mots composés se distinguent par des modes de composition divers.

**Le nombre des composants**

• Les mots composés sont en général formés de deux mots.

~ *un arrière-plan*      *un chassé-croisé*
  *une belle-mère*       *un rond-point*

• Ils peuvent être composés de trois mots.

~ *la boîte à gants*          *un pince-sans-rire*
  *un laissé-pour-compte*     *un rez-de-chaussée*
  *un pied-à-terre*           *un tire-au-flanc*

• Ils comptent parfois quatre mots ou plus.

~ *un m'as-tu-vu*         *le qu'en-dira-t-on*
  *le tout-à-l'égout*     *au fur et à mesure*

## La classe grammaticale des composants

- Des éléments de classes grammaticales très variées peuvent être combinés pour former les mots composés.

| MOT COMPOSÉ | CLASSES GRAMMATICALES |
|---|---|
| un bracelet-montre, le moto-cross, la science-fiction | nom + nom |
| aigre-doux, un clair-obscur, un sourd-muet | adjectif + adjectif |
| un procès-verbal, le sang-froid, un coffre-fort | nom + adjectif |
| un pur-sang, une longue-vue, le plein-emploi | adjectif + nom |
| rabat-joie, un passe-temps, un vide-ordures | verbe + nom |
| hors-piste, sans-gêne, le contre-pied | préposition + nom |
| le mode d'emploi, un homme d'affaires, un arc-en-ciel | nom + préposition + nom |
| le trop-plein, bien-aimé, bon vivant | adverbe + adjectif |
| un on-dit | pronom + verbe |
| un rendez-vous | verbe + pronom |

### *Relations internationales : les noms de pays dans les adjectifs composés*

- Dans les adjectifs composés formés de deux noms de pays, le premier adjectif, tronqué, se termine par la voyelle ***o*** et il reste invariable : *l'amitié franco-belge, la musique afro-cubaine*…
- Cet adjectif figure le plus souvent sous sa forme savante → 34 : *les relations sino-japonaises, germano-russes, l'empire austro-hongrois*…

## 96 Le sens des mots composés

Il n'existe pas toujours de rapport bien établi entre le sens du mot composé et le sens de ses composants. Plusieurs cas se présentent.

**Un sens clairement donné** par celui des composants

~~ *un haut fonctionnaire*   *un presse-citron*
   *un libre-penseur*   *sourd-muet*

**Un sens qui se devine**, à condition de rétablir certains mots non exprimés

| MOT COMPOSÉ | SENS COMPLET |
|---|---|
| *des après-ski* | des (chaussures montantes que l'on porte) après (avoir fait du) ski |
| *l'assurance maladie* | l'assurance (garantissant l'assuré contre les risques liés à la) maladie |

**Un sens entièrement différent** de celui des composants

| MOT COMPOSÉ | SENS DU MOT COMPOSÉ |
|---|---|
| *un fait divers* | un événement de la vie quotidienne rapporté par la presse |
| *un garde-fou* | un parapet, une balustrade |
| *une nature morte* | un genre de peinture représentant des objets inanimés |
| *un pied-à-terre* | un logement que l'on occupe occasionnellement |
| *un petit-beurre* | un gâteau sec |

## 97 Les mots composés, un procédé en expansion

La formation de mots composés a toujours contribué à enrichir le lexique. Elle représente aujourd'hui une part importante des créations lexicales.
Le phénomène s'explique par plusieurs raisons :

- l'obligation de **nommer de nouvelles réalités** ;

   *une boîte noire*     *le quart-monde*
   *un copier-coller*   *le troisième âge*

- la tendance générale de la langue à **réduire les groupes de mots trop longs**.

   *une machine à laver le linge → une machine à laver → un lave-linge*

La plupart des mots composés de formation récente sont construits sur des **ellipses** : une grande partie du sens est sous-entendue.

| MOT COMPOSÉ | ÉLÉMENTS SOUS-ENTENDUS |
|---|---|
| *un mot-clé* | un mot (qui sert de) clé (à un texte) |
| *un tout-terrain* | (un véhicule capable de circuler sur) tout (type de) terrain |
| *un talon-minute* | un (service de cordonnerie qui remplace un) talon (en quelques) minute(s) |
| *une carte bancaire* | une carte (magnétisée permettant d'effectuer une opération) bancaire |
| *une pause-café* | une pause (qui laisse le temps de boire un) café |

Former des mots par composition — 97 à 98

# LES MOTS COMPOSÉS DE FORMATION SAVANTE

Depuis le XIVe siècle, au XVIe siècle surtout et aujourd'hui encore, le procédé de formation de mots composés le plus productif est la composition savante.

### *La formation savante : un bref historique*

- Dès le **Moyen Âge**, principalement au **XIVe siècle**, les clercs et les lettrés enrichissent le lexique en forgeant des mots nouveaux à partir de leur origine latine. C'est le phénomène de relatinisation → 35.

- À l'époque de la **Renaissance**, dès le **XVe siècle** et au **XVIe siècle**, les humanistes traduisent les textes de l'Antiquité et diffusent les connaissances qu'ils contiennent en empruntant les mots du latin et du grec. La formation savante sert aussi à construire le vocabulaire des nouvelles découvertes dans les domaines de la géographie et des techniques de navigation *(antipode, planisphère)*.

- Le **XVIIe siècle** et le **XVIIIe siècle**, périodes de grandes avancées scientifiques, fournissent un nombre important de mots savants : *microscope, télescope, atmosphère, baromètre* (XVIIe siècle). En 1789, Lavoisier crée *hydrogène*. La formation gréco-latine représente une référence commune pour les savants des différents pays.

- Au **XIXe siècle**, les savants puisent dans les racines grecques et latines pour enrichir le vocabulaire scientifique nécessité par le développement de la médecine : *analgésique, microbe*. Le vocabulaire des techniques se construit également sur l'association d'éléments savants : *photographie, téléphone*.

- Au **XXe siècle** et au **XXIe siècle**, les secteurs de l'industrie, de l'automatisation, de l'électronique et de l'informatique recourent encore aux composés savants, diffusés le plus souvent par l'anglais : *aérospatiale, biotechnologie, domotique, novotique*.

## 98 Qu'est-ce qu'un mot composé de formation savante ?

Un mot composé de formation savante, ou **composé savant**, est un mot formé d'éléments lexicaux empruntés aux langues anciennes, le **grec** ou le **latin**.

~~ *ot(o-)* (du grec *os, ôtos* : l'oreille)
+ *rhin(o)-* (du grec *rhis, rhinos* : le nez)
+ *laryng(o-)* (du grec *larugx, laruggos* : la gorge)
+ *log-* (du grec *logos* : le discours, la science)
→ *un oto/rhino/laryngo/logiste*

Ce type de mot peut être formé de constituants grecs, latins, ou grecs et latins.

| MOTS | CONSTITUANTS |
|---|---|
| *démo/cratie, anthropo/phage, auto/didacte* | grec |
| *équi/voque, fongi/cide, omni/vore* | latin |
| *auto/mobile, télé/vision, via/duc* | grec + latin |
| *claustro/phobie, ludo/thèque, mammo/graphie* | latin + grec |

Dans les créations récentes, on trouve souvent l'élément savant en **association avec un mot du vocabulaire courant**.

*un audioguide*  *un cybercafé*
*une autocritique*  *énergivore*
*un bédéphile*  *la tabacologie*

## 99 Quelle est l'utilité des composés savants ?

Les composés savants offrent plusieurs avantages.

Ils suivent les **règles grammaticales du français** : les éléments se combinent comme dans un mot composé. Ils peuvent aussi servir de base à de nouveaux mots dérivés.

*an/archie* → *anarchisant*
*centri/fuge* → *centrifugeuse*
*démo/cratie* → *démocratisation*
*géno/cide* → *génocidaire*
*hétéro/gène* → *hétérogénéité*
*mélo/drame* → *mélodramatique*

Ils présentent un **sens évident et stable** : on peut d'une manière certaine dégager le sens du mot à partir des éléments qui le composent.

*auto* (soi-même) + *bio* (la vie) + *graphie* (l'écrit, le texte) → *auto/bio/graphie*
L'addition des éléments produit le sens d'*autobiographie* : récit que l'on fait soi-même de sa propre vie.

Ils sont **communs à de nombreuses langues** : la formation savante sur des emprunts au latin et au grec ancien est une pratique internationale, par exemple dans les domaines scientifique, technique ou médical.

*équinoxe* (mot français) et *equinox* (mot anglais)
*psychopédagogie* (mot français) et *psicopedagogia* (mot italien)

Former des mots par composition

## 100 Les principaux éléments latins de formation savante

| ÉLÉMENT | SENS | EXEMPLE |
|---|---|---|
| *ambul* | qui marche | funambule, noctambule, somnambule |
| *aqu(a)* | l'eau | aquaculture, aqueduc |
| *calor* | la chaleur | calorifuge |
| *carn* | la chair, la viande | carnivore |
| *cide* | le meurtre | fratricide, génocide, homicide |
| *cole, culture* | qui cultive | pisciculture |
| *cur* | le soin, le souci | manucure, pédicure |
| *duc* | qui conduit | aqueduc, viaduc |
| *équ(i)* | égal, uni | équilatéral, équinoxe, équivoque |
| *(i)fère* | qui porte | mammifère |
| *fug* | qui fuit, qui fait fuir | centrifuge, vermifuge |
| *loqu* | qui parle | grandiloquent, ventriloque |
| *ol(é)* | l'huile | oléoduc |
| *omni* | tout | omnivore, omniprésent, omnisports |
| *pare* | qui engendre, produit | ovipare, vivipare |
| *vor* | qui mange | carnivore, omnivore |

## 101 Les principaux éléments grecs de formation savante

| ÉLÉMENT | SENS | EXEMPLE |
|---|---|---|
| *andr(o)* | l'humain masculin | androgyne, polyandrie |
| *agog* | qui conduit | démagogue, pédagogue |
| *alg(o)* | la douleur | analgésique, névralgie |
| *aér(o)* | l'air | aéronautique, aéroport |
| *anthrop(o)* | l'homme | anthropocentrisme, anthropomorphe, philanthrope |
| *arch* | qui commande | anarchie, monarchie |
| *aut(o)* | soi-même | autobiographie, autographe, automobile |
| *bi(o)* | la vie | biologie, biographie |
| *biblio* | le livre | bibliophile, bibliothèque |
| *call(i)* | beau | calligramme, calligraphie |
| *céphal(o)* | la tête | céphalopode, bicéphale, encéphalogramme |
| *chron(o)* | le temps | chronologie, chronomètre |
| *cosm(o)* | le monde | cosmologie, microcosme |
| *crat* | la puissance | aristocratie, démocratie, théocratie |
| *cycl(o)* | le cercle | hémicycle |
| *dém(o)* | le peuple | démagogue, démocratie, démographie |

| ÉLÉMENT | SENS | EXEMPLE |
|---|---|---|
| *dram* | l'action | mélodrame |
| *drom* | qui court, lieu de la course | aérodrome, hippodrome |
| *ethn(o)* | le peuple, la race | ethnocentrisme, ethnologue, pluriethnique |
| *gam* | le mariage | bigame, polygame |
| *gen* | qui produit | cancérigène, pathogène |
| *géo* | la terre | géographie, géométrie |
| *gramme* | la lettre, le trait | calligramme, idéogramme, pictogramme |
| *graph(o)* | qui écrit | autographe, orthographe |
| *gyn, gynéc(o)* | la femme | gynécologue, androgyne, misogyne |
| *hémi* | demi | hémicycle, hémisphère |
| *hétéro* | autre | hétérogène |
| *homo* | semblable | homogène, homonyme, homosexuel |
| *hydr(o)* | l'eau | hydrogène, hydrophile |
| *iatre* | qui soigne | pédiatre, psychiatre |
| *lith(o)* | la pierre | lithographie, mégalithe, monolithe |
| *log(o)* | la parole, le discours | anthropologie, archéologie, mythologie |
| *macr(o)* | grand | macrocosme |
| *man* | la folie | mégalomane, mélomane, pyromane |
| *megal(o)* | très grand | mégalithe, mégapole |
| *mél(o)* | la musique | mélodrame, mélomane |
| *méta* | le changement | métamorphose, métaphore |
| *micro* | petit | microclimat, microcosme, microscope |
| *mis(o)* | qui déteste | misanthrope, misogyne |
| *mon(o)* | un seul | monologue, monoparental, monothéisme |
| *morph(o)* | la forme | morphologie, anthropomorphe |
| *nécr(o)* | la mort | nécrologie, nécropole |
| *néo* | nouveau | néolithique, néologisme |
| *onym* | le nom | homonyme, pseudonyme, toponyme |
| *ortho* | correct, droit | orthographe, orthophonie |
| *path(o)* | ce qu'on éprouve, la souffrance | pathogène, psychopathe, télépathie |
| *péd(o)* | l'enfant | pédiatre, pédophile |
| *phage* | qui mange | anthropophage |
| *phil(o)* | qui aime | philanthrope, bibliophile, cinéphile |
| *phobe* | qui déteste | xénophobe |
| *phon(o)* | le son, la voix | phoniatre, téléphone, francophone |
| *phor, phér* | qui porte | métaphore, téléphérique |
| *pol(i)* | la cité | mégapole, nécropole |
| *poly* | plusieurs | polyphonie, polythéiste |
| *psych(o)* | l'esprit | psychiatre, psychologie |

| | | |
|---|---|---|
| ***pyr(o)*** | le feu | *pyromane, pyrotechnie* |
| ***techn(o)*** | l'art, le métier | *polytechnique, pyrotechnie* |
| ***télé*** | au loin | *téléphone, télévision* |
| ***thalass(o)*** | la mer | *thalassothérapie* |
| ***thé(o)*** | le dieu | *théocratie, théologie, monothéisme* |
| ***thérap*** | qui soigne | *psychothérapeute* |
| ***top(o)*** | le lieu | *topographie, toponyme, biotope* |
| ***xéno*** | étranger | *xénophobie* |

## 102 Le dynamisme de la formation savante

Les éléments grecs et latins offrent une réserve inépuisable pour la formation de mots scientifiques ou pseudo-scientifiques qui reflètent souvent une grande inventivité !

### Le nom des spécialités

*l'entomologie* (l'étude des insectes)
*l'herpétologie* (l'étude des reptiles)
*la mycologie* (l'étude des champignons)
*la parémiologie* (l'étude des proverbes)
*la potamologie* (l'étude des fleuves)

### Le nom des élevages

*l'astaciculture* (l'élevage des écrevisses)
*l'aviculture* (l'élevage des volailles)
*la conchyliculture* (l'élevage des coquillages)
*l'ésociculture* (l'élevage des brochets)
*l'héliciculture* (l'élevage des escargots)
*la mytiliculture* (l'élevage des moules)
*l'ostréiculture* (l'élevage des huîtres)
*la pisciculture* (l'élevage des poissons)

### Le nom des collectionneurs

*le bibliophile* (qui collectionne les livres rares)
*le lépidoptérophile* (qui collectionne les papillons)
*le lithophile* (qui collectionne les pierres)
*le sidérophile* (qui collectionne les fers à repasser)
*le tyrosémiophile* (qui collectionne les étiquettes des boîtes de fromage)

### Le nom des manies

*la dipsomanie* (la manie de boire des liquides alcoolisés)
*la kleptomanie* (la manie de voler)
*la mythomanie* (la manie de raconter des mensonges)
*la pyromanie* (la manie d'allumer des incendies)
*la trichomanie* (la manie de s'arracher les cheveux)

# Former des mots par réduction

> Quand l'acide désoxyribonucléique devient l'A.D.N., quand le psychothérapeute devient le psy, il est certain que l'on gagne du temps à l'oral et de la place à l'écrit... Ce n'est cependant pas le seul intérêt : ces phénomènes de réduction des mots renouvellent et enrichissent le lexique.

## RÉDUIRE LES MOTS : SIGLES ET ACRONYMES

### 103 Qu'est-ce qu'un sigle ? Qu'est-ce qu'un acronyme ?

**Les sigles**

- Un **sigle** est une suite de lettres majuscules, le plus souvent séparées par des points.

    ~ le T.G.V.    le lait U.H.T.    un film en V.O.

- On obtient un sigle en réduisant à son **initiale** chaque mot d'un groupe de mots ou chaque élément d'un mot composé.

    ~ le directeur des ressources humaines → le D.R.H.

- Les sigles se lisent en épelant chaque lettre selon la **prononciation alphabétique**.

**Les acronymes**

- Un **acronyme** est un sigle dont les lettres ou les groupements de lettres sont combinés de façon à former des syllabes.

    ~ l'U/NES/CO
    (United Nations Educational, Scientific and Cultural Organization)

- Former un acronyme n'est possible que lorsque le sigle présente une distribution équilibrée entre les voyelles et les consonnes permettant de lire le mot selon la **prononciation syllabique**.

> *Quel genre pour les sigles ?*
>
> - Un sigle prend le genre du premier nom abrégé : *habiter une H.L.M.* (une habitation à loyer modéré), *l'O.N.U.* (l'Organisation des Nations unies) *est divisée*, *intégrer une O.N.G.* (une organisation non gouvernementale).

Les sigles et les acronymes peuvent eux-mêmes servir de base à des **mots dérivés** obtenus généralement par l'ajout d'un suffixe.

→ l'E.N.A. (École nationale d'administration) → *un énarque*
un V.T.T. (vélo tout-terrain) → *un vététiste*
une personne qui conduit un T.G.V. → *un tégéviste*

Le sigle peut aussi recevoir un suffixe de verbe.

→ *le P.A.C.S.* (pacte civil de solidarité) → *Les deux amis (se) sont pacsés.*

## 104 L'origine des sigles

La plupart des sigles sont formés sur des **noms d'entreprise** ou des noms **d'administration, d'association**, ou encore sur des **titres** et des **fonctions**.

→ C.I.C. (Crédit industriel et commercial)
S.N.C.F. (Société nationale des chemins de fer français)
l'O.N.F. (Office national des forêts)
la S.P.A. (Société protectrice des animaux)
un P.-D.G (président-directeur général)
un C.P.E. (conseiller principal d'éducation)

Les sigles sont aussi de simples **abréviations de groupes nominaux**, parfois **de phrases**.

→ convoquer une A.G. (assemblée générale)
lire une B.D. (bande dessinée)
rédiger un P.-V. (procès-verbal)
bénéficier d'une R.T.T. (réduction du temps de travail)
joindre un R.I.B. (relevé d'identité bancaire)
accueillir un S.D.F. (sans domicile fixe)
R.A.S. (rien à signaler)
S.V.P. (s'il vous plaît)

Aujourd'hui, de nombreux sigles viennent d'**expressions en langues étrangères**.

→ un S.M.S. (short message service)
un P.C. (personal computer)

### Existe-t-il une langue des sigles ?

• Les sigles ne sont pas universels : un *O.V.N.I.* (objet volant non identifié) est un *U.F.O.* (unidentified flying object) en anglo-américain ; *S.I.D.A.* (syndrome d'immunodéficience acquise) a pour équivalent *A.I.D.S.* (acquired immune deficiency syndrome) dans les pays anglophones.

• Les sigles varient selon les langues, y compris ceux des organismes internationaux : l'*O.T.A.N.* (Organisation du traité de l'Atlantique nord) est le *N.A.T.O.* (North Atlantic Treaty Organization) pour les pays de langue anglaise.

## 105 L'évolution des sigles

La plupart des sigles ont une durée de vie éphémère : ils se créent, se transforment et disparaissent au gré des changements de nom des administrations, des partis politiques, des entreprises... Ils appartiennent à une génération.

~~ *L'A.N.P.E.* (Agence nationale pour l'emploi) est devenue *Pôle emploi*.
~~ *Le R.M.I.* (revenu minimum d'insertion) est aujourd'hui *le R.S.A.* (revenu de solidarité active).

### Vie et mort des sigles

• À l'Éducation nationale, les *C.E.S.* (collèges d'enseignement secondaire) ont disparu ; le *B.E.P.C.* (brevet d'études du premier cycle) est depuis longtemps remplacé par le brevet des collèges.

• Dans le domaine de la médecine, des sigles nouveaux se sont imposés ces trente dernières années : une *I.R.M.* (imagerie par résonance magnétique), une *F.I.V.* (fécondation in vitro), un *A.V.C.* (accident vasculaire cérébral).

D'autres sigles ou acronymes sont devenus des mots si usuels qu'ils ne sont plus perçus comme des sigles : leur mode de formation est oublié.

~~ *le laser* (light amplification by stimulated emission of radiations)
 *un radar* (radio detecting and ranging)
 *cedex* (courrier d'entreprise à distribution exceptionnelle)

### Pégase *et l'écu : des acronymes évocateurs*

On note aujourd'hui une tendance, chez les concepteurs imaginatifs, à faire coïncider les acronymes avec des noms communs ou des noms propres faciles à garder en mémoire.

• Ainsi **Pégase**, le cheval ailé de la mythologie, sert-il à la S.N.C.F. comme acronyme de *plan contre l'engorgement des gares en situation exceptionnelle*.

• Quant à l'**E.C.U.** qui aurait pu être choisi comme monnaie européenne à la place de l'euro, il n'était ni un bouclier ni l'ancienne monnaie française, mais le sigle de *European Currency Unit*.

*20 écus pour ça ? Vous plaisantez !*

Former des mots par réduction

# RÉDUIRE LES MOTS : LES MOTS TRONQUÉS

On obtient un mot tronqué en supprimant une ou plusieurs syllabes dans un mot : *un imperméable* devient *un imper*, *un logotype* devient *un logo*. Ce procédé d'abréviation est favorisé par l'usage oral : les mots réduits à une ou deux syllabes sont faciles et rapides à prononcer.

## 106 Qu'est-ce qu'une aphérèse ? Qu'est-ce qu'une apocope ?

L'**aphérèse** supprime le début du mot.
- *un (auto)bus*
  *un (auto)car*
  *un (télé)fax*

L'**apocope**, plus fréquente, supprime la fin du mot.
- *du papier alu(minium)*
  *un écolo(giste)*
  *rétro(grade)*

Lorsque l'aphérèse et l'apocope agissent ensemble, on obtient une **contraction**.
- *camé(ra) + (magnéto)scope* → *caméscope*
- *héli(coptère) + (aéro)port* → *héliport*

---

### *Réduction dans le bus et le métro !*

Les mots *bus* et *métro* présentent des cas extrêmes de réductions opérées par l'usage.

- Le mot **bus** est la réduction d'*autobus*, lequel résulte de la réduction de *auto(mobile)* et du latin *(omni)bus*. Prendre le bus, c'est donc prendre la dernière syllabe d'un mot latin qui signifie *pour tous*...

- Le *chemin de fer métropolitain* a donné le **métro**. Ce mot, qui évoque si bien le transport ferroviaire souterrain dans les grandes villes, a pourtant perdu par la réduction toute référence au chemin de fer ; dans le métropolitain, il perd aussi son radical grec *-pole* qui permettait d'évoquer la ville. Il ne lui reste que l'élément savant *-métro* qui signifie *mère*, au sens figuré...

## 107 Les mots tronqués en *-o* : un mélo, la photo, une expo…

De nombreux mots tronqués se terminent par la voyelle *-o*.
Plusieurs procédés d'abrégement produisent cette finale en *-o*.

On tronque des **mots composés savants** → 98-101 dont le premier élément se termine par *-o*.

~ un mégalo(mane)  la psycho(logie)
 un mélo(drame)  une radio(graphie)
 la photo(graphie)  la socio(logie)
 un film porno(graphique)  la thalasso(thérapie)

On abrège le mot **après la voyelle *o*** lorsqu'elle est présente.

~ un catho(lique)  un labo(ratoire)
 un écolo(giste)  une promo(tion)
 une expo(sition)  la sono(risation)

On remplace la syllabe tronquée par un *o*, final dans les **formations populaires**.

~ un alcoolo  un mécano
 un apéro  un métallo
 un dico  un proprio
 un facho  ramollo
 un intello

Parfois, le mot lui-même subit une **déformation** pour recevoir la finale en *-o*.

~ l'hosto (l'hôpital)
 être réglo (régulier)
 un travelo (un travesti)

## 108 Les mots tronqués forment-ils des mots nouveaux ?

Les mots tronqués ne connaissent pas tous le même degré d'intégration dans le lexique. Certains, utilisés depuis longtemps, sont aujourd'hui lexicalisés, c'est-à-dire qu'on les trouve dans le dictionnaire. D'autres s'installent progressivement dans l'usage. Quant aux plus récents, il est difficile de savoir s'ils seront gardés.

**Des mots tronqués qui ont pris la place du mot entier**

~ un (auto)car  la radio(diffusion)
 le cinéma(tographe)  une radio(graphie)
 la météo(rologie)  la stéréo(phonie)
 un micro(phone)  un stylo(graphe)
 une moto(cyclette)  un (parc) zoo(logique)

Les familles de mots

## Des mots tronqués en phase d'assimilation

- un *ado*(lescent)
- l'*alu*(minium)
- le *bac*(calauréat)
- un (auto)*bus*
- une *expo*(sition)
- la *fac*(ulté)
- un *imper*(méable)
- une *manif*(estation)
- un *prof*(esseur)
- une *promo*(tion)
- la *pub*(licité)
- *sympa*(thique)
- la *télé*(vision)
- un *véto* (vétérinaire)

## Des mots tronqués récents

- un *appart*(ement)
- la *cata*(strophe)
- une *manip*(ulation)
- un *ordi*(nateur)
- un *pro*(fessionnel)
- la *récup*(ération)
- C'est de l'*intox*(ication)
- comme d'*hab*(itude)
- Il est *séropo*(sitif)
- la brigade des *stup*(éfiants)
- la chasse au *gaspi*(llage)
- (Il) y a un (pro)*blème*

> ### *L'école, lauréate des mots tronqués*
>
> • Tous les niveaux d'enseignement possèdent leurs mots tronqués : *l'instit, le prof, les maths, la géo, la gym, la philo, le bac,* et même *la fac, les classes prépa, Sup de Co, Sciences Po…*

# CONNAÎTRE LE SENS DES MOTS

# QUIZ

1. Les mots qui n'ont qu'**un seul sens** sont-ils très nombreux ou peu nombreux ? ➜ **109**
2. Que signifie *polysémique* ? ➜ **110**
3. Une *peine* : ce mot a-t-il deux sens, trois sens ou plus de trois sens ? ➜ **110**
4. Pourquoi emploie-t-on le verbe *tourner* dans l'expression ***tourner un film*** ? ➜ **112**
5. Un *hôte* est-il celui qui reçoit ou celui qui est reçu ? ➜ **112**
6. Quelle différence y a-t-il entre *le monde* et *Le Monde* ? ➜ **113**
7. Dans quelles activités peut-on rencontrer des *notes* ? ➜ **114**
8. Une **simple question** est-elle nécessairement une **question simple** ? ➜ **116**
9. Qu'est-ce qu'une **locution figurée** ? ➜ **123**
10. *Ne pas être dans son assiette* : l'expression est-elle empruntée à la gastronomie ou à l'équitation ? ➜ **124**
11. Que signifiait le mot *industrie* avant l'ère industrielle ? ➜ **125**
12. Quel est le sens d'origine du mot *panier* ? ➜ **128**
13. Qu'appelle-t-on un **néologisme** ? ➜ **132**
14. Comment appelle-t-on aussi le **sens implicite** d'un mot ? ➜ **135**
15. Quelles valeurs symboliques s'associent au **lion** ? Et au **serpent** ? ➜ **136**
16. Qu'est-ce qu'un **mot péjoratif** ? ➜ **137**
17. Un **euphémisme** est-il un mot qui exagère ou un mot qui atténue un effet désagréable ? ➜ **140**

# La polysémie

> Un célèbre dictionnaire d'usage courant annonce à ses lecteurs qu'ils trouveront dans le volume 60 000 mots définis et 300 000 sens. L'écart entre ces deux chiffres fait comprendre à lui seul le phénomène de la polysémie : on compte plus de sens qu'il n'existe de mots ; c'est donc que la plupart des mots possèdent plusieurs sens. La monosémie (un mot = un sens) est rare en effet dans le vocabulaire courant.

## MONOSÉMIE ET POLYSÉMIE

Quelques rares mots n'ont qu'un seul sens. Ils sont monosémiques (du grec *monos* : seul et *sêmainen* : signifier). Les autres, les plus nombreux, possèdent plusieurs sens. Ils sont polysémiques (du grec *poly* : plusieurs et *sêmainen* : signifier).

### 109 Qu'est-ce qu'un mot monosémique ?

Un **mot monosémique** n'a qu'**un seul sens**, sans équivoque. Dans les dictionnaires, sa notice tient en quelques lignes. C'est le cas par exemple des mots d'un niveau de langue assez soutenu *(désarroi, perspicace)* ou des mots spécifiques *(églantine, harissa)*.

On rencontre les mots monosémiques principalement dans les **vocabulaires spécialisés → 2**. Dans ces domaines, il est en effet nécessaire que les mots aient un sens précis et qu'ils n'aient qu'un seul sens.

| VOCABULAIRE SPÉCIALISÉ | MOTS |
|---|---|
| la navigation | *babord, tribord...* |
| le jardinage | *bouturé, sarcler...* |
| le droit | *dation, résiliable* |

## 110 Qu'est-ce qu'un mot polysémique ?

Un **mot polysémique** est un mot qui possède **plusieurs sens**.

| MOT | SENS | EXEMPLES |
|---|---|---|
| *opération* | acte exécuté en vue d'un résultat | *les opérations nécessaires à la fabrication* |
| | calcul arithmétique | *les quatre opérations* |
| | intervention médicale sur une partie du corps | *une opération sous anesthésie* |
| | ensemble de manœuvres et de combats militaires | *le théâtre des opérations* |
| | mise en place d'un dispositif | *l'opération « ville propre »* |
| | affaire, spéculation | *une opération boursière* |
| *ordre* | domaine, groupe | *Ce n'est pas du même ordre ; l'ordre des avocats* |
| | classement, organisation, disposition régulière | *l'ordre d'arrivée ; tout est en ordre* |
| | stabilité sociale | *le maintien de l'ordre ; les forces de l'ordre* |
| | directive, acte d'autorité | *un ordre de mission ; donner un ordre* |
| *peine* | sanction | *purger sa peine* |
| | chagrin | *faire de la peine* |
| | effort | *se donner de la peine* |
| | gêne | *avoir de la peine à parler* |

Un mot est dit polysémique lorsque ses **différents sens** sont **liés** entre eux par une même origine étymologique. Si ce lien n'existe pas, il n'y a pas **polysémie** (un même mot produisant plusieurs sens) mais **homonymie** (les deux mots sont distincts) → 200.

～ *la mine* : le gisement de matière minérale
　　　　**ET** la partie centrale d'un crayon
　　Le mot *mine* est ici polysémique : la mine du crayon est un petit bâton de graphite qui est un minerai.

～ *la mine* : l'aspect du visage
　　　　**MAIS AUSSI** *la mine* : le gisement de matière minérale
　　Il n'y a pas de lien entre ces deux mots. Il s'agit de deux mots homonymes.

Un **dictionnaire** → 22 notifie sous **une seule entrée** tous les sens qu'un mot polysémique a développés à partir d'une même origine.

> **GAGNER** v.t. [3] (du francique *waidanjan*, faire du butin). **1.** Obtenir un profit, un gain, un avantage ; acquérir : *Gagner sa vie, un lot à une tombola* ; conquérir : *Gagner l'estime de qqn* ; mériter : *Il a bien gagné ses vacances*. **2.** Être le gagnant ou le vainqueur de ; remporter : *Gagner une compétition, un procès*. **3.** Atteindre un lieu : *Le nageur a gagné l'autre rive*. **4.** S'emparer progressivement de qqn ; envahir : *Le froid, la peur nous gagnent*. **5.** Économiser qqch : *Gagner du temps, de la place*. ■ **Gagner du terrain,** progresser en bien ou en mal ; avancer : *Éviter que l'incendie, le racisme gagne du terrain*. ◆ v.i. **1.** Être le vainqueur ; l'emporter : *Notre équipe a gagné*. **2.** Tirer avantage de qqch, en parlant de qqn : *Il gagne à être connu* ; s'améliorer, en parlant de qqch : *Le vin gagne en vieillissant*.

*Petit Larousse illustré 2012*
© Larousse 2011

# POURQUOI CERTAINS MOTS ONT-ILS PLUSIEURS SENS ?

Comment un mot devient-il polysémique ? Pourquoi certains mots le sont-ils plus que d'autres ? Le double sens des mots résulte de plusieurs facteurs.

## 111 La polysémie due à la fréquence d'emploi des mots

Les mots polysémiques sont toujours les mots les plus utilisés. En outre, **plus un mot est utilisé, plus il devient polysémique**. Les entrées de dictionnaire les plus longues correspondent donc toujours aux définitions des mots les plus usuels.

~~ le **sens**
  1. la sensation (*les cinq sens, le sens du toucher*)
  2. la connaissance intuitive (*le sens de l'orientation, le sens du rythme*)
  3. la capacité de juger (*le bon sens, à mon sens*)
  4. la signification (*le sens d'une phrase, donner un sens à sa vie*)
  5. la direction (*aller dans le bon sens, un sens interdit*)

~~ **trouver**
  1. obtenir, se procurer (*trouver du travail*)
  2. découvrir par hasard (*trouver un trésor*)
  3. déceler, deviner par l'esprit, la réflexion (*trouver la solution*)
  4. juger (*trouver un film génial*), estimer (*trouver le temps long*)

### Devoir *et* pouvoir *: des champions de la polysémie*

• En plus de leur sens fort, les verbes ***pouvoir*** et ***devoir*** prennent d'autres sens comme auxiliaires pour exprimer la possibilité ou la probabilité.

*Il peut encore venir* (Il en a la capacité ou il a notre permission MAIS AUSSI il y a une chance/un risque qu'il vienne.)

*Il doit partir.* (Il est dans l'obligation de partir MAIS AUSSI il est possible qu'il parte.)

## 112 La polysémie due aux déplacements de sens

La polysémie est en général le résultat d'un transfert de signification d'un domaine à un autre, sur la base d'une relation de similitude ou de proximité. Le phénomène rejoint celui du sens figuré → 118.

### Le déplacement de sens de type métaphorique

- On parle de déplacement de sens de type métaphorique lorsqu'un sens est associé à un autre par **similitude**.

*un **cadre***
1. la bordure d'un tableau
2. le salarié occupant des fonctions supérieures dans la hiérarchie d'une entreprise

Le point commun est l'idée d'encadrement, de soutien.

*une **clé***
1. une clé d'appartement
2. la clé de sol

Comme une clé ouvre une porte, la clé de sol démarre une partition.

*la **culture***
1. l'action de cultiver la terre
2. l'ensemble des réalisations intellectuelles et artistiques d'une civilisation

L'idée commune est celle d'une production réalisée sur un espace, un territoire.

*une **démarche***
1. la manière de marcher
2. la tentative que l'on fait auprès de quelqu'un pour une demande, un projet

Dans les deux sens, il s'agit d'un déplacement, d'une avancée.

*des **jumelles***
1. deux sœurs nées du même accouchement
2. une double lorgnette

Le nom de l'instrument s'explique par la double lunette et la similitude des verres.

***tourner***
1. tourner en rond
2. tourner un film

Les premières caméras étaient actionnées par une manivelle qu'il fallait tourner (*Silence ! on tourne !*).

### Le déplacement de sens de type métonymique

- On parle de déplacement de sens de type métonymique lorsqu'un sens s'ajoute à un autre sens, lié au premier par une **relation de proximité**, par exemple le contenant mis pour le contenu, la matière pour l'objet, l'objet pour le lieu.

#### • De l'objet au lieu et du lieu à l'activité

*un **bureau***
1. le meuble
2. la pièce où se trouve le meuble
3. le service administratif où se situent ces pièces

La polysémie

- **Du lieu à la matière**
  - *le **bois***
    1. l'espace couvert d'arbres (*Promenons-nous dans les bois...*)
    2. la matière produite par les arbres (*du bois de chauffage*)
- **De l'activité au lieu où on l'exerce**
  - *un **marché***
    1. l'accord concluant un achat et une vente (*marché conclu*)
    2. le lieu où l'on vend ou achète (*le marché aux fleurs*)
  - *un **péage***
    1. la taxe à payer (*acquitter le péage, augmenter le prix du péage*)
    2. l'endroit où l'on paie cette taxe (*Un embouteillage s'est formé au péage de l'autoroute.*)
  - *un **passage***
    1. le fait de passer (*Passage interdit !*)
    2. le lieu où l'on passe (*un passage souterrain*)
- **De l'activité à son résultat**
  - *une **récolte***
    1. le fait de récolter (*La récolte du safran se fait à la main.*)
    2. le produit de la récolte (*Les maraîchers ont vendu toute leur récolte.*)

## Le déplacement du sens abstrait au sens concret
- *une **alliance***
  1. un accord ; un lien, par exemple entre deux époux
  2. un anneau, un symbole de l'union

---

**Apprenez-leur à apprendre !**
*Un même mot pour des significations opposées*

Rien n'est simple ! Un certain nombre de mots polysémiques ont des sens contraires.

- ***apprendre*** signifie : 1. donner, délivrer un enseignement
MAIS AUSSI 2. recevoir, suivre un enseignement.

- ***défendre*** signifie : 1. soutenir, encourager MAIS AUSSI 2. interdire.

- ***gâter*** signifie : 1. gâcher MAIS AUSSI 2. combler de cadeaux.

- *un **hôte*** signifie : 1. celui qui offre l'hospitalité
MAIS AUSSI 2. celui qui reçoit l'hospitalité.

- ***louer*** (un appartement, un terrain) signifie : 1. pour un propriétaire, donner en location MAIS AUSSI 2. pour un locataire, prendre en location.

- ***remercier*** : 1. dire merci MAIS AUSSI 2. renvoyer.

## 113 La polysémie due à l'emploi du vocabulaire courant dans les vocabulaires spécialisés

De nombreuses **activités spécialisées** utilisent les ressources du vocabulaire courant pour donner aux mots un sens particulier. Les sens se trouvent alors en concurrence, ce qui augmente encore la polysémie de ces mots.

— *une religieuse avec des chaussons et un palmier, un bâtard et une baguette, des éclairs et une ficelle …*
Cet inventaire paraît hétéroclite si l'on donne à ces mots leur sens courant.
Il est pourtant d'une grande cohérence, ces mots ayant en commun d'être employés avec un sens spécifique dans le vocabulaire de la boulangerie-pâtisserie.

— *essai, mêlée, plaquer, ratisser, touche, transformation*
Ces mots du vocabulaire courant prennent un sens spécifique dans le domaine du rugby.

— *le bureau, la fenêtre, un menu, une puce, un serveur*
Ces mots du vocabulaire courant prennent un sens spécifique dans le domaine de l'informatique.

### L'assemblée se dirige vers l'Assemblée : *quand la majuscule précise le sens*

Lorsque deux sens sont en concurrence pour le même mot, s'il s'agit par exemple d'institutions ou de périodes historiques, l'emploi de la majuscule peut permettre de lever l'équivoque.

- *la chambre* ≠ *la Chambre* (l'Assemblée nationale)
- *la fronde* ≠ *la Fronde* (les soulèvements contre Mazarin au XVIIe siècle)
- *le monde* ≠ *Le Monde* (le quotidien du soir)
- *le parquet* ≠ *le Parquet* (les magistrats du Ministère public)
- *la restauration* ≠ *la Restauration* (la monarchie après le Premier Empire)

La polysémie

# COMMENT DISTINGUER LES SENS D'UN MOT POLYSÉMIQUE ?

La polysémie est une source d'ambiguïté. Comment savoir s'il faut comprendre un mot dans un sens ou dans un autre ? Cette question se pose lorsque le mot est isolé. La difficulté disparaît si l'on place le mot dans un environnement : le sens est alors précisé par le domaine d'emploi et par le contexte de la phrase.

## 114 Définir le sens du mot d'après son domaine d'emploi

Un mot polysémique prend un sens différent lorsqu'il est utilisé dans des emplois différents. On dit alors que le mot présente **plusieurs acceptions**.

– *un transfert* : ce mot n'a pas le même sens dans le vocabulaire de la psychanalyse et dans celui du football.
– *un sous-titre* : ce mot n'a pas la même signification selon qu'on parle d'un film ou d'un livre.

> ⊕ Les acceptions d'un mot sont les sens que prend ce mot dans ses emplois particuliers. L'adjectif *long* présente ainsi deux acceptions différentes : une acception pour l'étendue dans l'espace *(les cheveux longs)*, une autre pour l'étendue dans le temps *(passer de longs moments)*.

Chaque acception d'un mot correspond au **domaine** dans lequel elle est employée.

| MOT | DOMAINES D'EMPLOI |
|---|---|
| *cellule* | la cellule en biologie, la cellule de cire en apiculture, la cellule de prison, la cellule photoélectrique, la cellule photographique, la cellule familiale, la cellule d'un parti politique |
| *jeu* | le jeu d'un comédien, un jeu de cartes, un jeu de clés, les jeux de hasard, le jeu d'un mécanisme |
| *note* | une note de musique, les notes d'un conférencier et de son auditoire, la note donnée à un examen, la note d'un hôtel, une note de service |
| *tirage* | un tirage d'imprimerie, le tirage d'une cheminée |

## 115 Définir le sens du mot d'après le contexte de la phrase

Devant un énoncé que l'on peut comprendre de plusieurs façons, on ne peut lever l'ambiguïté qu'en précisant ou en complétant le **contexte de la phrase** ; celui-ci détermine en effet le sens du mot.

～ *Elle est maintenant adoptée.*
S'agit-il d'une loi, d'une petite fille ou d'une mode ? Il faut préciser le référent du pronom *Elle*.

～ *C'est grave !*
S'agit-il d'une voix, d'une affaire ou d'un accident ? Il faut préciser le référent du pronom *C'*.

～ *Pour accéder à la propriété, empruntez…*
Seule la poursuite de la phrase permet de préciser le sens de ces trois mots polysémiques.
*accéder à* : 1. atteindre un lieu 2. atteindre une situation supérieure
*la propriété* : 1. une maison d'habitation 2. le droit d'être propriétaire
*emprunter* : 1. s'engager sur une route, un chemin 2. obtenir un prêt

*Pour accéder à la propriété, empruntez l'allée du parc à droite.*
*Pour accéder à la propriété, empruntez à un taux préférentiel.*

## 116 Distinguer le sens du mot d'après sa construction

Selon la construction dans laquelle il est employé, un mot peut changer de sens. C'est le cas principalement pour les verbes et les adjectifs.

**Des sens différents selon la construction du verbe : transitif, intransitif…**

Certains verbes changent de sens selon la construction dans laquelle ils sont employés.

> ⊕ Un **verbe transitif** est un verbe qui se constru[it] avec un complément d'objet (direct pour les verbes transitifs directs, indirect pour les verbes transitifs indirects).
> Un **verbe intransitif** se construit sans compléme[nt] d'objet.

• **Emploi transitif ou intransitif**

| VERBE | EMPLOI TRANSITIF | EMPLOI INTRANSITIF |
|---|---|---|
| *caler* | *caler un meuble* (le stabiliser, le mettre d'aplomb) | *Le moteur a calé.* (Il s'est bloqué.) |
| *décoller* | *décoller des timbres* (les détacher) | *L'avion décolle à 17 h 05.* (pour un avion, quitter le sol) |
| *déposer* | *Le facteur a déposé un colis.* (poser, remettre) | *Le témoin est venu déposer.* (témoigner devant un tribunal) |
| *manifester* | *manifester ses sentiments* (les exprimer) | *Les syndicats ont manifesté.* (participer à un rassemblement de protestation) |
| *poser* | *poser un livre sur une table* (le placer) | *L'acteur a posé pour la photo.* (prendre la pose) |

## La polysémie

- **Emploi des verbes transitifs avec ou sans complément**

| VERBE TRANSITIF | EMPLOI AVEC COMPLÉMENT | EMPLOI SANS COMPLÉMENT |
|---|---|---|
| *boire* | Il <u>boit</u> un verre d'eau. (absorber) | Il <u>boit</u> ! (Il est alcoolique.) |
| *collaborer* | Il a <u>collaboré</u> à la rédaction du journal. (participer à) | Il a <u>collaboré</u>. (Il s'est rendu coupable de collaboration avec l'occupant entre 1940 et 1945.) |
| *écrire* | Il <u>écrit</u> une lettre. (rédiger) | Il <u>écrit</u> ! (Il est écrivain.) |
| *percer* | Il <u>perce</u> un trou dans le mur. (faire un trou) | Il <u>perce</u>. (Il devient connu dans le domaine artistique.) |
| *voir* | Je <u>vois</u> deux hommes s'avancer. (apercevoir) | Je <u>vois</u> ! (Je comprends.) |

### *Le parler branché*

- Les libertés prises avec la construction dans le langage à la mode entraînent des changements. Certains verbes sont en train de prendre un sens nouveau.

*Elle assure !* (Elle est à la hauteur.)
*Tu captes ?* (Tu comprends ?)
*Ça craint !* (C'est moche, minable, ça n'inspire pas confiance.)
*Pas de problème, je gère !* (J'ai la situation en main.)
*J'hallucine !* (Je n'y crois pas !)

- **Emploi transitif direct ou transitif indirect**

| VERBE | EMPLOI TRANSITIF DIRECT | EMPLOI TRANSITIF INDIRECT |
|---|---|---|
| *composer* | <u>composer</u> un bouquet, un plat (l'assembler, le préparer) | <u>composer</u> avec les autorités (transiger, faire des concessions) |
| *tenir* | <u>tenir</u> un enfant par la main (prendre et serrer la main de l'enfant) | <u>tenir à</u> partir (vouloir absolument) |

- **Emploi transitif avec complément animé ou non animé**

| VERBE | COMPLÉMENT ANIMÉ | COMPLÉMENT NON ANIMÉ |
|---|---|---|
| *commander* | <u>commander</u> des soldats | <u>commander</u> un meuble |
| *délivrer* | <u>délivrer</u> un prisonnier | <u>délivrer</u> un reçu |
| *estimer* | <u>estimer</u> un confrère | <u>estimer</u> un bijou |
| *recevoir* | <u>recevoir</u> des amis | <u>recevoir</u> un cadeau |

- **Construction transitive et voix pronominale**

| VERBE | CONSTRUCTION TRANSITIVE | VOIX PRONOMINALE |
|---|---|---|
| *douter* | Je *doute* qu'il réussisse dans cette voie. (*douter* : ne pas être sûr) | Ils *se doutent* de quelque chose. (*se douter* : considérer comme probable) |
| *tromper* | *tromper* le client sur la marchandise (*tromper* : induire en erreur) | Nous *nous sommes trompés* d'adresse. (*se tromper* : commettre une erreur) |

## Des sens différents selon la place de l'adjectif

- Certains adjectifs changent de sens selon qu'ils sont placés avant ou après le nom.

| ADJECTIF AVANT LE NOM | | ADJECTIF APRÈS LE NOM |
|---|---|---|
| un *certain* intérêt<br>un intérêt relatif, difficile à évaluer | ≠ | un intérêt *certain*<br>un intérêt réel, évident |
| de *curieux* voisins<br>des voisins étranges | ≠ | des voisins *curieux*<br>des voisins pleins de curiosité |
| un *grand* homme<br>un homme remarquable | ≠ | un homme *grand*<br>un homme de haute taille |
| un *gros* entrepreneur<br>un entrepreneur prospère, puissant | ≠ | un entrepreneur *gros*<br>un entrepreneur corpulent, fort |
| un *pauvre* homme<br>un homme malheureux | ≠ | un homme *pauvre*<br>un homme sans argent |
| un *petit* artisan<br>un artisan dont l'entreprise est petite | ≠ | un artisan *petit*<br>un artisan de petite taille |
| vos *propres* vêtements<br>les vôtres | ≠ | vos vêtements *propres*<br>vos vêtements nettoyés |
| les *rares* livres qu'il possède<br>ses livres peu nombreux | ≠ | les livres *rares* qu'il possède<br>ses livres précieux |
| une *simple* question<br>une unique question | ≠ | une question *simple*<br>une question facile |
| un *triste* individu<br>un individu peu recommandable | ≠ | un individu *triste*<br>un individu plein de tristesse |

## La polysémie

### *Trois tests pour vérifier le sens d'un mot polysémique*

Pour s'assurer du sens précis d'un mot polysémique, on peut procéder aux tests suivants.

#### • Le remplacement par un synonyme

Le choix d'un synonyme permet de distinguer les différents sens d'un mot polysémique.

*Évitons de le distraire dans son travail.*   *Le spectacle est drôle, il va nous distraire.*
  déranger, interrompre                                amuser, divertir
*éveiller l'intérêt de l'auditoire*   *agir pour l'intérêt commun*
  l'attention, la curiosité           le profit, l'avantage

#### • Le remplacement par un mot de sens contraire

Le choix d'un mot de sens contraire met également en évidence les différents sens d'un mot polysémique.

*décliner une offre, une invitation*   *Le jour décline.*
accepter                                croître
*profiter du moment présent*   *être présent au moment des faits*
  passé (ou futur)             absent

#### • La formation d'un dérivé

Selon leur sens, certains mots polysémiques n'ont pas les mêmes dérivés.

*le mot juste*          *sévère mais juste*
  la justesse             la justice
*décoller des timbres*   *L'avion décolle.*
  le décollement          le décollage

# Les sens figurés

Le sens figuré donne accès à un monde très particulier, un monde où les ventes explosent sans bruit et les prix flambent sans brûler, où des hommes vivent avec un cœur de pierre et où l'on peut se pencher sur un problème épineux sans risquer de se piquer.

## SENS PROPRE ET SENS FIGURÉ

### 117 Qu'est-ce que le sens propre ?

Le sens propre est le **sens premier d'un mot**. Il correspond le plus souvent au sens étymologique. Un mot au sens propre est employé dans son contexte « naturel ». Il est généralement concret.

— *Le gel détruit la récolte.*
  Au sens propre, le gel est un phénomène climatique.

### 118 Qu'est-ce que le sens figuré ?

Le sens figuré est le sens que prend un mot en plus de son sens propre. C'est donc un **sens second que le mot acquiert** lorsque son emploi s'étend à d'autres domaines que celui du sens premier.

— *Le gouvernement a annoncé le gel des salaires.*
  Au sens figuré, le gel est un phénomène économique.

Les sens figurés

▋ Le plus souvent, nous n'avons plus conscience du passage au sens figuré : nous employons le mot soit au sens propre, soit au sens figuré, comme s'il s'agissait de deux mots différents. C'est le **contexte de la phrase** qui détermine le sens.

| **SENS PROPRE** | **SENS FIGURÉ** |
|---|---|
| des marchandises très <u>chères</u> | des amies très <u>chères</u> |
| une opération <u>à cœur ouvert</u> | une confidence <u>à cœur ouvert</u> |
| une viande <u>tendre</u> | un mot <u>tendre</u>, une couleur <u>tendre</u> |

▋ Parfois **le sens figuré l'emporte** : il est d'un usage plus courant que le sens propre qui reste cantonné dans un emploi spécifique.

⌇ un **fléau** : le mot désigne une catastrophe qui s'abat sur les hommes (épidémie, catastrophe naturelle…). Ce sens courant est un sens figuré. Mais le mot conserve son sens propre pour désigner un instrument en bois qui sert à battre les céréales.

▋ Certains mots ont gardé **uniquement leur sens figuré** dans le vocabulaire d'aujourd'hui.

| MOT | SENS PROPRE DISPARU | SENS FIGURÉ |
|---|---|---|
| *empêcher* | entraver | rendre impossible, interdire |
| *scabreux* | rude, escarpé (chemin) | embarrassant, indécent |
| *scandale* | obstacle qui fait trébucher | fait révoltant |
| *scrupule* | petit caillou gênant la marche | ce qui gêne la conscience |
| *talent* | pièce de monnaie | aptitude remarquable |

### *Le pot de terre, le chef et la tête : comment un mot figuré s'est imposé dans le lexique*

• Le mot ***tête*** offre un bon exemple de la victoire du sens figuré. Ce mot vient du latin *testa* : le pot de terre. Par analogie de forme, il a pris le sens de boîte crânienne. Cet emploi figuré a connu un tel succès que *tête* a bientôt supplanté le mot ***chef*** (du latin *caput, capitis* : tête) qui ne subsiste plus que dans *couvre-chef* ou, avec le sens de « qui est à la tête », dans *chef, chef-d'œuvre, chef-lieu*. Grâce au sens figuré, la tête a pris la place du chef !

# LES TRANSFERTS DE SENS

Le sens figuré résulte d'un transfert, c'est-à-dire d'un déplacement du sens → 112. On dit d'un mot qu'il *prend* ou *reçoit* un sens figuré, ou encore qu'il *passe* au sens figuré : le sens du mot s'est étendu au-delà de son domaine propre. Les transferts d'un domaine à un autre s'opèrent de différentes manières.

## 119 Le transfert de sens : du concret à l'abstrait

Le sens propre se rapporte à une **réalité matérielle**. Le sens figuré s'étend au **domaine des idées**.

| SENS PROPRE | SENS FIGURÉ |
|---|---|
| s'*accrocher* à une branche | s'*accrocher* à ses souvenirs (y tenir) |
| *afficher* les horaires du bus | *afficher* ses opinions (les manifester) |
| *amorcer* une pompe | *amorcer* des négociations (les commencer) |
| *assimiler* la nourriture | *assimiler* une leçon (la comprendre et la retenir) |
| *dénouer* une corde | *dénouer* une intrigue (la résoudre) |
| *effacer* un tableau | *effacer* un souvenir (l'oublier) |
| *endosser* un manteau | *endosser* une responsabilité (l'assumer) |
| *nourrir* son enfant | *nourrir* son esprit (le former, l'enrichir) |
| *rompre* le pain | *rompre* un engagement (l'annuler) |
| *soulever* une planche | *soulever* une question (la faire naître, la susciter) |
| *soutenir* une voûte | *soutenir* une opinion (la faire valoir, la défendre) |
| *viser* une cible | *viser* les honneurs (les avoir pour ambition) |
| du pétrole *raffiné* | un humour *raffiné* (subtil, recherché) |
| la *profondeur* d'un gouffre | la *profondeur* d'un sentiment (sa sincérité) |
| le *rayonnement* solaire | le *rayonnement* d'un pays (son influence) |

## 120 Le transfert de sens : de l'inanimé à l'animé

Au sens propre, le mot qualifie une **chose**. Au sens figuré, il qualifie un **être vivant**.

| SENS PROPRE | SENS FIGURÉ |
|---|---|
| une pièce *commune* | un homme *commun* (quelconque, ordinaire) |
| une inscription *effacée* | un adolescent *effacé* (discret, secret) |
| un mur *élevé* par un maçon | un enfant *élevé* par sa tante (éduqué) |
| un nœud *lâche* | un individu *lâche* (peureux, sans courage) |
| un fruit *mûr* | un enfant *mûr* pour son âge (réfléchi, raisonnable) |
| un livre *posé* sur la table | un jeune homme *posé* (calme, sérieux) |

Les sens figurés

## 121 Le transfert de sens : les métaphores

Le passage du sens propre au sens figuré s'effectue à partir d'une **image fondée sur une ressemblance**.
On distingue **plusieurs types de transferts par métaphore**.

> ⊕ Une **métaphore** est une figure de style qui assimile deux réalités en raison de leur ressemblance : *le maquis administratif* (on applique le mot *maquis* – végétation enchevêtrée – aux complications réputées inextricables de l'administration).

### Les transferts d'une sensation à un autre domaine

| | | |
|---|---|---|
| un métal *brillant* | → | un discours *brillant* |
| le soleil *cuisant* | → | un remords *cuisant* |
| un son *éclatant* | → | un succès *éclatant* |
| un temps *froid* | → | un accueil *froid* |
| un plat *insipide* | → | un ouvrage *insipide* |
| un lieu *obscur* | → | un texte *obscur* |

#### Un regard brûlant :
#### *les transpositions sensorielles*

Les transpositions sensorielles s'effectuent lorsque l'on attribue à des perceptions sensorielles des qualités qui appartiennent à d'autres sensations. Ces emplois figurés permettent de varier les qualificatifs. Le choix lexical produit un effet stylistique.

• *une voix chaude, claire, sombre, ténébreuse, acidulée, aigre, pointue, coupante, veloutée...*

• *un regard froid, glacial, chaleureux, brûlant, aigu, caressant, dur, acéré...*

### Les métaphores anthropomorphiques

• Elles donnent un sens figuré aux **mots du corps humain**.

> *le bras armé d'un groupe terroriste*
> *le front de mer*
> *mettre sur pied une affaire*
> *être à la tête d'une entreprise*

> ⊕ **anthropomorphique** : du grec *anthropôs* (l'être humain) et *morphê* (la forme). L'anthropomorphisme consiste à attribuer aux objets ou aux animaux des formes (et des réactions) humaines.

### Les métaphores animales

• Elles caractérisent un comportement humain avec un **nom d'animal**.

> *un corbeau* (un calomniateur anonyme)
> *un renard* (un individu rusé)
> *un requin* (un homme d'affaires sans scrupules)

### Les catachrèses

- Elles consistent à employer un terme métaphorique lorsque le terme propre n'existe pas. La métaphore finit par s'imposer dans une association figée.

  ~ les ailes d'un avion  le dos d'un livre
  le bec d'un récipient  le lit d'un torrent
  une bouche d'égout  les pieds d'une chaise
  les bras d'un fauteuil  la plume d'un stylo
  le capuchon d'un stylo  la racine d'un mot

## 122 Le transfert de sens : les métonymies

Elles consistent à nommer une réalité par un mot désignant une autre réalité associée à la première par un rapport de **proximité**.
On distingue **plusieurs types de transferts par métonymie**.

- Une **fonction** désignée :
  - par **le lieu où elle s'exerce**

    ~ l'Académie française → la Coupole
    l'Assemblée nationale → l'hémicycle
    les avocats d'un même tribunal → le barreau
    (Un espace fermé d'une barrière était autrefois réservé aux avocats.)

  - par **l'objet qui la représente**

    ~ le pouvoir royal → le trône, le sceptre

- Un **lieu** désigné :
  - par **l'objet qu'on y trouve**

    ~ Il est entré dans le café à midi.    On l'attendait au tabac d'en face.

  - par **l'activité qu'on y pratique**

    ~ N'entrez plus ! La cuisine est pleine.

- Un **contenu** désigné par **le contenant**

  ~ Termine vite ton assiette !

- Une **cause** désignée par **son effet**

  ~ Un grand malheur est arrivé !

- Une **personne** désignée par **le sentiment ou la qualité morale qu'elle incarne**

  ~ À demain, mon amour !
  Notre gloire nationale devra payer ses impôts en France.

- Une **chose** désignée :
  - par **le lieu où elle se trouve**

    ~ Il a une bonne cave. (Il a du bon vin dans sa cave.)

  - par **sa matière**

    ~ le retour des vinyles dans les bacs (des disques fabriqués autrefois en vinyle)

# LES LOCUTIONS FIGURÉES

## 123 Qu'est-ce qu'une locution figurée ?

Une locution figurée est un **groupe de mots de valeur métaphorique** dont le sens est équivalent à celui d'un mot de sens propre.

| LOCUTION FIGURÉE | SENS |
|---|---|
| en coup de vent | très rapidement |
| de fil en aiguille | successivement |
| mettre au courant | informer |
| faire faux bond | ne pas se rendre à un rendez-vous |
| couper les ponts | cesser toute relation |

Pour **varier son expression**, on peut recourir à des locutions figurées qui jouent le rôle de synonymes. Il faut cependant prendre en compte le niveau de langue, car bon nombre de locutions issues de métaphores populaires ou argotiques restent familières → 148.

### Quelques exemples d'emploi de locutions figurées

| LOCUTIONS FIGURÉES | SENS |
|---|---|
| être à bout, sortir de ses gonds, avoir les nerfs en boule/en pelote (fam.) | s'énerver |
| franchir un cap, passer le cap, prendre un nouveau virage/tournant, virer de bord | changer de vie |
| balancer entre deux choses, tourner autour du pot, ne pas savoir sur quel pied danser, se tâter, être comme l'âne de Buridan (qui se laisserait mourir plutôt que de choisir entre une botte de foin et un seau d'eau) | hésiter |
| être carré, appeler un chat un chat, ne pas mâcher ses mots, parler/ agir sans détour/en face, jouer cartes sur table, ne pas chercher midi à quatorze heures, aller droit au but/au fait | être franc |
| être dans le besoin, avoir du mal à joindre les deux bouts, tirer le diable par la queue, être sur le sable/la paille, être à sec/fauché/ dans la panade (fam.) | manquer d'argent |
| prendre le large, lever l'ancre, larguer les amarres, mettre la clé sous la porte, plier bagage, tirer sa révérence, tourner les talons, prendre ses cliques et ses claques (fam.) | partir |
| dire adieu à, baisser les bras, déclarer forfait, jeter l'éponge | renoncer |

Les locutions figurées sont des **expressions figées**, **stéréotypées**, inaptes à la manipulation.

- Elles ne tolèrent **ni substitution ni permutation** de leurs termes.

|  |  |  |
|---|---|---|
| *C'est monnaie courante.* | MAIS PAS | ~~*C'est devise courante.*~~ |
| *des comptes d'apothicaire* | MAIS PAS | ~~*des comptes de pharmacien*~~ |
| *de fil en aiguille* | MAIS PAS | ~~*d'aiguille en fil*~~ |
| *saisir la balle au bond* | MAIS PAS | ~~*saisir au bond la balle*~~ |

- Elles ne permettent **pas de traduction mot à mot**. Chaque langue forge ses locutions à l'aide de métaphores qui lui sont propres.

## 124 L'origine de quelques locutions figurées

La plupart des locutions figurées ont été à l'origine empruntées à des vocabulaires spécialisés. Certains domaines d'emprunt se révèlent plus productifs que d'autres.

**Emprunts au vocabulaire du jeu**

*la redistribution des cartes*  *cacher son jeu*
*une nouvelle donne*  *jouer cartes sur table*
*un pari sur l'avenir*  *passer la main*
*brouiller les cartes*  *damer le pion*
*jouer double jeu*  *annoncer la couleur*

**Emprunts au vocabulaire de la chasse**

*tomber dans le panneau* (le piège)
*être aux abois ; à l'affût ; aux aguets*
*il ne faut pas se leurrer*
*se rabattre sur autre chose*

**Emprunts au vocabulaire de la guerre**

*battre en retraite*
*changer ses batteries* (les pièces d'artillerie)
*être désarmé*
*rendre les armes*
*revenir à la charge*
*tirer à boulets rouges*

**Emprunts au vocabulaire de la religion**

*un baptême de l'air ; du feu*
*donner sa bénédiction*
*avoir voix au chapitre*
(assemblée réunie pour délibérer dans une communauté religieuse)
*remonter au déluge*
*être en odeur de sainteté*
*être aux anges*

Les sens figurés

## Emprunts au vocabulaire de l'équitation

~~ *ne pas être dans son assiette* (équilibre)
*tenir la bride haute*
*lâcher la bride*
*être à cheval sur les principes*
*mettre le pied à l'étrier*
*ronger son frein*

### Sens figurés : des jeux de mots volontaires ou non

• Lorsque l'on apparie, par étourderie ou par malice, des **métonymies** et des **locutions figurées**, on côtoie facilement l'absurde.
*La rue a fermé la porte aux négociations !*
*L'automobile n'a pas dit son dernier mot !*

• De façon générale, le sens figuré se prête généreusement à diverses formes d'**équivoques**. Les bêtisiers ne manquent pas.
*Gravement brûlée, elle s'est éteinte dans l'ambulance qui la transportait.*
*Le bras de fer pourrait faire tache d'huile.*
*Puis-je régler en liquide la facture concernant le dégât des eaux ?*

# Changements de sens et nouveaux sens

Quand nos ancêtres mangeaient de la *soupe*, ils ne consommaient pas le même aliment qu'aujourd'hui. Ils *déjeunaient* à l'heure de notre petit déjeuner, ils *dînaient* quand nous déjeunons. Au gré des changements de la société et des mœurs, le sens des mots a évolué. Aujourd'hui encore, certains mots prennent un sens nouveau : ils forment ce que l'on appelle des néologismes de sens → 132.

## COMMENT LES MOTS CHANGENT DE SENS

La plupart des mots changent de sens au cours de leur histoire. Suivant les transformations de la société, ils sont utilisés dans de nouveaux emplois → 114 ; ou bien, s'éloignant peu à peu de leur étymologie, ils finissent par s'imposer dans l'usage avec un sens nouveau.

### 125 Les mots qui changent de sens en changeant de référent

Certains mots ont **changé de référent** : ils désignent autre chose que ce qu'ils désignaient à l'origine.

*train* : le mot existait avant l'existence du chemin de fer. Il désignait un attelage de bêtes ou d'objets puis un équipage. Quand le transport par rail s'est généralisé, le mot a été adopté pour la locomotive et les wagons. Ce sens a fini par supplanter le sens ancien.

## Quelques exemples de mots ayant perdu leur sens ancien

| MOT | SENS ANCIEN |
|---|---|
| *chômage* | la période passée sans travailler pendant les jours fériés. On parlait ainsi du *chômage du dimanche*. |
| *dessert* | le dernier service d'un repas (fromage, pâtisserie, fruits) après lequel on pouvait desservir la table |
| *industrie* | l'habileté, l'ingéniosité, le savoir-faire (jusqu'à la fin du XVIIIe siècle) |
| *librairie* | une bibliothèque. Ce sens demeure dans le mot anglais *library*. |
| *soupe* | la tranche de pain sur laquelle on versait un bouillon. A désigné ensuite le bouillon consommé ou non avec du pain. |

### *Citations et maximes, témoins de l'état passé de la langue*

Les citations, les proverbes et les maximes sont de précieux témoins de l'état passé de la langue, car les mots s'y trouvent figés dans leur sens ancien. En voici quelques exemples.

- *Un dessert sans fromage est une belle à qui il manque un œil.* (Brillat-Savarin) (Le fromage faisait alors partie du *dessert*.)
- *Rodrigue, as-tu du cœur ?* (Corneille) (*le cœur* : le courage)
- *La fin justifie les moyens.* (*la fin* : le but fixé)
- *Qui trop embrasse mal étreint.* (*embrasser* : prendre dans ses bras)
- *Santé passe richesse.* (*passer* : dépasser, surpasser)

## 126 Les mots qui changent de sens en s'éloignant de leur sens d'origine

L'**oubli des origines** est une des raisons qui explique l'évolution du sens des mots. Lorsque la signification première n'est plus perçue parce que le mot s'est dissocié de son étymologie, il y a glissement de sens : le sens du mot prend une nouvelle direction.

| MOT | SENS | SENS ACTUEL |
|---|---|---|
| *achalandé* | qui voit passer de nombreux clients | qui contient de nombreux articles, qui est bien approvisionné |
| *décimer* | faire mourir une personne sur dix | faire mourir en grand nombre, sans laisser de survivants |
| *ouvrable* | jours ouvrables : jours consacrés au travail (≠ fériés) | jours où les magasins sont ouverts (par influence d'*ouvrir*) |
| *saumâtre* | mélangé d'eau de mer, donc salé | sale, bourbeux, stagnant |

> **C'est absurde dans un certain sens !**
> *L'effacement du sens étymologique*
>
> ● Quelques associations d'emploi très courant montrent que certains mots ont totalement rompu le lien avec leurs origines : **le contresens n'est plus perçu**.
>
> *descendre en ascenseur*
> (*Ascenseur* vient du latin *ascendere* : monter.)
> *des couleurs inouïes*
> (*Inouïes* signifie : qui n'ont jamais été entendues [de *ouïr*].)
> *saupoudrer de sucre*
> (Étymologiquement, *saupoudrer* signifie : couvrir d'une fine couche de sel.)
> *une pommade à la noix de coco*
> (Une pommade est à l'origine une crème, un onguent aux pommes.)
>
> ● Certaines associations de mots peuvent encore produire un **léger effet de surprise**.
>
> *des verres en plastique*
> (Le verre [la matière] a donné son nom au récipient [un verre], et celui-ci garde ce nom, quelle qu'en soit la matière.)
> *être à cheval sur un dromadaire*
> (L'expression *être à cheval* s'est figée en prenant le sens d'être à califourchon, quelle que soit la monture.)

## 127 Comment les changements de sens sont-ils signalés dans un dictionnaire ?

La notice de dictionnaire → 23 permet de suivre l'évolution du sens d'un mot grâce à plusieurs repères :

- l'**étymologie** du mot ;
- Les **dates** où le sens nouveau apparaît dans la langue ;
- Les **abréviations** : *vx* (le sens ancien qui n'est plus employé) et *mod.* (le sens actuel).

> **NEVEU** [n(ə)vø] n. m. – 1190 ; ancien français *nevuld*, cas régime de *niés* 1080 ◆ latin *nepos, nepotis* « petit-fils » → népotisme, nièce ■ **1** vx Petit-fils ; descendant. « *Mon époux a des fils, il aura des neveux* » CORNEILLE. ■ **2** MOD. Fils du frère, de la sœur ; du beau-frère ou de la belle-sœur (opposé à *oncle, tante*). *Son neveu et sa nièce*. *Neveu à la mode de Bretagne* : fils d'un cousin germain ou d'une cousine germaine. — « *Le Neveu de Rameau* », ouvrage de Diderot. — LOC. POP. (1824) *Un peu mon neveu !* réponse affirmative emphatique à une question (cf. *Et comment !*).

*Le Petit Robert 2013*
© Le Robert

# LES VARIATIONS D'ÉTENDUE DU SENS

## 128 L'extension du sens

Le sens des mots peut s'élargir au-delà de leur emploi spécialisé. Ce phénomène d'extension est très repérable si l'on compare le sens d'origine de quelques **noms d'objets ou de métiers** avec celui qu'ils ont pris dans l'usage courant contemporain.

| MOT | SENS D'ORIGINE | SENS ACTUEL |
|---|---|---|
| *boucher* | celui qui vend de la viande de bouc | celui qui vend toutes sortes de viandes |
| *droguerie* | médicaments, onguents, d'où le commerce où l'on vend ces « drogues » | commerce où l'on vend des produits courants d'hygiène, de ménage, d'entretien |
| *épicier* | celui qui vend des épices | celui qui tient un commerce d'alimentation générale |
| *linge* | pièce en toile de lin | pièce de tissu de n'importe quelle matière |
| *panier* | corbeille à pain | corbeille qui peut recevoir toutes sortes de contenus |

L'extension s'applique aussi à des **mots plus abstraits**.

| MOT | SENS D'ORIGINE | SENS ACTUEL |
|---|---|---|
| *arriver* | atteindre la rive | parvenir au lieu ou au but fixé |
| *courtois* | qui a les manières de la cour | poli, aimable |
| *économie* | administration de la maison | (étendue à la société, au monde) production, distribution et consommation des richesses |

Le phénomène d'extension entraîne généralement une **banalisation du sens**.
~~ *un **complexe*** : dans le domaine de la psychanalyse, ce mot répond à un sens précis. Dans le langage courant, le sens de ce mot s'étend à toutes formes de malaises psychologiques, par exemple le sentiment d'infériorité :
*Il a des complexes.*
Ce mot perd enfin presque tout son sens dans certains emplois familiers :
*Il est arrivé avec deux heures de retard, sans complexe* (sans gêne).

## 129 La restriction du sens

Un mot qui avait un sens général ne s'utilise plus que dans un **sens particulier**. Son emploi tend à se spécialiser et son sens se restreint.

| MOT | SENS D'ORIGINE | SENS ACTUEL |
| --- | --- | --- |
| *accident* | tout événement qui survient par hasard (événement heureux ou malheureux) | ce qui survient de malheureux et entraîne des dégâts |
| *admiration* | étonnement suscité par une chose extraordinaire quelle qu'elle soit | émerveillement |
| *drap* | étoffe, tissu quel qu'il soit | drap de lit |
| *élire* | choisir | nommer, désigner par le suffrage |
| *faon* | petit de toute bête au pelage fauve (la lionne, par exemple) | petit du cerf, du daim, du chevreuil |
| *république* | (du latin *res publica* : la chose publique) gestion, organisation de la société | type de gouvernement où le pouvoir est exercé par un président et un parlement élus |
| *succès* | issue, bonne ou mauvaise, d'une entreprise | résultat heureux, réussite |
| *viande* | tous les aliments, y compris le poisson, les fruits... | Au XVII$^e$ siècle, l'emploi du mot *viande* s'est restreint aux seuls aliments carnés. |

> ● Les **dictionnaires de langue** signalent l'étendue du sens par des **abréviations**
> • *par ext.* (par extension) : le mot présente une acception plus large ;
> • *spécialt* (spécialement) : le mot présente une acception moins étendue ;
> • *cour.* : le mot est employé dans un sens courant même s'il a d'autres sens techniques ou savants.

# LES VARIATIONS D'INTENSITÉ DU SENS

## 130 Le renforcement du sens

Quelques mots ont acquis un **sens plus fort** que leur sens d'origine. Ils sont **rares**.

| MOT | SENS D'ORIGINE | SENS ACTUEL |
| --- | --- | --- |
| *amant* | jeune homme amoureux et qui était aimé (au XVII$^e$ siècle, dans les comédies de Molière par exemple) | homme qui entretient des relations sexuelles avec une personne qui n'est pas son épouse |
| *crime* | faute contre la morale ; manquement grave à la loi | assassinat, meurtre ou infraction grave jugée par une cour d'assises |
| *génie* | tempérament naturel, caractère | dispositions remarquables, aptitudes supérieures |

## 131 L'affaiblissement du sens

Lorsque les mots **s'éloignent de leur sens d'origine**, ils peuvent voir leur sens s'affaiblir.

| MOT | SENS D'ORIGINE | SENS ACTUEL |
| --- | --- | --- |
| *aimable* | qui est digne d'être aimé | gentil, agréable |
| *charme* | (du latin *carmen* : chant magique) envoûtement, sortilège | agrément, attrait |
| *conspuer* | cracher sur quelqu'un | manifester bruyamment son hostilité |
| *étonné* | bouleversé par une émotion violente (comme frappé du tonnerre) | surpris |
| *gêne* | à l'origine : torture ; au XVII$^e$ siècle : profond tourment | simple difficulté, embarras |
| *soin* | préoccupation, souci | attention, application |

Certains mots ont pu subir un affaiblissement de leur sens dans le vocabulaire courant mais ils **gardent leur sens fort dans un emploi spécialisé**.

— *abîmé* : étymologiquement, ce mot signifie : jeté dans un abîme, englouti. Le sens actuel (endommagé) est un affaiblissement. Mais *abîmé* conserve son sens fort dans : *abîmé en mer*.

> *La course à l'hyperbole :*
> *quand les exagérations affaiblissent le sens*
>
> • L'**exagération** ainsi que les **emplois répétés** dans de multiples domaines (en particulier la publicité) et dans les exclamations familières font perdre aux mots leur intensité première et imposent de nouvelles hyperboles qui à leur tour entraînent une érosion du sens.
>
> J'adore !   Une histoire hallucinante.   Un monstre d'égoïsme.
>
> • Cette déperdition du sens affecte surtout les **adjectifs**, principaux outils de la surenchère. En revenant au sens fort que les adjectifs suivants avaient jusqu'au XIX$^e$ siècle, on mesure l'affaiblissement de leur sens dans le vocabulaire d'aujourd'hui.
>
> | ADJECTIF | SENS D'ORIGINE |
> |---|---|
> | atroce | d'une grande cruauté |
> | débile | qui manque de force physique, fragile |
> | dément | aliéné, atteint de folie |
> | fabuleux | qui appartient à la légende, à la fable, au mythe |
> | génial | inspiré par le génie |
> | sublime | élevé, noble et parfait |

# LA CRÉATION DE NOUVEAUX SENS DANS LE FRANÇAIS CONTEMPORAIN

Aujourd'hui encore, les mots changent de sens. Des significations nouvelles apparaissent progressivement dans l'usage. Les changements sont en rapport avec les transformations de la société. On peut observer ce phénomène du néologisme de sens à l'échelle d'une génération.

## 132 Qu'est-ce qu'un néologisme de sens ?

Un **néologisme de sens** est un **sens nouveau** donné à un mot existant. Soit le sens s'ajoute aux sens que ce mot possède déjà, soit le mot change de sens. Le néologisme de sens est un phénomène nécessaire : il faut donner aux mots des sens nouveaux pour désigner de **nouveaux objets** ou de **nouveaux concepts**.

Les néologismes de sens sont nombreux aujourd'hui et ils se répandent rapidement pour répondre aux besoins croissants de la société contemporaine. Tous les mots qui suivent ont connu une **évolution de leur sens au tournant du XXI$^e$ siècle**.

# Changements de sens et nouveaux sens

| MOT | SENS | SENS ACTUEL |
|---|---|---|
| *concept* | idée abstraite, notion | idée d'une production et le produit lui-même : *L'éditeur a créé un concept intéressant.* |
| *flexibilité* | élasticité, souplesse de la matière | aménagement des horaires en fonction de l'activité d'une entreprise : *la flexibilité de l'emploi* |
| *genre* | espèce, catégorie ; manières, allure | orientation sexuelle : *La théorie du genre fait polémique dans les manuels scolaires.* |
| *liseuse* | veste d'intérieur ; petite lampe pour lire au lit | livre électronique : *La liseuse détrônera-t-elle le livre papier ?* |
| *mixité* | présence de filles et de garçons dans la même école | diversité sociale, ethnique ; multiculturalisme : *favoriser la mixité dans les petites agglomérations* |
| *profil* | contour du visage ; silhouette, représentation | qualités requises, aptitudes professionnelles : *Il a le profil pour le poste.* groupe de spécifications liées à un usager : *Il a modifié son profil Facebook.* |
| *tablette* | petite planche ; petite plaque | ordinateur portable à écran tactile destiné essentiellement à l'utilisation d'Internet : *la tablette, cadeau fréquent de fin d'année* |
| *transparence* | propriété d'un objet qui laisse passer la lumière | connaissance, divulgation : *Les citoyens réclament la transparence en matière de dépenses publiques.* |
| *sensible* | visible, perceptible | à risques : *des quartiers sensibles* |
| *vert* | de couleur verte ; qui a encore de la sève | respectueux de l'environnement : *le tourisme vert, une voiture verte, l'économie verte* |

## 133 Quelques glissements de sens contemporains

Des **emplois fréquents**, répandus par les médias, ou des emplois **familiers** finissent par imposer des sens nouveaux à certains mots.

Ces **glissements** de sens naissent le plus souvent d'une image passée au sens figuré. D'abord signalé par l'abréviation *abusivt* (abusivement) ou *fam.* (familier) dans les dictionnaires, le sens peut devenir courant *(cour.)* dans les éditions suivantes.

| MOT | SENS | GLISSEMENT DE SENS |
|---|---|---|
| *branché* | raccordé à un circuit électrique | à la mode, dans le coup : *les restaurants branchés du centre-ville* |
| *décrocher* (verbe intransitif) | être en perte de vitesse (dans l'aéronautique) | perdre puis rompre le lien avec l'école : *des structures adaptées aux élèves qui décrochent* |
| *dégraisser* | enlever la graisse | faire des économies en réduisant le personnel : *L'entreprise va dégraisser la majorité des services.* |
| *impact* | choc d'un projectile (*point d'impact*, vocabulaire militaire) | influence, conséquence : *La fermeture de l'autoroute a eu peu d'impact.* |
| *incontournable* | qu'on ne peut pas contourner, éviter | indispensable (pour être à la mode) : *la couleur incontournable de la rentrée* |
| *parachuter* | larguer d'un avion avec un parachute | placer une personne à un poste imprévu : *parachuter un candidat dans un département* |
| *pharaonique* | relatif à l'époque des pharaons | gigantesque, démesuré : *La mairie a engagé des travaux pharoniques.* |
| *valable* | valide, en règle | intéressant, qui vaut le coup : *Faire réparer sa télé, ce n'est plus valable.* |

### *Ils ne changent pas !*
### *Quelques mots dont le sens n'a jamais évolué*

Les mots ne changent pas tous de sens au cours de leur histoire.
Les linguistes ont recensé ces mots dont le sens n'a jamais évolué depuis leur origine :
- l'adjectif *sain*
- les verbes *nuire, saluer, sauver*
- quelques noms : *la barbe, le bœuf, l'eau, la fleur, la mer, le miel, le rêve...*

# Connotation, appréciation, atténuation

*Que « veut dire » ce mot ?* Cette expression familière suggère que les mots imposent du sens au-delà de ce qu'ils signifient. Elle invite à se représenter le sens non pas comme un point fixe mais comme une vaste nébuleuse.

## LA CONNOTATION : SENS DÉNOTÉ ET SENS CONNOTÉ

On peut expliquer le sens d'un mot en proposant une définition. Mais cette définition prendra-t-elle en compte les associations d'images, les jugements de valeur, les appréciations qui s'attachent au mot lorsque nous l'utilisons ? L'écart est grand entre le sens d'un mot et tout ce qu'il évoque. C'est cet écart que les notions de dénotation et de connotation éclairent.

### 134 La dénotation : qu'est-ce que le sens dénoté ?

Le **sens dénoté** correspond à la **définition du mot**. C'est le sens objectif, tel que le donne le dictionnaire. C'est l'**aspect stable** du sens.
~ *un **étranger*** : une personne qui appartient à une autre nation

### 135 La connotation : qu'est-ce que le sens connoté ?

Le **sens connoté** est le **sens implicite du mot**, qui s'ajoute à son sens dénoté. C'est l'**aspect variable** du sens, la valeur ajoutée que prend le mot lorsqu'il est utilisé en situation dans un certain contexte.

Les connotations sont un révélateur : elles traduisent l'attitude du locuteur par rapport à ce qu'il exprime. Elles correspondent à des **représentations individuelles ou collectives**.

*étranger* : ce mot n'est pas neutre. Lorsqu'il est utilisé dans un certain contexte, il se charge de connotations mises en jeu par différents facteurs.
– Références culturelles ou idéologiques : le mot prend une connotation différente dans les sociétés où prédominent les valeurs d'hospitalité, dans les pays dont l'économie dépend du tourisme, dans les groupes qui prônent le repli sur soi.
– Subjectivité, affectivité du locuteur : le mot s'associe à des images ou à des émotions propres à un individu particulier (lectures, spectacles mettant en scène l'étranger, souvenirs positifs ou négatifs, histoire familiale...).

### Il n'y a pas eu d'été cette année : *le pouvoir des connotations*

- Les connotations d'un mot se substituent parfois au sens dénoté. La phrase *Il n'y a pas eu d'été cette année* est un non-sens du point de vue de la dénotation : une année comporte toujours une période d'été. Mais le mot a pris ici la signification de ses connotations : de belles journées, des températures élevées... qui n'ont pas été au rendez-vous cet été-là !

## 136 Valeur symbolique et connotation

Les connotations sont aussi à l'origine de la valeur symbolique qui s'attache à certains mots dans un contexte culturel donné.

### Le symbolisme des couleurs

La plupart des couleurs correspondent, par leurs connotations, à des images mentales auxquelles s'associent des **valeurs, positives ou négatives**.

| LE NOIR | L'OR |
|---|---|
| **CONNOTATIONS** | |
| • le deuil dans le monde chrétien<br>• l'austérité, le sérieux, la dignité (la robe des religieux, des avocats...)<br>• l'élégance (costumes, robes du soir...) | • l'éclat, la blondeur, la lumière, le soleil<br>• la rareté, la valeur précieuse, la valeur refuge<br>• la richesse, le luxe<br>• la pérennité, la solidité<br>• la cupidité, la convoitise |
| **VALEUR NÉGATIVE** | **VALEUR POSITIVE** |
| • l'antipathie : *C'est sa bête noire.*<br>• la tristesse : *broyer du noir, des idées noires, voir tout en noir*<br>• la clandestinité : *le marché noir, le travail au noir, une caisse noire* | • l'excellence : *une affaire en or, le silence est d'or*<br>• la générosité : *un cœur d'or*<br>• le bonheur parfait : *l'âge d'or*<br>• la solidité, la durée : *franc comme l'or* |

# Connotation, appréciation, atténuation

## Le symbolisme des animaux

• Une **valeur symbolique** s'attache à certains noms d'animaux. Des qualités ou des défauts humains leur sont associés par connotation.

| ANIMAL | CONNOTATIONS |
|---|---|
| l'aigle | le génie, la hauteur de vue |
| la cigale | l'insouciance, la dépense |
| la fourmi | la prévoyance, l'économie |
| le lion | la puissance, la majesté |
| le serpent | la ruse, la tentation |

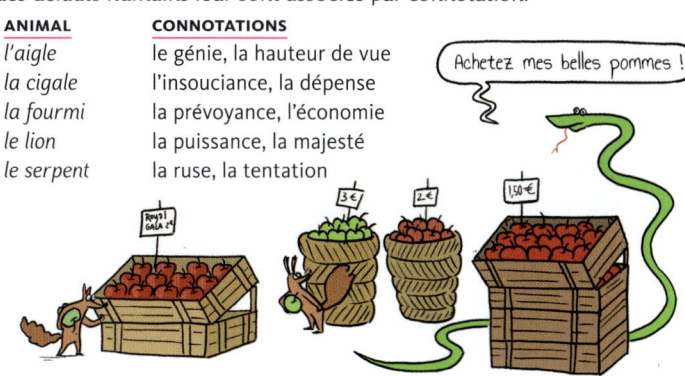

# L'APPRÉCIATION : MOTS PÉJORATIFS, MOTS MÉLIORATIFS

Les mots péjoratifs et mélioratifs sont des mots dont le sens est chargé d'une valeur appréciative. Un mot péjoratif (du latin *pejor* : pire) déprécie ce qu'il désigne. À l'inverse, un mot mélioratif (du latin *melior* : meilleur) valorise ce qu'il désigne.

## 137 Les mots qui dévalorisent : les mots péjoratifs

La plupart des mots péjoratifs s'obtiennent par **ajout d'un suffixe** → 85.

~ tiède → tié<u>d</u>asse
un chauffeur → un chauff<u>ard</u>
traîner → traîn<u>asser</u>

Certains mots péjoratifs sont des **synonymes dévalorisants** des mots neutres correspondants → 145.

| NEUTRE | PÉJORATIF |
|---|---|
| un journal | un canard |
| s'habiller | s'accoutrer |
| répéter | rabâcher |

La plupart des mots péjoratifs prennent une **valeur dépréciative par connotation**.
~ *primitifs, sauvages, race, peuplade, indigène*

Ces mots liés aux conquêtes coloniales se sont chargés de connotations négatives de rejet et de mépris. Ils ne sont plus tolérables aujourd'hui.

La propriété dépréciative d'un mot varie avec le temps. Les linguistes suivent ces **glissements péjoratifs** qui s'opèrent en quelques années dans l'usage.
- *amateur* : le mot prend depuis quelques années un sens péjoratif. Le sens devient : un non-spécialiste, qui n'a pas toutes les compétences requises.
- *touriste* : le mot prend depuis quelques années un sens péjoratif. Le sens devient : une personne qui ne se fixe pas, dont l'intérêt est très superficiel.

• On mesure le glissement péjoratif d'un mot au fait que le locuteur est obligé d'accompagner le sens neutre d'une remarque ou d'un adjectif valorisants.
- *un amateur (au bon sens du terme)*      *un véritable amateur*

• L'orientation péjorative d'un mot est liée à l'**évolution du sens** des mots → 130-131.

## 138 Les mots qui valorisent : les mots mélioratifs

La plupart des mots mélioratifs sont des **synonymes valorisants** des mots neutres correspondants → 145.

| NEUTRE | MÉLIORATIF |
|---|---|
| *boisson* | *nectar* |
| *groupe d'immeubles* | *résidence* |
| *repas* | *festin* |

D'autres mots se chargent d'un **sens élogieux par connotation**.
- *naturel, propre, durable, responsable...*
  Les mots liés à l'écologie bénéficient aujourd'hui de valeurs positives.

## 139 Les mots positifs ou négatifs selon le contexte

Selon le contexte dans lequel il est employé, un mot peut recevoir des connotations valorisantes ou dévalorisantes, même s'il a lui-même une valeur neutre.

*C'est un intellectuel, c'est un manuel, c'est un commercial* : aucun de ces trois mots ne contient un trait négatif ou positif en tant que tel ; mais, selon le regard que l'on porte sur chacune de ces compétences, il prend un **sens élogieux ou méprisant par connotation**. Les jugements de valeur portés par l'individu ou par le groupe infléchissent le sens des mots.

La plupart des mots ont un **statut ambigu**. Leurs connotations sont aussi bien positives que négatives. En voici quelques exemples.

| MOT | CONNOTATION POSITIVE | CONNOTATION NÉGATIVE |
|---|---|---|
| *ambition* | désir de se surpasser, aspiration à une condition meilleure | désir de réussite à tout prix, appétit de pouvoir |
| *tradition* | référence et repères solides | archaïsme, frein à l'innovation |
| *utopie* | projet constructif, idéal | rêverie stérile, chimère |

# L'ATTÉNUATION : LES EUPHÉMISMES

## 140 Qu'est-ce qu'un euphémisme ?

Employer un euphémisme consiste à remplacer un mot désignant une réalité jugée brutale ou inconvenante par un **synonyme capable d'atténuer ou de contourner** une signification trop explicite.

| MOT | EUPHÉMISME |
|---|---|
| être à court d'argent | être gêné |
| mourir | décéder, partir, s'éteindre, disparaître |
| vomir | rendre |

Les euphémismes servent notamment à **écarter les « mots tabous »** : des mots devenus indésirables en raison des valeurs négatives qui s'attachent à leur référent dans une société à une époque donnée.

## 141 Les euphémismes d'aujourd'hui

Les euphémismes suivent l'**évolution de la société** : certains mots qui étaient tabous ne le sont plus ; d'autres qui ne l'étaient pas le deviennent.

• Dans le domaine des **mœurs**, on observe aujourd'hui une plus grande franchise dans le choix des termes.

～ On emploie le mot *sein* et non plus l'euphémisme *gorge*.
～ On dit *avoir des rapports sexuels* et non plus *avoir des rapports intimes*.

• Mais, face aux questions de société, le « **politiquement correct** », qui incite à mettre en avant des valeurs positives et consensuelles, impose au locuteur contemporain certaines précautions. Les euphémismes permettent alors d'éviter les « mots qui fâchent ».

～ *les quartiers sensibles* pour *les quartiers dangereux*

**Quelques exemples d'euphémismes contemporains**

| VOCABULAIRE | MOTS TABOUS | EUPHÉMISMES DE REMPLACEMENT |
|---|---|---|
| LA VIE SOCIALE | être au chômage | être en recherche d'emploi |
| | des chômeurs | des demandeurs d'emploi |
| | un clochard | un sans domicile fixe |
| | des licenciements massifs | un plan social |
| | renvoyer | remercier |
| | les vieillards | le quatrième âge |

| VOCABULAIRE | MOTS TABOUS | EUPHÉMISMES DE REMPLACEMENT |
|---|---|---|
| L'ACTION MILITAIRE | *les bombardements (ciblés)* | *les frappes chirurgicales* |
| | *éliminer des ennemis* | *procéder au nettoyage d'une zone, d'une position* |
| | *les victimes civiles d'une guerre* | *les dommages collatéraux* |
| LA SANTÉ | *un aveugle* | *un malvoyant* |
| | *un avortement* | *une interruption volontaire de grossesse* |
| | *le cancer, le sida* | *une longue maladie* |
| | *un handicapé moteur* | *une personne à mobilité réduite* |
| | *un fou* | *un malade mental* |
| | *un infirme* | *une personne en situation de handicap* |
| | *un sourd* | *un malentendant* |

## *Dire sans dire : le pouvoir de l'euphémisme*

- Une forme répandue de l'euphémisme consiste à employer un **mot vague**. On opte prudemment pour le mot générique ou le mot passe-partout afin d'évoquer une réalité implicitement, sans la nommer.
*les événements d'Algérie* pour *la guerre d'Algérie*
*Il a des problèmes avec l'alcool* pour *Il est alcoolique.*

> # EMPLOYER LE MOT JUSTE, ENRICHIR SON VOCABULAIRE

# QUIZ

1. Quel est le synonyme courant du *lampyre* ? → 142
2. À quelle condition une *révolution* dure-t-elle nécessairement un an ? → 143
3. *Récidiver*, c'est répéter quel type d'action ? → 144
4. On distingue trois niveaux de langue : **soutenu, standard** et ... ? → 146
5. D'où vient l'**argot** ? → 148
6. Qu'est-ce qu'un **antonyme** ? → 149
7. Quel est le contraire de *dépareillé* ? → 150
8. Quelle différence y a-t-il entre un *pastiche* et un *plagiat* ? → 160
9. Qu'est-ce qu'un *consensus* ? → 165
10. Un *illettré* est-il nécessairement un *analphabète* ? → 166
11. On dit les *berges* d'un fleuve et les ... ? d'un lac. → 172
12. On dit le *pelage* d'un chat et la ... ? d'un cheval. → 175
13. Où se jette une *rivière* ? → 179
14. Qu'est-ce qu'un *crapaud* quand il ne s'agit pas d'un batracien ? → 183
15. Qu'appelle-t-on le *sixième sens* ? → 185
16. Que signifie : *être élu au bénéfice de l'âge* ? → 186

# Les synonymes et les niveaux de langue

> Dire la même chose *en d'autres termes* est la grande liberté qu'offrent les synonymes au locuteur qui veut préciser, nuancer, développer sa pensée. Mais certains usages doivent être respectés : les mots ne sont pas toujours ni tous interchangeables.

## LES MOTS SYNONYMES

### 142 Qu'est-ce qu'un synonyme ?

Un synonyme est un **mot qui a le même sens qu'un autre mot**.

| MOT | SYNONYME |
|---|---|
| *lucide* | *clairvoyant* |
| *le contentement* | *la satisfaction* |
| *économiser* | *épargner* |

Généralement, un mot possède **plusieurs synonymes**.

| MOT | SYNONYMES |
|---|---|
| *hypocrite* | *dissimulé, trompeur, fourbe, faux, sournois* |
| *le calme* | *la tranquillité, la sérénité, la quiétude* |
| *entasser* | *accumuler, amonceler, empiler* |

#### *Des mots sans synonymes*

- Les mots des vocabulaires spécialisés : *oxygène, hydrogène*
- Les concepts fondamentaux : *le haut, le bas, le temps, l'espace…*

Un mot peut avoir **une expression pour synonyme**.

| MOT | EXPRESSION SYNONYME |
|---|---|
| *calomnier* | *traîner dans la boue* |
| *contester* | *mettre en doute* |
| *craindre* | *avoir peur* |
| *insister* | *mettre l'accent sur* |
| *s'opposer à* | *faire obstacle à* |

Certains mots peuvent être parfaitement synonymes tout en appartenant à des **vocabulaires différents**. C'est le cas des mots scientifiques et techniques et des mots d'usage courant. Tel mot appartient à la langue des spécialistes, tel autre à la communication usuelle.

| NOM COURANT | NOM SCIENTIFIQUE |
|---|---|
| une jaunisse | un ictère |
| un mal de tête, une migraine | une céphalée |
| un rhume | une rhinite |
| un coucou | une primevère |
| une gueule-de-loup | un muflier |
| un ver luisant | un lampyre |

> **Chicons *ou* endives *? Les synonymes régionaux***
>
> • Les mots *chicon* et *endive* désignent la même réalité. Malgré leur référent commun, ces synonymes parfaits diffèrent par un usage régional ou local. Les chicons sont des endives… dans le Nord !
>
> • Autres exemples : un *gone* est un enfant pour les Lyonnais. La *brimbelle* est la myrtille dans les Vosges.

## 143 Remplacer un mot par un synonyme

Pour remplacer un autre mot, le synonyme doit remplir plusieurs conditions.

Le synonyme doit **s'intégrer dans la phrase**. Il doit pour cela :

• être de **même classe grammaticale** : un adjectif a pour synonyme un adjectif, un nom a pour synonyme un nom, etc.

• avoir la **même fonction grammaticale** : un sujet, un complément sont remplacés par un synonyme sujet, complément, etc.

• occuper la **même place dans la phrase**.

 *Son but/objectif est de parvenir/d'arriver à fabriquer/confectionner des outils/instruments plaisants/agréables et faciles/commodes à manier/manipuler.*

> **Se rappeler *et* se souvenir *:***
> ***des constructions différentes pour des verbes de même sens***
>
> • Des verbes synonymes peuvent être construits différemment : *épouser* quelqu'un (verbe transitif direct) et *se marier avec* quelqu'un (verbe transitif indirect) ; *se rappeler* quelque chose et *se souvenir de* quelque chose ; *utiliser* quelque chose et *se servir de* quelque chose ; *accepter de* et *consentir à* ; *permettre de* et *autoriser à*…

Les synonymes doivent être **interchangeables**.

• Un mot pris au **sens figuré** → 117 ne peut pas être remplacé par son synonyme de **sens propre** → 118.

| | | |
|---|---|---|
| un cercle d'amis | **MAIS PAS** | une circonférence d'amis |
| combler une lacune | **MAIS PAS** | boucher une lacune |
| éplucher les comptes | **MAIS PAS** | peler les comptes |

• Lorsqu'un mot entre dans une **expression figée**, il perd son autonomie et ne tolère plus d'équivalent.

| | | |
|---|---|---|
| délivrer un reçu | **MAIS PAS** | libérer un reçu |
| un dangereux malfaiteur | **MAIS PAS** | un périlleux malfaiteur |
| un saut périlleux | **MAIS PAS** | un saut dangereux |

• Un mot **polysémique** (qui a plusieurs sens) doit recevoir pour synonymes les mots qui correspondent à ses différents sens → 110.

| MOT | EXEMPLES | SYNONYMES |
|---|---|---|
| confus | son discours est confus. | obscur, imprécis, embrouillé |
| | Il est confus de son retard. | embarrassé, gêné |
| dur | un travail trop dur | difficile, pénible, ardu |
| | un matériau dur | solide, résistant |
| gagner | Il a gagné le concours. | remporter |
| | Il a gagné le large. | atteindre |
| | Le sommeil nous a gagnés. | envahir |

### Une révolution par an : le sens spécifique et le sens courant

Les mots qui ont un sens spécifique dans un domaine ne peuvent pas être remplacés par des synonymes de sens courant.

• En électricité, le mot *force* a un sens spécifique ; il n'a pas pour synonymes *puissance musculaire, énergie vitale*.

• En astronomie, le mot *révolution* a un sens spécifique (par exemple, la révolution de la Terre autour du Soleil correspondant à un an). Il n'a pas pour synonymes *révolte, insurrection*.

# L'UTILITÉ DES SYNONYMES

## 144 Les synonymes évitent les répétitions

■ Les synonymes permettent de **diversifier l'emploi** des mots lorsque l'on doit s'exprimer à l'écrit ou à l'oral sur un même thème. On évite ainsi les répétitions.

~~ *Il est faux de dire que les jeunes n'ont aucun but dans l'existence. Beaucoup ont au contraire pour ~~but~~ ambition d'atteindre un ~~but~~ objectif difficile.*
*~~Le but~~ La cible qu'ils visent est généralement très précise et ils sont capables de persévérer dans ~~le but~~ l'intention qu'ils se sont fixée.*

■ Le recours au synonyme permet aussi d'**éviter l'emploi rapproché de mots de même famille** → 70.

~~ *As-tu reçu l'envoi que je t'ai ~~envoyé~~ adressé/fait parvenir ?*
*Je ne suis pas sûr de l'avoir ~~adressé~~ envoyé/expédié à la bonne adresse.*

■ Cependant, on ne peut pas recourir à l'emploi systématique des synonymes.

• Certains synonymes ne sont **pas adaptés au même contexte de phrase**.

~~ **connaître** et **savoir** : ils sont synonymes mais seul le verbe *connaître* convient dans *connaître une situation, connaître une personne*, et seul le verbe *savoir* convient dans *savoir skier, nager, lire...*

~~ **souhaiter** et **désirer** (suivis d'un infinitif) : ils sont souvent synonymes mais on ne dit pas ~~La SNCF vous désire un agréable voyage.~~

~~ **an** et **année** : ils sont synonymes mais on emploie *an* avec les nombres cardinaux *(deux ans, cent ans, mille ans)* et *année* avec les nombres ordinaux *(la première année, la dixième année)*.

~~ **gravement** et **grièvement** : ils sont synonymes mais *grièvement* est réservé à l'expression *grièvement blessé*.

• Certains synonymes ne sont **pas adaptés aux mêmes emplois**.

~~ **trembler** a pour synonymes *frissonner, grelotter, frémir, tressaillir,* mais **grelotter** ne s'emploie que pour *trembler de froid*.

~~ Parmi les synonymes de **recommencer**, le verbe **récidiver** a pour emploi réservé la répétition d'une mauvaise action.

~~ **imprévu** a pour synonymes *inattendu, fortuit, inespéré*, mais **inespéré** ne convient qu'à un événement heureux.

## 145 Les synonymes permettent de nuancer l'expression

Les synonymes ont des significations équivalentes mais non identiques. Un large ensemble de termes se présente au locuteur pour préciser et nuancer son expression. Il lui revient de choisir le mot en fonction de ses intentions et d'adapter son expression à son interlocuteur.

### Choisir le degré de précision du synonyme

- Les synonymes se distinguent par leur **sens plus général ou plus précis**.

| SENS PLUS GÉNÉRAL | SENS PLUS PRÉCIS |
|---|---|
| la dimension | la longueur, la largeur, la profondeur, la hauteur |
| marcher | arpenter, déambuler, flâner |
| poser | disposer, déposer, placer |

> *L'un dans l'autre :*
> *hyponymes et hyperonymes*
>
> - Les hyperonymes et les hyponymes sont des mots qui ont le même référent. L'hyperonyme indique la classe générale *(animal)* et l'hyponyme distingue des traits spécifiques *(mammifère)*.
>
> - Par emboîtements successifs, l'hyponyme peut devenir l'hyperonyme d'un autre mot : *animal* inclut *mammifère* qui inclut *quadrupède* qui inclut *félidés* qui inclut *chat* qui inclut *siamois, persan, abyssin*…
>
> - Ces mots peuvent être utilisés comme synonymes. Mais l'équivalence de sens n'est pas totale. On peut en effet remplacer le terme spécifique par le terme générique mais pas l'inverse : on peut dire *un chat est un animal* mais pas ~~un animal est un chat~~.

### Choisir l'intensité du synonyme

- Nombre de synonymes sont des **intensifs** qui permettent d'exprimer un **sens plus fort**. Ils apportent une valeur superlative au mot de valeur neutre.

| VALEUR NEUTRE | VALEUR SUPERLATIVE |
|---|---|
| content | ravi |
| séduisant | fascinant |
| serviable | empressé |
| le bruit | le vacarme |
| le courage | la vaillance |
| une foule | une multitude |
| la peur | l'épouvante |
| énerver | exaspérer |
| étonner | stupéfier |

**Choisir les connotations péjoratives et méliorratives du synonyme**

Les synonymes peuvent exprimer une **valeur appréciative négative ou positive**
→ 137-139.

| MOT | SYNONYME PÉJORATIF |
|---|---|
| des plaintes | des jérémiades |
| une réflexion | une cogitation |
| une tâche | une corvée |
| réparer | rafistoler |
| répéter | rabâcher |

| MOT | SYNONYME MÉLIORATIF |
|---|---|
| goûter | savourer |
| manger | déguster |

# LES NIVEAUX DE LANGUE

Les mots synonymes renvoient au même référent mais ils ne sont pas pour autant substituables l'un à l'autre dans tous les types de discours. Car tous les mots n'ont pas le même statut social et culturel : ils appartiennent à des niveaux de langue différents.

## 146 Qu'est-ce qu'un niveau de langue ?

Le **niveau de langue** est le registre d'expression que le locuteur utilise en fonction de l'interlocuteur auquel il s'adresse, de son appartenance socioculturelle ou de sa classe d'âge.

On distingue trois niveaux de langue :

- La **langue soutenue** comprend les mots recherchés, relevant d'une langue surtout écrite.

- La **langue standard** comprend les mots conformes à la norme en usage.

> ◯ Les niveaux de langue se distinguent par des marques lexicales (le vocabulaire) syntaxiques (l'organisation des phrases) et phonétiques (la prononciation).

- La **langue familière** ou populaire comprend les mots de la langue parlée, employés dans les échanges sans contrainte.

## 147 Adapter le synonyme au niveau de langue

Les mots de la langue soutenue et ceux de la langue familière s'organisent par rapport à ceux de la langue standard.

| LANGUE SOUTENUE | LANGUE STANDARD | LANGUE FAMILIÈRE |
|---|---|---|
| fourbu, las | fatigué | vanné, claqué |
| celer | cacher | camoufler, planquer |

Les synonymes et les niveaux de langue

- **Quelques synonymes dans la langue soutenue**

| LANGUE STANDARD | LANGUE SOUTENUE |
|---|---|
| *inévitable* | *inéluctable* |
| *un débutant, un novice* | *un néophyte* |
| *des hésitations* | *des atermoiements* |
| *la rapidité* | *la célérité, la vélocité* |
| *des rivalités* | *des antagonismes* |
| *la tendance* | *la propension* |
| *adresser un reproche* | *adresser une remontrance, une semonce* |
| *donner son accord* | *donner son agrément, son assentiment* |
| *supplier* | *adjurer* |

- **Quelques synonymes dans la langue familière**

| LANGUE STANDARD | LANGUE FAMILIÈRE |
|---|---|
| *audacieux* | *culotté, gonflé* |
| *une situation embrouillée* | *un micmac* |
| *un souci* | *un embêtement* |
| *exagérer* | *charrier* |
| *manger* | *bouffer, boulotter, becqueter* |

## 148 Une langue de synonymes : l'argot

L'argot est à l'origine le **langage secret des truands**, une langue à part qui a développé un vocabulaire particulier dans un double objectif : permettre aux membres du groupe de se reconnaître entre eux ; interdire aux membres extérieurs au groupe de les comprendre.

L'argot est donc par excellence la **langue des synonymes**, qui sont utilisés comme un **code** et jouent le rôle d'équivalents exacts des mots du vocabulaire standard. Aujourd'hui, la langue argotique devenue langue familière continue de produire des réserves inépuisables de synonymes.

### Les synonymes argotiques

| LANGUE STANDARD | ARGOT |
|---|---|
| *fou* | *tordu, fêlé, givré, timbré, pété* |
| *l'argent* | *le fric, le pèse, le pognon* |
| *une chambre* | *une piaule, une taule* |
| *le lit* | *le pieu, le plumard* |
| *la malchance* | *la guigne, la poisse* |
| *la peur* | *la frousse, la pétoche, les jetons, les boules* |
| *la tête* | *la bille, la binette, la bobine, la bouille, la fiole, la tronche* |
| *voler* | *faucher, piquer, ratisser, barboter* |

## Les emprunts de l'argot à des vocabulaires spécifiques

- **Les emprunts aux végétaux**

| ARGOT | LANGUE STANDARD |
|---|---|
| le blé, l'oseille | l'argent |
| la pêche | la bonne condition physique et morale |
| une pelure | un vêtement |
| un pépin | un ennui |
| la poire | la figure |
| des salades | des mensonges |

- **Les emprunts aux aliments**

| ARGOT | LANGUE STANDARD |
|---|---|
| la frite | la bonne condition physique et morale |
| le gratin, la crème | l'élite |
| la mélasse | les ennuis |
| une moule, une nouille | une personne molle et bête |
| la purée, la panade | la gêne (financière) |

*Vrai* ou *faux*, *entrée* ou *sortie*, *chaud* ou *froid*, *nord* ou *sud*, *droite* ou *gauche*, *religieux* ou *laïc* : tous les actes de notre vie nous mettent en présence de ces couples de contraires. Ces mots produisent des oppositions souvent jugées trop radicales, mais ils sont les outils indispensables du jugement, du choix, du goût.

*Il ne fait pas chaud.*

*Je dirais même plus, il fait froid.*

## LES MOTS ANTONYMES

### 149 Qu'est-ce qu'un antonyme ?

Un antonyme est un **mot qui a un sens opposé** à celui d'un autre.

| | | | | |
|---|---|---|---|---|
| *connu* | ≠ | *inconnu* | *un succès* | ≠ *un échec* |
| *majoritaire* | ≠ | *minoritaire* | *refuser* | ≠ *accepter* |
| *rural* | ≠ | *urbain* | *rapidement* | ≠ *lentement* |
| *semblable* | ≠ | *différent* | *enfin* | ≠ *déjà* |

Un mot peut avoir **plusieurs antonymes**.

| MOT | ANTONYMES |
|---|---|
| *important* ≠ | *accessoire, dérisoire, futile, insignifiant, ordinaire* |
| *la richesse* ≠ | *la pauvreté, la précarité, l'indigence, le besoin, la nécessité, la misère* |
| *inquiéter* ≠ | *rassurer, calmer, apaiser, tranquilliser, réconforter, rasséréner* |

> ⊕ Le mot *antonyme* (du grec *ant[i]* : contraire + *onoma* : nom) a lui-même pour antonyme le mot *synonyme* (du grec *sy[n]* : avec + *onoma* : nom).

# COMMENT FORMER DES ANTONYMES ?

## 150 Les différents types de mots antonymes

Il y a deux sortes de mots antonymes : les mots opposés par leur construction (les dérivés et les composés savants) et les mots simplement opposés par leur sens (les antonymes lexicaux).

### Les mots construits opposés par leur préfixe ou leur radical

Nombre d'antonymes sont des mots **formés par dérivation ou par composition** → 77, 98. Ils sont marqués par l'ajout d'un préfixe ou d'un radical.

- **Les dérivés formés à l'aide de préfixes négatifs**

| PRÉFIXE | MOTS ANTONYMES |
|---|---|
| *a-, an-* | normal ≠ anormal |
| *dé-, des-/dés-* (devant une voyelle) | plier ≠ déplier, servir ≠ desservir, avantageux ≠ désavantageux, intéressé ≠ désintéressé, union ≠ désunion |
| *in- (il-, im-, ir-)* | cohérent ≠ incohérent, utile ≠ inutile, lisible ≠ illisible, mobile ≠ immobile, réaliste ≠ irréaliste |
| *mal* | adroit ≠ maladroit, sain ≠ malsain |

> *Des couples irréguliers : présence et absence de préfixe*
>
> Les antonymes construits par dérivation ne vont pas toujours par paires. Il ne suffit pas d'ôter à un mot son préfixe négatif pour obtenir l'antonyme positif.
>
> - *Dépareillé* n'a pas pour antonyme ~~pareillé~~ mais *assorti*.
> - *Dénaturer* n'a pas pour antonyme ~~naturer~~. Ce mot n'existe pas.
> - *Immanquable* n'a pas pour antonyme ~~manquable~~ mais *incertain* ou *douteux*.

- **Les dérivés formés de préfixes eux-mêmes antonymes**

| PRÉFIXE | MOTS ANTONYMES |
|---|---|
| *con- ≠ di-, dis-* | convergence ≠ divergence, concordance ≠ discordance |
| *en-, em- ≠ dé-* | encourager ≠ décourager, embarquer ≠ débarquer |
| *pro- ≠ ré-* | progresser ≠ régresser |

## Les antonymes

### • Les mots composés savants formés de radicaux de sens contraire

| RADICAUX ANTONYMES | MOTS ANTONYMES |
|---|---|
| **RADICAUX LATINS** | |
| *bén(é)- ≠ malé-* | bénédiction ≠ malédiction |
| *égo- ≠ altrui-* | égoïsme ≠ altruisme |
| *maj-, majus- ≠ min(i)-* | majoritaire ≠ minoritaire, majuscule ≠ minuscule |
| **RADICAUX GRECS** | |
| *homo- ≠ hétéro-* | homogène ≠ hétérogène |
| *micro- ≠ macro-* | microcosme ≠ macrocosme |
| *phil ≠ mis-* | philanthrope ≠ misanthrope |

### Des mots différents pour des sens opposés

• Les **antonymes lexicaux** sont les plus fréquents : ils s'opposent par le sens sans que cette opposition soit marquée par la dérivation ou la composition.

| | | |
|---|---|---|
| *courageux* | ≠ | *lâche* |
| *l'éloge* | ≠ | *le blâme* |
| *une qualité* | ≠ | *un défaut* |
| *aimer* | ≠ | *détester* |
| *autoriser* | ≠ | *interdire* |
| *créditer* | ≠ | *débiter* |

> ### *De la douceur à la non-violence :*
> ### *quand l'antonyme est à inventer*
>
> • Lorsque l'on veut exprimer le contraire d'un mot pour lequel il n'existe pas d'antonyme, ou dont l'antonyme n'est pas satisfaisant pour le sens, on a recours à l'adverbe de négation ***non*** : *non-violence* s'oppose à *violence* pour exprimer le refus de la violence.
>
> • Cette formation dans laquelle *non* exprime la négation ou l'absence se rencontre dans de nombreux emplois contemporains : *non-assistance à personne en danger, un pacte de non agression, la non prolifération des armes nucléaires, une politique de non-intervention, une zone de non-droit…* Un événement inintéressant peut même être qualifié de *non-événement…*

# L'EMPLOI DES ANTONYMES

## 151 Adapter l'antonyme au contexte

Les couples formés par les antonymes ne sont pas indissociables. Le choix de l'antonyme doit être adapté au contexte d'emploi.

Un mot pris au **sens figuré** n'a pas le même antonyme que lorsqu'il est pris au **sens propre**.
- *des idées* **noires** *n'a pas pour antonyme* ~~*des idées blanches*~~ *mais des idées* ***positives***, ***optimistes***.
- ***profond*** *n'a pas d'antonyme dans son sens propre. Au sens figuré, il a pour antonymes* ***superficiel***, ***léger***.

Lorsqu'un mot entre dans une **expression figée**, il perd généralement son antonyme.
- *un* ***faux*** *témoignage n'a pas pour antonyme* ~~*un vrai témoignage*~~.
- *un* ***pur*** *hasard n'a pas pour antonyme un* ~~*impur hasard*~~ (ni ~~*un hasard impur*~~).

**Un mot polysémique** → 110 a **plusieurs antonymes** correspondant à ses différents sens.

| | | | | | |
|---|---|---|---|---|---|
| *dur* | ≠ | *facile* | **MAIS AUSSI** | *dur* | ≠ *mou* |
| *grossier* | ≠ | *fin* | **MAIS AUSSI** | *grossier* | ≠ *poli* |
| *présent* | ≠ | *absent* | **MAIS AUSSI** | *présent* | ≠ *passé* |
| *solide* | ≠ | *fragile* | **MAIS AUSSI** | *solide* | ≠ *liquide* |

## 152 Les différents degrés dans l'expression du contraire

**Les antonymes complémentaires : l'un ou l'autre**

- Les antonymes complémentaires produisent des **oppositions binaires**, qui sont **exclusives** l'une de l'autre. Entre eux, il n'existe pas de moyen terme.

| | | | | | |
|---|---|---|---|---|---|
| *majeur* | ≠ | *mineur* | *négatif* | ≠ | *positif* |
| *marié* | ≠ | *célibataire* | *pair* | ≠ | *impair* |
| *mort* | ≠ | *vivant* | *présent* | ≠ | *absent* |

Il n'y a pas de place pour des degrés intermédiaires : un électeur n'est pas plus ou moins majeur ; un nombre n'est pas plus ou moins impair.
La négation de l'un entraîne l'affirmation de l'autre : si l'on n'est pas présent, on est absent ; si l'on n'est pas absent, on est présent.

**Les antonymes simples : les extrêmes**

- Ces antonymes sont opposés par les **extrêmes**. Mais il existe entre eux des **degrés intermédiaires**.

- *chaud* ≠ *froid*  On peut insérer *tiède* entre eux.
- *début* ≠ *fin*  Il y a *le milieu*, *les deux tiers*... entre ces extrêmes.
- *grand* ≠ *petit*  On peut insérer *moyen* entre eux.

Les antonymes

- On peut établir une **gradation** entre eux par l'emploi du comparatif.
  - *beau* ≠ *laid*  *haut* ≠ *bas*  *jeune* ≠ *vieux*
  
  On peut être plus ou moins beau, plus haut ou plus bas, plus jeune qu'un autre.

- L'opposition n'est **pas exclusive**. La négation de l'un n'implique pas l'affirmation de l'autre.
  - *s'améliorer* ≠ *s'aggraver*
  
  Si une situation ne s'améliore pas, cela ne signifie pas nécessairement qu'elle s'aggrave ; elle peut rester stationnaire.

### Les antonymes réciproques : un effet de miroir

- Ces mots de sens contraire ont pour particularité de pouvoir être employés l'un pour l'autre selon le rôle qu'ils jouent dans la phrase. L'un présuppose l'autre.

  | *dessus* ≠ *dessous* | *acheter* ≠ *vendre* |
  | *devant* ≠ *derrière* | *donner* ≠ *recevoir* |
  | *mari* ≠ *femme* | *prêter* ≠ *emprunter* |

- En contexte, on peut **permuter** ces couples de mots sans que le sens soit modifié.
  - La banque  prête  au client.
  - = Le client  emprunte  à la banque.
  - Le maçon  est le mari  de la crémière.
  - = La crémière  est la femme  du maçon.

> ### De l'antonyme à l'antithèse
>
> - Utilisés dans la même phrase, les mots antonymes peuvent servir à construire une antithèse : une figure de style qui consiste à rapprocher deux mots de sens opposé pour produire un **effet de contraste**.
> *vivre* et *mourir*
> *aimer* et *haïr*
>
> - Le jeu sur les antonymes est fréquent dans les **proverbes** et les **maximes**.
> Qui peut le plus peut le moins.
> L'argent est un bon serviteur et un mauvais maître.
> L'exception confirme la règle.
> Heureux au jeu, malheureux en amour.
> Si jeunesse savait, si vieillesse pouvait.
> À père avare, fils prodigue.

# Varier et nuancer son vocabulaire

« Ça vous *chatouille* ou ça vous *gratouille* ? » demande le docteur Knock à son patient dans la pièce de Jules Romains. « Le ministre nous a *écoutés* ; mais nous a-t-il *entendus* ? » se plaignent les syndicats. « *Gourmand*, non ; plutôt *gourmet* » se vante le gourmand. Chacun cherche à préciser sa pensée par des mots de sens proche. Les possibilités sont nombreuses, le choix est largement ouvert, à condition que les ressources offertes par le vocabulaire soient connues.

## UTILISER UN VOCABULAIRE VARIÉ ET NUANCÉ

### 153 Exprimer différentes façons de regarder

| MOT | SENS PRÉCIS |
|---|---|
| *contempler* | regarder longtemps avec admiration |
| *dévisager* | regarder le visage de quelqu'un avec insistance |
| *épier* | regarder sans se faire voir |
| *examiner* | regarder très attentivement |
| *fixer* | regarder avec insistance |
| *guetter* | regarder dans l'attente de quelque chose ou de quelqu'un |
| *inspecter* | regarder en examinant attentivement pour contrôler |
| *observer* | regarder pour prendre connaissance |
| *scruter* | regarder en examinant avec attention dans les moindres détails |
| *toiser* | regarder avec mépris |

## 154 Exprimer différentes façons de se tourner vers l'avenir

| MOT | SENS PRÉCIS |
|---|---|
| *vouloir* | avoir le désir et la volonté de faire une chose |
| *souhaiter* | désirer la réalisation d'un événement, pour soi ou pour autrui |
| *espérer* | vouloir croire à la réalisation de ce que l'on désire |
| *projeter* | former l'idée de ce que l'on veut faire et des moyens à employer |
| *imaginer* | se représenter par l'esprit |
| *envisager* | imaginer comme possible |
| *prévoir* | imaginer comme probable un événement futur |
| *inventer* | concevoir quelque chose de nouveau |
| *échafauder* | combiner pour un but précis |
| *décider* | se déterminer à faire ou ne pas faire |
| *entreprendre* | se mettre à faire ce que l'on avait prévu |

## 155 Exprimer différentes façons de faire savoir

| MOT | SENS PRÉCIS |
|---|---|
| *informer* | mettre au courant |
| *annoncer* | signaler un événement prochain |
| *expliquer* | faire comprendre en développant |
| *démontrer* | expliquer par un raisonnement rigoureux ou des preuves |
| *préciser* | dire de façon plus détaillée ou plus claire |
| *prévenir* | informer d'un fait à venir |
| *avertir* | informer quelqu'un de quelque chose pour qu'il y prenne garde |
| *aviser* | informer d'un fait prochain, par un avis |
| *signifier* | faire savoir, de façon catégorique |
| *notifier* | faire connaître dans les formes légales |
| *déclarer* | exprimer formellement sa volonté |
| *proclamer* | déclarer solennellement devant un public |
| *confier* | communiquer un secret à quelqu'un |
| *avouer* | reconnaître (une erreur, une faiblesse) |
| *révéler* | faire connaître ce qui était inconnu ou caché |
| *divulguer* | répandre publiquement une nouvelle qui était tenue cachée |

## 156 Exprimer différentes façons d'agir sur autrui

| MOT | SENS PRÉCIS |
|---|---|
| *inviter à* | demander à quelqu'un de faire quelque chose |
| *inciter à* | conduire quelqu'un à adopter un certain comportement |
| *conseiller* | guider en suggérant de faire ou de ne pas faire |
| *recommander* | conseiller avec insistance en vantant les avantages |
| *prévenir* | annoncer ce qui pourrait apparaître comme une menace |
| *encourager* | pousser à agir en inspirant de l'assurance |
| *prier* | demander avec politesse |
| *supplier* | prier quelqu'un avec insistance |
| *exiger* | demander impérativement |
| *ordonner* | imposer avec autorité |
| *enjoindre de* | ordonner (langue soutenue) |

## 157 Exprimer différentes façons de promettre

| MOT | SENS PRÉCIS |
|---|---|
| *s'engager* | se lier par une promesse |
| *jurer* | se lier par un serment |
| *assurer* | présenter comme sûr, à ne pas mettre en doute |
| *certifier* | assurer qu'une chose est certaine |
| *garantir* | assurer, en engageant sa responsabilité |

## 158 Exprimer différentes façons d'exclure (quelqu'un)

| MOT | SENS PRÉCIS |
|---|---|
| *repousser* | refuser d'admettre dans un groupe |
| *rejeter* | écarter quelqu'un en le repoussant |
| *renvoyer* | faire partir |
| *congédier* | renvoyer un employé, un salarié, un locataire |
| *licencier* | priver un salarié de son emploi |
| *destituer* | priver quelqu'un de sa charge, de sa fonction |
| *révoquer* | destituer un fonctionnaire, un magistrat |
| *suspendre* | destituer provisoirement |
| *chasser* | renvoyer de force |
| *expulser* | au nom de la loi, chasser quelqu'un d'un lieu où il était établi |
| *évincer* | écarter quelqu'un par intrigue |
| *éliminer* | écarter après une sélection |
| *rayer, radier* | faire disparaître d'une liste le nom de quelqu'un |

## CHOISIR LE MOT PRÉCIS

## 159 Nommer les différentes sortes de célébrité

| MOT | SENS PRÉCIS |
|---|---|
| *la reconnaissance* | le fait d'être apprécié et accepté par ses pairs |
| *la réputation* | le fait d'être connu depuis longtemps pour ses qualités |
| *la renommée* | le fait d'avoir imposé favorablement un nom (une marque, le plus souvent) |
| *la notoriété* | le fait d'être reconnu comme une valeur sûre par un grand nombre de personnes |
| *la popularité* | le fait d'être connu et aimé comme un proche par le plus grand nombre |
| *le prestige* | le fait de forcer l'admiration par des attraits qui frappent l'imagination |
| *la gloire* | une grande renommée, un immense prestige fondé sur des actions mémorables (emploi souvent hyperbolique) |

> ⊕ Le mot *célébrité* désigne, par métonymie, la personne devenue célèbre : *chercher à côtoyer des célébrités.* Il en va de même du mot *gloire* : *les chanteurs, les sportifs, nos gloires nationales !*

## 160 Nommer les différentes sortes d'imitation

| MOT | SENS PRÉCIS |
|---|---|
| *une copie* | la reproduction d'un écrit, d'un document, d'un objet |
| *une reproduction* | la copie en nombre important sur laquelle des droits sont perçus |
| *une réplique* | un nouvel exemplaire d'une œuvre d'art exécuté dans le respect de l'original |
| *un faux* | la copie frauduleuse d'un document, d'une œuvre d'art |
| *un plagiat* | la copie de passages que l'on s'attribue, pillés dans l'œuvre littéraire d'un autre |
| *une contrefaçon* | la fabrication de faux (billets, produits de marque...) |
| *un pastiche* | l'imitation du style d'un écrivain |
| *une simulation* | la représentation artificielle d'un fonctionnement imitant les conditions réelles |

➕ Le mot *reprise* s'impose aujourd'hui dans les médias pour désigner les adaptations de morceaux musicaux utilisant de nouveaux rythmes et une nouvelle instrumentation.

## 161 Nommer les différentes sortes de discours

| MOT | SENS PRÉCIS |
|---|---|
| *un exposé* | un discours construit et développé sur des idées ou des connaissances |
| *une conférence* | un discours qui traite en public une question prévue |
| *une allocution* | un discours de circonstance, adressé par une personnalité lors d'un événement particulier |
| *une déclaration* | un discours dans lequel on fait connaître solennellement une information, des faits, une volonté |
| *une harangue* | un discours politique destiné à convaincre une assemblée |
| *un plaidoyer* | un discours pour défendre une cause |
| *un réquisitoire* | un discours qui attaque ou accuse |
| *un éloge* | un discours pour célébrer quelqu'un |
| *un sermon* | un discours prononcé par un prédicateur dans une église |

➕ *Sermon* a pris la connotation péjorative de discours moralisateur long et ennuyeux. On emploie plus souvent aujourd'hui les mots *prêche*, *prédication*. Le mot *homélie* désigne le commentaire de l'Évangile fait par le prêtre au cours de la messe catholique.

Varier et nuancer son vocabulaire

## 162 Nommer les différentes sortes de groupes (de personnes)

| MOT | SENS PRÉCIS |
|---|---|
| *une assemblée* | personnes réunies dans un même lieu pour délibérer en commun et prendre des décisions |
| *une communauté* | un groupe social ou religieux réuni par des origines et des pratiques communes |
| *une collectivité* | l'ensemble des individus réunis dans un espace qu'ils partagent |
| *une équipe* | un petit groupe que réunit une tâche commune |
| *un parti* | une association à but politique |
| *un clan* | un groupe fermé de personnes solidaires pour défendre les intérêts de leur famille |
| *une caste* | un groupe exclusif de personnes attachées à leurs privilèges |
| *un lobby* | un groupe de pression (qui agit sur des organismes de décision) |
| *une bande* | un groupe limité de personnes, généralement jeunes, réunies par des goûts communs (vestimentaires, par exemple) |
| *une clique* | un groupe peu recommandable qui gravite autour d'une personnalité de mauvaise réputation |

> ● Au sens premier, un *clan* (mot gaélique) est un groupement social écossais ou irlandais rassemblant des familles, identifiées par un tartan (étoffe de laine à carreaux).

## 163 Nommer les différentes sortes de dialogue

| MOT | SENS PRÉCIS |
|---|---|
| *un échange* | une communication réciproque d'idées, d'informations |
| *un entretien* | un échange le plus souvent sollicité et fixé par rendez-vous |
| *une interview* | un entretien mené par un journaliste avec questions et réponses |
| *une discussion* | un échange d'arguments et de points de vue contradictoires |
| *une dispute* | un échange de propos agressifs entre des interlocuteurs qui s'opposent |
| *un débat* | une confrontation de points de vue, le plus souvent dans les médias, sur la politique ou des sujets de société |
| *un face-à-face* | un débat entre deux personnalités politiques d'opinions différentes |
| *une controverse* | un débat qui oppose les participants sur une question polémique |

> ● On dit bien *une controverse* (avec un *o*). Et *une interview* (féminin, comme *une entrevue*).

## 164 Nommer les différentes sortes de révolte

| MOT | SENS PRÉCIS |
| --- | --- |
| *une révolte* | une action violente contre une autorité |
| *une émeute* | une révolte populaire non organisée limitée dans le temps et l'espace |
| *un soulèvement* | un mouvement massif de révolte contre l'occupant |
| *une rébellion* | un mouvement de désobéissance et de révolte contre l'autorité légitime |
| *une mutinerie* | un soulèvement contre l'autorité dans la marine, l'armée, les prisons |
| *une insurrection* | un soulèvement armé pour renverser le pouvoir établi |
| *une révolution* | un processus de renversement du pouvoir politique et la transformation radicale du mode de gouvernement |
| *un coup d'État* | le renversement du pouvoir légal et la conquête du pouvoir par des moyens illégaux |
| *un putsch* | une tentative de coup d'État dirigée par un groupe armé |

> ⊕ Il faut écrire *un coup d'État*, *une affaire d'État*, *un chef d'État* avec une majuscule. *État* signifie ici : une nation organisée → 197.

## 165 Nommer les différentes sortes d'accord

| MOT | SENS PRÉCIS |
| --- | --- |
| *une entente* | le fait de s'accorder |
| *un consentement* | la décision de tomber d'accord sur un projet commun |
| *un assentiment* | un avis favorable donné par une personne à une proposition |
| *une conciliation* | un accord réalisé par un juge entre deux personnes en litige |
| *un arrangement* | les dispositions prises par plusieurs personnes sur un point précis pour régler une situation |
| *un accommodement* | un accord à l'amiable |
| *un modus vivendi* | un accommodement entre deux personnes, accepté sans que le litige soit réglé sur le fond |
| *un compromis* | un accord où chacun accepte de faire des concessions pour mettre fin au litige |
| *une convention* | un accord sur un point précis entre représentants de pays, de partis différents |
| *un arbitrage* | le règlement d'un désaccord par une personne extérieure acceptée par les deux parties |
| *un consensus* | un accord d'une large majorité de personnes sur un sujet |

# DISTINGUER LES MOTS DE SENS PROCHE

## 166 Choisir entre deux mots presque synonymes

Les mots qui suivent sont presque synonymes, on les emploie parfois l'un pour l'autre. Pourtant, si l'on veut utiliser un vocabulaire précis, on devra choisir. Ces mots n'ont pas exactement le même sens.

### *une alternative* ou *un dilemme* ?

• **une alternative** : une situation dans laquelle deux possibilités se présentent *(l'alternative : boire ou conduire)*

• **un dilemme** : une alternative difficile à affronter, les deux solutions contradictoires étant également problématiques *(un dilemme tragique)*

### *le centre* ou *le milieu* ?

• **le centre** : le point situé à égale distance de tous les points d'une circonférence *(le centre de la cible)*

• **le milieu** : le point situé à mi-distance des extrémités *(le milieu du parcours)*

### *la cohérence* ou *la cohésion* ?

• **la cohérence** : la logique entre des idées qui s'accordent entre elles *(la cohérence d'un raisonnement)*

• **la cohésion** : le caractère d'un ensemble dont les parties sont solidaires *(la cohésion du groupe)*

### *congénital* ou *héréditaire* ?

• **congénital** : qui apparaît dès la naissance, qui a son origine dans la vie intra-utérine *(une malformation congénitale)*

• **héréditaire** : qui se transmet aux descendants, qui est transmis par les ascendants *(l'hémophilie, affection héréditaire)*

### *le coût* ou *le montant* ?

• **le coût** : le prix que coûte une chose *(le coût des travaux)*

• **le montant** : le chiffre correspond à la somme à acquitter ou à percevoir *(le montant de la facture)*

### *démythifier* ou *démystifier* ?

• **démythifier** : ôter à une chose ou à une personne sa valeur de mythe *(démythifier l'image du héros)*

• **démystifier** : détromper les victimes d'une mystification (tromperie, illusion) *(démystifier les spectateurs trop naïfs)*

### *un dialecte* ou *un patois* ?

- **un dialecte** : la variété régionale d'une langue *(les dialectes chinois)*
- **un patois** : un parler local, en général rural *(le patois savoyard)*

### *à l'égard de* ou *à l'encontre de* ?

- **à l'égard de** : envers quelque chose ou quelqu'un, avec un sens positif *(faire preuve d'indulgence à l'égard des retardataires)*
- **à l'encontre de** : envers quelque chose ou quelqu'un, avec un sens négatif *(une insulte à l'encontre des femmes)*

### *éphémère* ou *provisoire* ?

- **éphémère** : qui est de courte durée *(un succès éphémère)*
- **provisoire** : qui n'est pas définitif *(une solution provisoire, en attendant mieux)*

### *hiberner* ou *hiverner* ?

- **hiberner** : passer l'hiver dans un engourdissement total *(La marmotte hiberne.)*
- **hiverner** : passer l'hiver à l'abri *(Les oiseaux migrateurs partent hiverner en Afrique.)*

### *un illettré* ou *un analphabète* ?

- **un illettré** : une personne qui lit et écrit avec difficulté, qui a mal appris ou oublié *(pourcentage inquiétant d'illettrés en fin de parcours scolaire)*
- **un analphabète** : une personne qui ne sait ni lire ni écrire *(réduire le nombre des analphabètes dans les pays pauvres)*

### *un incendiaire* ou *un pyromane* ?

- **un incendiaire** : une personne qui allume volontairement un incendie *(un incendiaire agissant pour le compte d'une organisation clandestine)*
- **un pyromane** : une personne qui obéit à des pulsions qui le poussent à allumer des incendies *(Le pompier pyromane sévissait dans la région depuis des mois.)*

Varier et nuancer son vocabulaire

### *l'intégration* ou *l'assimilation* ?

- **l'intégration** : le fait qu'un individu trouve sa place dans la vie sociale et les institutions d'un pays d'accueil *(une politique d'intégration pour les immigrés)*

- **l'assimilation** : le fait qu'une communauté s'approprie progressivement les valeurs, les normes et la culture d'un pays *(l'alimentation et le mode de vie, facteurs d'assimilation)*

### *l'intuition* ou *l'instinct* ?

- **l'intuition** : une connaissance qui se fonde sur une conviction immédiate de la vérité et non sur la raison *(l'intuition d'un danger)*

- **l'instinct** : un comportement inné, qui n'est pas acquis par l'expérience *(l'instinct de conservation)*

### *judiciaire* ou *juridique* ?

- **judiciaire** : qui concerne la justice *(la police judiciaire ; une erreur judiciaire)*

- **juridique** : qui relève du droit *(des études juridiques ; un vide juridique* [Il n'existe pas de loi sur ce cas.]*)*

### *légal* ou *légitime* ?

- **légal** : qui est conforme à la loi *(l'I.V.G., légale en France depuis 1975)*

- **légitime** : qui est conforme au droit naturel ; qui est justifié, fondé *(plaider la légitime défense ; une plainte légitime)*

### *la médisance* ou *la calomnie* ?

- **la médisance** : le fait de discréditer quelqu'un en rapportant des informations que l'on croit fondées *(colporter des médisances)*

- **la calomnie** : le fait de nuire à la réputation de quelqu'un en répandant volontairement des mensonges sur son compte *(un innocent, victime des pires calomnies)*

### *le mobile* ou *le motif* ?

- **le mobile** : ce qui détermine subjectivement à agir *(le mobile du crime)*

- **le motif** : ce qui détermine rationnellement à agir en fonction d'un objectif que l'on s'est fixé *(s'engager pour des motifs humanitaires)*

### *par contre* ou *en revanche* ?

- **par contre** : au contraire *(Il fera beau dans le Nord. Par contre, il pleuvra dans le Sud.)*

- **en revanche** : au contraire, lorsque le deuxième terme constitue vraiment un avantage sur le premier *(Il récite très lentement ; en revanche, sa diction est parfaite.)*

### *possible* ou *probable* ?

- **possible** : qui est réalisable *(Il est possible de venir par le train.)*
- **probable** : qui a de grandes chances de se produire *(Il est probable qu'elles viendront en avion.)*

### *une prédiction* ou *une prévision* ?

- **une prédiction** : l'annonce, par intuition ou divination, d'un événement susceptible ou non de se produire *(les prédictions d'une voyante)*
- **une prévision** : l'annonce, par raisonnement ou étude, d'un événement qui a toutes les chances de se produire *(les prévisions météorologiques)*

### *transparent* ou *translucide* ?

- **transparent** : qui permet de voir au travers *(L'eau est transparente.)*
- **translucide** : qui laisse passer un peu de lumière mais ne permet pas de voir au travers *(une porcelaine translucide)*

### *vénéneux* ou *venimeux* ?

- **vénéneux** : qui contient une substance toxique qui empoisonne par ingestion *(un champignon vénéneux)*
- **venimeux** : qui injecte son venin par piqûre ou morsure *(un serpent venimeux)*

⊕ C'est *venimeux* qui est employé au sens figuré : *des propos venimeux*.

### *vivable* ou *viable* ?

- **vivable** : où, avec qui, avec quoi l'on peut vivre *(Le quartier n'est plus vivable.)*
- **viable** : qui peut vivre et se développer *(L'enfant est reconnu viable.)*

# Employer le mot juste

On est *nommé* chevalier de la Légion d'honneur ; on est *promu* officier ou commandeur de la Légion d'honneur ; on est *élevé à la dignité* de grand officier ou de grand-croix de la Légion d'honneur. Pourquoi ces différences ? Parce que c'est ainsi que le veut l'usage. Ces emplois obligés se rencontrent dans bien d'autres domaines, qui peuvent être moins prestigieux... Chacun sait que l'on va à l'*arrêt d'autobus* mais à la *station de métro*... Selon les contextes d'emploi, lorsqu'ils sont en association avec d'autres, certains mots s'imposent.

## ASSOCIER LES MOTS QUI VONT ENSEMBLE

### 167 Le mot qui convient pour les salaires

- les appointements d'un employé
- le traitement d'un fonctionnaire
- les émoluments d'un officier ministériel (huissier, avoué...)
- les honoraires d'un médecin, d'un avocat, d'un notaire
- la solde d'un militaire
- la paye d'un ouvrier
- le cachet d'un artiste
- les indemnités d'un député, d'un sénateur *(les indemnités parlementaires)*
- la commission d'une agence immobilière
- la vacation d'un expert

### 168 Le mot qui convient pour les poids et mesures

- un stère de bois de chauffage
- un litre de moules
- la pointure d'une chaussure
- la taille d'un vêtement
- le format d'un livre
- les dimensions d'une pièce
- le calibre d'une arme à feu

## 169 Le mot qui convient pour le retrait d'une partie du corps

- l'**amputation** d'un membre
- l'**ablation** d'un organe
- l'**excision** d'un fragment d'organe ou de tissu, d'une tumeur maligne
- l'**extirpation** d'une tumeur bénigne (fibrome, polype, verrue)
- l'**énucléation** de l'œil
- l'**extraction** d'une dent

## 170 Le mot qui convient pour dégager un aliment de son enveloppe

- **éplucher** un fruit, les haricots verts, les oignons
- **peler** les pommes de terre, un fruit
- **écosser** les petits pois
- **écaler** un œuf dur, les noix, les amandes, les châtaignes
- **décortiquer** les crevettes
- **écailler** les huîtres, les moules, les coquilles Saint-Jacques

## 171 Le mot qui convient pour les réparations

- **raccommoder** un vêtement
- **ressemeler** des chaussures
- **rapiécer, recoudre** du linge
- **rhabiller** une montre, des lunettes
- **relever** un mur
- **radouber** un bateau
- **rénover** une salle de bains
- **restaurer** un objet d'art, un objet ancien
- **réhabiliter** un quartier
- **rafraîchir** un appartement

Employer le mot juste

## 172 Le mot qui convient pour les limites

- les extrémités de la Terre
- les confins de l'Univers
- les frontières d'un État
- le rivage de la mer
- les berges d'un fleuve
- les rives d'un lac
- les bas-côtés de la route
- la lisière d'un champ, d'une étoffe
- l'orée d'un bois
- l'enceinte d'une ville ancienne
- la périphérie d'une ville moderne
- le contour d'un objet, d'un visage
- les bornes de la connaissance

## 173 Le mot qui convient pour les traces

- les empreintes de chaussures, de doigts *(les empreintes digitales)*
- les pas d'un cheval
- la passée d'une bête
- les coulées du lièvre, du renard
- les foulées du grand gibier
- le sillage d'un bateau
- les traînées de lumière
- le sillon des roues

## 174 Le mot qui convient pour le nez des animaux

- le museau de la musaraigne, du brochet
- le mufle du lion, du taureau
- le groin du porc, du sanglier
- les naseaux du cheval, du chameau
- la truffe du chien, du chat
- la trompe de l'éléphant

### 175 Le mot qui convient pour le poil des animaux

- le **pelage** du chat, du lion
- la **robe** du cheval
- la **livrée** de l'hermine
- la **fourrure** du castor
- la **toison** du mouton

### 176 Le mot qui convient pour le repaire des animaux

- l'**antre** de l'ours
- la **bauge** du sanglier
- le **gîte** du lièvre
- le **terrier** du renard, de la marmotte
- le **trou** de la souris
- la **tanière** du lion

## EMPLOYER LES MOTS PROPRES AUX VOCABULAIRES SPÉCIFIQUES

On connaît le célèbre jeu télévisé : les concurrents doivent découvrir le mot répondant aux éléments de définition énoncés successivement par l'animateur. Les premiers caractères de la définition sont généraux ; plusieurs réponses sont possibles. C'est à partir des traits plus spécifiques que la recherche s'affine ; quelques précisions supplémentaires, et le choix s'opère : le mot est trouvé !

### 177 Spécialité : la médecine et la chirurgie

*embryon* et *fœtus*

- Le produit de la conception antérieur à la neuvième semaine du développement dans l'utérus est **un embryon**.
- Le produit de la conception à partir du troisième mois du développement dans l'utérus est **un fœtus**.

*maternité*

- Le service spécialisé dans un hôpital ou une clinique où une femme accouche est **une maternité**.

### *symptômes* et *syndrome*

- Les phénomènes observables qui permettent de déceler la présence ou l'évolution d'une maladie sont **les symptômes**.
- Un ensemble de symptômes qui ne permettent pas de déterminer la cause d'une maladie constitue **un syndrome**.

### *dépistage* et *diagnostic*

- La recherche systématique effectuée dans la population des signes encore peu apparents d'une maladie ou d'une épidémie afin d'éviter son développement est **le dépistage**.
- L'identification de la maladie à partir de l'interprétation des symptômes visibles est **le diagnostic**.

### *artères* et *veines*

- Les vaisseaux qui conduisent le sang du cœur aux organes sont **les artères**.
- Les vaisseaux qui ramènent le sang des organes vers le cœur sont **les veines**.

### *scalpel* et *bistouri*

- L'instrument de chirurgie qui sert à la dissection est **un scalpel**.
- L'instrument de chirurgie qui sert aux incisions est **un bistouri**.

## 178 Spécialité : le sport

### *pentathlon* et *décathlon*

- La compétition d'athlétisme qui comprend cinq épreuves est **le pentathlon**.
- La compétition d'athlétisme masculine qui comprend dix épreuves est **le décathlon**.

### *olympiade*

- La période de quatre ans qui s'écoule entre deux jeux Olympiques est **une olympiade**.

### *match*, *championnat*, *tournoi* et *critérium*

- Une compétition entre deux ou plusieurs concurrents ou deux ou plusieurs équipes est **un match**.
- Une compétition officielle où un individu ou une équipe reçoit le titre de champion est **un championnat**.
- Une compétition sportive comprenant plusieurs manches est **un tournoi**.
- Une épreuve sportive servant à classer et à éliminer les concurrents est **un critérium**.

## 179 Spécialité : la mer et les cours d'eau

**paquebot et cargo**
- Un navire affecté au transport des passagers est un paquebot.
- Un navire affecté au transport des marchandises est un cargo.

**presqu'île, péninsule et isthme**
- Une étendue de terre entourée d'eau à l'exception d'une partie qui la rattache au continent est une presqu'île.
- Une avancée de terre dans la mer qui forme une grande presqu'île est une péninsule.
- Une bande de terre entre deux mers est un isthme.

**lagon et atoll**
- Une étendue d'eau salée entre la terre et un récif corallien est un lagon.
- Une île corallienne formant un anneau autour d'un lagon est un atoll.

**fleuve, rivière, embouchure, delta et estuaire**
- Un cours d'eau qui se jette dans la mer généralement après avoir reçu des affluents est un fleuve.
- Un cours d'eau qui se jette dans un fleuve (ou dans d'autres cours d'eau) est une rivière.
- L'endroit où un cours d'eau se jette dans la mer ou un lac est son embouchure.
- L'accumulation d'alluvions déposées par un cours d'eau à son arrivée dans une mer à faible marée ou dans un lac est un delta.
- L'ouverture formée par l'embouchure d'un fleuve sur une mer ouverte où se font sentir les marées est un estuaire.

## 180 Spécialité : la pêche et les poissons

**pêche côtière et pêche hauturière**
- La pêche pratiquée près des côtes est la pêche côtière.
- La pêche pratiquée en haute mer est la pêche hauturière.

**alevins, fretin, tacons et civelles**
- Les jeunes poissons destinés au peuplement des rivières et des étangs sont les alevins.
- Les petits poissons sans importance rejetés par les pêcheurs sont le fretin.
- Les jeunes saumons sont les tacons.
- Les jeunes anguilles sont les civelles.

Employer le mot juste

### *coquillages*, *crustacés* et *fruits de mer*

- Les mollusques recouverts d'une coquille qui vivent dans la mer (les huîtres, les moules...) sont **les coquillages**.
- Les animaux à carapace qui vivent dans la mer (les crabes, les langoustes, les homards, les crevettes) ou dans l'eau douce (les écrevisses) sont **les crustacés**.
- Les coquillages et les crustacés sont servis dans les restaurants sous l'appellation **fruits de mer**.

## 181 Spécialité : la végétation et la forêt

### *steppe*, *toundra* et *taïga*

- Une vaste plaine herbeuse des zones arides, sans arbres, à la végétation pauvre, est **une steppe**.
- La vaste étendue des régions arctiques, gelée en profondeur, sur laquelle poussent des mousses et des lichens est **la toundra**.
- La forêt de conifères qui borde la toundra est **la taïga**.

### *jungle*, *savane* et *brousse*

- Une forêt dense des climats chauds et humides avec une courte saison sèche est **une jungle**.
- Une étendue de hautes herbes dans les régions chaudes à longue saison sèche est **une savane**.
- La végétation des régions tropicales composée de broussailles et d'arbustes est **la brousse**.

### *forêt primaire* et *forêt secondaire*

- Une forêt qui a évolué sans aucune intervention humaine est **une forêt primaire**.
- Une forêt qui a subi l'intervention de l'homme est **une forêt secondaire**.

### *canopée*, *fût*, *stipe* et *grume*

- Le sommet végétal d'une forêt tropicale humide est **la canopée**.
- Le tronc de l'arbre est **le fût**.
- Le tronc du palmier (qui est en vérité une tige) est **le stipe**.
- Le tronc de l'arbre abattu, encore couvert de son écorce, est **une grume**.

## 182 Spécialité : les phénomènes naturels

**▌** *alizé, simoun, sirocco* **et** *blizzard*

- Le vent régulier qui souffle entre les tropiques dans la direction de l'ouest (dans l'hémisphère Nord) est l'alizé.
- Le vent violent, très chaud, qui souffle dans les déserts d'Arabie et du Sahara est le simoun.
- Le vent très chaud et sec qui souffle sur la Méditerranée et les côtes de l'Afrique est le sirocco.
- Le vent glacial accompagné de tempêtes de neige qui souffle dans le Grand Nord est le blizzard.

**▌** *crachin, averse, giboulée* **et** *grain*

- Une petite pluie fine et continue est un crachin.
- Une pluie subite, courte et abondante est une averse.
- Une pluie soudaine, courte, accompagnée de vent et quelquefois de grêle, est une giboulée.
- En mer, une averse soudaine apportée par le vent est un grain.

**▌** *cyclone, ouragan, typhon, raz-de-marée* **et** *tsunami*

- La perturbation tourbillonnaire qui se forme au-dessus des eaux chaudes entre les tropiques, caractérisée par des pluies torrentielles et des vents violents, est un cyclone.
- Un cyclone de la zone des Caraïbes et de l'Atlantique nord est un ouragan.
- Un cyclone de la mer de Chine et de l'océan Indien est un typhon.
- Une énorme vague due à un séisme ou à une éruption volcanique sous-marine qui pénètre dans les terres est un raz-de-marée.
- Une onde océanique superficielle provoquée par un séisme ou une éruption volcanique sous-marine est un tsunami. (Le mot est utilisé à la place de *raz-de-marée* lorsque celui-ci survient dans le Pacifique occidental.)

Employer le mot juste  **182 à 184**

## 183 Spécialité : les pierres et les bijoux

### *pierres précieuses*, *pierres fines* et *crapaud*
- Le diamant, l'émeraude, le rubis et le saphir sont **des pierres précieuses**.
- L'agate, le jade, le grenat, le topaze et les autres gemmes sont **des pierres fines**.
- Un défaut dans un diamant ou une pierre précieuse est **un crapaud**.

### *bijoutier*, *joaillier*, *lapidaire*, *diamantaire* et *orfèvre*
- La personne qui vend et fabrique des bijoux est **un bijoutier**.
- La personne qui fabrique et vend des joyaux (bijoux de grande valeur servant à la parure) est **un joaillier**.
- L'artisan qui taille les pierres précieuses (sauf le diamant) est **un lapidaire**.
- La personne qui taille ou vend les diamants est **un diamantaire**.
- Le fabricant d'objets en métaux précieux (or, argent…) est **un orfèvre**.

## 184 Spécialité : l'astronomie et l'astronautique

### *météore* et *météorite*
- Un corps céleste qui traverse l'atmosphère terrestre est **un météore**.
- Un fragment de météore tombé de l'espace sur la Terre est **une météorite**.

### *étoile*, *planète* et *satellite*
- Un corps céleste émettant de la lumière (par exemple le Soleil) est **une étoile**.
- Un corps céleste sans lumière propre décrivant une orbite autour d'une étoile (par exemple la Terre autour du Soleil) est **une planète**.
- Un corps céleste gravitant sur une orbite autour d'une planète est **un satellite** (par exemple la Lune est le satellite de la Terre).

### *cosmonaute*, *astronaute*, *taïkonaute* et *spationaute*
- Dans l'astronautique soviétique puis russe, le pilote ou le passager se déplaçant dans un engin spatial hors de l'atmosphère terrestre est **un cosmonaute**.
- Dans l'astronautique américaine, le pilote ou le passager se déplaçant dans un engin spatial hors de l'atmosphère terrestre est **un astronaute**.
- Dans l'astronautique chinoise, le pilote ou le passager se déplaçant dans un engin spatial hors de l'atmosphère terrestre est **un taïkonaute**.
- Un membre de l'équipage d'un engin spatial est **un spationaute**.

# Les vocabulaires par thèmes

On trouvera ici, groupés par thèmes, des ensembles de mots qui relèvent du même domaine d'utilisation. Ces champs de vocabulaire ou champs lexicaux sont présentés suivant un ordre qui conduit de la sphère privée à la sphère publique.

## 185 Le vocabulaire des cinq sens

*Curiosité*
- **le sixième sens** : l'intuition

### Les cinq sens
- les cinq sens : la vue, l'ouïe, l'odorat, le toucher, le goût
- les organes sensoriels ou organes des sens : l'œil (le nerf optique), l'oreille (le nerf auditif), le nez, la peau, la langue
- une perception : ce qui peut être perçu par les organes des sens
- les perceptions sensorielles
- les sensations visuelles, auditives, olfactives, tactiles, gustatives

### La vue
- voir, la vision
- la cécité : la perte de la vue

### L'ouïe
- entendre, l'audition
- la surdité : la perte de l'audition

### L'odorat
- sentir, humer
- l'anosmie : la diminution ou la perte de l'odorat

*Curiosité*
- **sentir** :
1. percevoir une odeur (*sentir une fleur*) ;
2. dégager une odeur (*la rose sent bon*).

### Le toucher
- toucher
- tangible : que l'on peut connaître en touchant
- palpable : que l'on peut toucher avec les doigts, les mains
- tactile : qui concerne la sensation du toucher
- le tact : la sensibilité qui permet d'apprécier le lisse, le rugueux, le sec, l'humide

## Le goût

- goûter, le goût
- le palais
- la saveur
- la sapidité : la propriété qui agit sur le sens du goût ; la saveur
- acide, amer, salé, sucré : les quatre saveurs fondamentales
- fade, insipide
- relevé, épicé

### *Curiosité*

En plus de leur sens propre, les mots des sensations possèdent tous au moins un **emploi figuré** → 117-118.

- la vue, la vision : la conception, l'idée *(une vue de l'esprit, un échange de vues, une vision pessimiste des choses)*
- entendre : comprendre *(comment l'entendez-vous ?)*
- sentir : ressentir, éprouver *(on sentait bien qu'il le fallait)*
- toucher : émouvoir *(il a su nous toucher par ses larmes)*
- le goût : l'avis, le jugement, la tendance *(tout dépend des goûts, au goût du jour)* ou le sens esthétique *(le bon goût, une faute de goût)*

### *Façons de dire*

- **avoir une bonne oreille** : distinguer les sons ; être musicien
- **un nez** : un spécialiste des parfums (métonymie → 122)
- **le toucher d'un pianiste** : sa manière de frapper les touches du piano

## 186 Le vocabulaire des âges de la vie

### Les périodes de la vie
- le premier âge : la petite enfance
- un enfant en bas âge, un bébé
- un enfant, l'enfance, un petit garçon, une petite fille
- le pédiatre : le médecin qui soigne les enfants
- la jeunesse, l'adolescence, l'âge pubère
- les jeunes, les ados
- l'âge adulte, les adultes
- un(e) quadragénaire, quinquagénaire, sexagénaire, septuagénaire, octogénaire, nonagénaire, centenaire

*Quelle différence ?*
- **un nouveau-né** : un enfant âgé de moins de 28 jours
- **un nourrisson** : un enfant âgé de plus de 28 jours et de moins de deux ans

➕ Le même mot, *enfant*, désigne les deux genres, fille et garçon

➕ Il n'existe pas de nom commun correspondant à l'âge adulte comme il en existe pour les jeunes *(la jeunesse)*, les adolescents *(l'adolescence)*, les vieux *(la vieillesse)*.

### Étymologie
- *gen*, lorsqu'il est suivi de *-aire*, est l'élément latin qui signifie : qui a X fois dix ans (*quadrag<u>én</u>aire* : âgé de quatre fois dix ans).
- Pour : trois fois dix ans, la formation latine n'existe pas. On dit : *trentenaire*.
- Le français contemporain a tendance à transférer la formation de *trentenaire* sur les autres âges : *les quarantenaires, les cinquantenaires, les soixantenaires.*

- le troisième âge : l'âge de la retraite
- le quatrième âge : au-delà de 75 ans
- les personnes âgées
- la vieillesse, la sénescence

*Quelle différence ?*
- **la gérontologie** : l'étude de la vieillesse et du vieillissement dans leurs aspects médicaux, psychologiques et sociaux
- **la gériatrie** : la discipline médicale spécialisée dans les maladies des personnes âgées

### Classer les groupes d'âge
- une classe d'âge : toutes les personnes de même âge (nées la même année)
- une tranche d'âge : toutes les personnes d'un âge compris entre deux limites (de tel âge à tel âge)
- la pyramide des âges : la représentation graphique de la répartition par âge d'un groupe d'individus à une date déterminée

## L'âge et la loi

- l'âge nubile, l'âge de la nubilité : en droit, l'âge fixé pour autoriser le mariage (15 ans pour les filles, 18 ans pour les garçons en France)
- l'âge légal : l'âge fixé par la loi pour l'exercice des droits civiques ou politiques (le droit de vote par exemple, fixé à 18 ans en France)
- majeur, un majeur, la majorité : l'âge à partir duquel on est légalement responsable (18 ans en France)
- mineur, un mineur, la minorité

### Façons de dire

- **dans la fleur de l'âge** : jeune
- **l'âge ingrat, l'âge bête** : la fin de l'enfance, le début de l'adolescence
- **l'âge mûr** : l'âge qui suit la jeunesse et précède la vieillesse ; la maturité
- **la force de l'âge** : la pleine possession de ses capacités
- **entre deux âges** : ni jeune ni vieux
- **un âge canonique** : un âge respectable (autrefois, *l'âge canonique* était fixé à 40 ans. C'est à cet âge seulement – sa jeunesse étant passée ! – qu'une femme était autorisée à devenir servante d'un ecclésiastique).
- avoir **un certain âge** : n'être plus très jeune
- **prendre de l'âge** : vieillir
- **le bénéfice de l'âge** : l'avantage retiré du fait qu'on est le plus âgé (*élu au bénéfice de l'âge*)
- **être dans sa vingtième année** : avoir dix-neuf ans révolus

Que la force de l'âge soit avec toi.

## 187 Le vocabulaire de la parenté

### La famille

- les membres d'une famille, le foyer
- la famille nucléaire ou conjugale : le père, la mère et les enfants non mariés
- une famille recomposée : une famille conjugale où certains des enfants sont issus d'une union antérieure de l'un et/ou l'autre des conjoints
- une famille monoparentale : une famille où il n'y a qu'un seul parent (le plus souvent la mère)
- les parents, le père, la mère, engendrer, la progéniture (vieilli)
- les enfants, le fils, la fille, le frère, la sœur, fraternel
- les frères germains : nés du même père et de la même mère
- les frères et sœurs consanguins : nés du même père
- les frères et sœurs utérins : nés de la même mère
- un enfant par adoption, un enfant légitime, le père biologique, la mère biologique, le père adoptif, la mère adoptive
- la fratrie, l'aîné, le cadet, le benjamin, des jumeaux
- le patronyme : le nom de famille

*Étymologie*

- **germain** a pour origine le latin *germen, germinis* : qui est de la même souche, du même germe. C'est aussi l'origine des prénoms *Germain* et *Germaine*.

### Le degré de parenté

- être parents, apparentés, alliés
- la parenté
- la parenté par alliance : gendre, belle-fille (ou bru), beau-père, belle-mère, beau-frère, belle-sœur
- les (arrière-)grands-parents : (arrière-)grand-père, (arrière-)grand-mère, (arrière-)petits-enfants, (arrière-)petit-fils, (arrière-)petite-fille
- (arrière-)(grand-)oncle, (arrière-)(grand-)tante, (arrière-)(petit-)neveu, (petite-)nièce, (petit[e]-)cousin(e) germain(e), cousin(e) issu(e) de germain, arrière-cousins
- le remariage : beau-fils, belle-fille, beau-père, belle-mère, marâtre (vieilli), demi-frère, demi-sœur
- les conjoints

*Curiosité*

- **parenté** : 1. l'ensemble des parents ; 2. le fait d'être apparenté.

*Quelle différence ?*

- **conjugal** : relatif aux relations entre les époux (*lien conjugal*)
- **matrimonial** : relatif au mariage (*régime matrimonial*)

Les vocabulaires par thèmes

## La filiation

- la postérité, les descendants
- la généalogie, un arbre généalogique, les branches maternelle, paternelle, la deuxième, troisième... génération
- l'origine, les racines, la souche, le berceau de la famille
- la lignée : les parents par descendance
- la ligne directe
- la ligne collatérale, les collatéraux : les descendants d'un frère, d'une sœur ou de cousins
- les ascendants
- la dynastie : la lignée d'une famille royale

### Quelle différence ?

- **les ancêtres** : ascendants plus éloignés que le grand-père
- **les aïeul(e)s** : (arrière-)grand-père ou (arrière-)grand-mère. Mais le mot est vieilli et littéraire. Ne pas confondre avec *les aïeux* (toujours pluriel) : les lointains ancêtres dans l'Histoire.

### Quelle différence ?

- **l'hérédité** : transmission des caractères génétiques d'une génération à la suivante
- **l'atavisme** : forme d'hérédité discontinue qui « saute » une ou plusieurs générations

### Façons de dire

- **le foyer** : le lieu où vit la famille ; la famille elle-même. *Le foyer fiscal* : l'unité retenue pour le calcul de l'impôt sur le revenu.
- **les liens du sang, la voix du sang** : les liens familiaux, l'instinct affectif familial
- **un air de famille** : une ressemblance
- **le côté** maternel, paternel
- **descendre de...**
- parents au **premier, deuxième... degré**

## 188 Le vocabulaire du climat et des saisons

### Le cycle des saisons
- le printemps, printanier
- l'été, estival
- l'automne, automnal
- l'hiver, hivernal

> ⊕ On prononce *automne* [ɔtɔn] ou [otɔn] et *automnal* [ɔtnal] ou [otɔnal].

- le solstice : l'époque de l'année où la durée du jour est la plus longue ou la plus courte
- l'équinoxe : chacune des deux périodes de l'année où le jour a une durée égale à celle de la nuit
- une saison précoce, une saison tardive

### La météorologie
- les phénomènes météorologiques : les températures, les précipitations, l'ensoleillement, le vent
- un anticyclone : les hautes pressions atmosphériques
- une dépression : les basses pressions atmosphériques

> **Curiosité**
> - **la météorologie** : 1. l'étude des phénomènes atmosphériques ;
> 2. les phénomènes eux-mêmes ;
> 3. l'organisme chargé de l'étude de ces phénomènes.

- une perturbation, une éclaircie, une accalmie
- un temps couvert, un temps clair, un temps variable
- les précipitations : la pluie, la neige, la grêle
- la canicule, une chaleur torride
- l'amplitude thermique
- la température
- le thermomètre : il mesure la température
- le baromètre : il mesure la pression atmosphérique
- l'hygromètre : il mesure le degré d'humidité de l'air
- l'anémomètre : il mesure la vitesse du vent

### Les climats
- le climat chaud : équatorial, océanien, tropical

> ⊕ *la climatisation (la clim)* : *climat* est pris ici au sens d'atmosphère, d'ambiance.

- le climat froid : polaire, groenlandais, islandais
- le climat océanique : le climat qui subit l'influence de l'océan (un climat tempéré)

- le climat continental : le climat des régions éloignées de l'influence océanique (un climat tempéré froid)
- le climat équatorial : chaleur constante, humidité et pluies régulières
- le climat tropical : absence de périodes froides avec au moins trois mois pluvieux et chauds
- le climat maritime : le climat des régions proches de la mer

### Étymologie

- **acclimater** est formé du mot *climat* et signifie : habituer un animal (ou une plante) à un nouveau climat.
- Un **jardin d'acclimatation** était autrefois ce que nous appelons aujourd'hui un parc zoologique ou un zoo.

### Façons de dire

- La température monte, descend, chute, grimpe... Elle est en baisse, en hausse, stationnaire.
- **le ressenti de la température** : la température extérieure ressentie par le corps sous l'effet du vent. Elle est environ de 3 °C en dessous de la température réelle enregistrée.
- **un temps de saison** : l'état du climat et de la nature correspondant à ce que l'on attend à une certaine période de l'année. En général, *ce n'est pas un temps de saison* !
- Il faut dire : **les températures maximales, minimales** (et non *les températures maximum, minimum*).

## 189 Le vocabulaire du conte

### Conter
- un conteur, une conteuse
- narrer, un narrateur, une narratrice
- l'auditoire
- une fable, fabuleux
- une saga : un récit, une légende en prose de la littérature scandinave
- le folklore : les traditions populaires d'un pays (les contes et les légendes en font partie)

> **Quelle différence ?**
> - **les contes** : récits de faits, d'aventures imaginaires à caractère merveilleux
> - **les légendes** : récits à caractère merveilleux où des faits historiques sont transformés par l'imagination populaire ou poétique

- le merveilleux : ce qui possède un caractère surnaturel inexplicable (favorable au héros)

### Les personnages
- l'ogre, la sorcière, le dragon
- la sirène
- la fée
- le nain
- l'enchanteur, le magicien, le mage
- le prince charmant, la princesse
- le roi, la reine, la marâtre (belle-mère)
- le héros
- l'aventure, l'épreuve, la quête

### Les objets et les pouvoirs magiques
- la baguette magique, l'anneau, le miroir
- le philtre : un breuvage magique
- la poudre magique
- le talisman : un objet auquel sont attribuées des vertus magiques de protection
- le charme, le sort, l'enchantement
- la transformation
- un sortilège : une action magique
- un maléfice : un sortilège malfaisant

> ✚ Dans l'expression *comme par enchantement*, enchanter conserve son sens fort (effectuer une opération magique), qu'il a totalement perdu dans *enchanté de faire votre connaissance*.

## Les esprits

- les génies : les esprits détenteurs de pouvoirs magiques
- les esprits follets : les lutins, les farfadets
- les elfes : les esprits de l'air dans le folklore scandinave
- les trolls : les lutins des montagnes et des forêts dans les légendes scandinaves
- les kobolds : les génies familiers, gardiens des métaux précieux dans les légendes germaniques
- les nixes (ou ondines) : les génies des eaux dans les légendes germaniques
- les djinns : les esprits de l'air, esprits bienfaisants ou démons dans les contes arabes
- les korrigans : les esprits tantôt malfaisants tantôt bienveillants dans les légendes bretonnes
- les gnomes : les gardiens des trésors de la terre, dans la tradition cabaliste

### Façons de dire

- **des contes à dormir debout** : des histoires invraisemblables
- **avoir des doigts de fée** : effectuer un travail manuel avec finesse et une grande adresse
- **une fée du logis** : une personne qui s'occupe admirablement de sa maison (le masculin n'existe pas)
- **le griot** : le poète, conteur et sorcier africain

## 190 Le vocabulaire du spectacle de théâtre

### Jouer
- une pièce de théâtre
- jouer, interpréter
- la distribution, distribuer : répartir les rôles entre les interprètes
- le premier rôle, les seconds rôles, les figurants
- répéter, les répétitions
- la (répétition) générale : la dernière répétition d'ensemble avant la première séance publique ; elle est réservée à la presse
- la couturière : la dernière répétition avant la générale ; elle permet aux couturières de faire les dernières retouches aux costumes

### Les métiers du théâtre
- le metteur en scène
- le scénographe, le décorateur : il conçoit les aménagements matériels de la mise en scène (l'espace, le décor…)
- l'éclairagiste : il conçoit les lumières d'un spectacle
- le costumier
- le régisseur : la personne responsable de l'organisation matérielle d'un spectacle
- l'acteur, le comédien, les interprètes

### Les représentations
- en matinée : de 14 h 30 à 16 heures
- en soirée : de 19 h 30 à 21 heures
- une pièce se joue, une pièce est à l'affiche
- une création : la première interprétation d'un rôle, la première mise en scène d'une pièce
- une reprise, on reprend un spectacle : on le joue de nouveau après un certain délai
- une tournée
- frapper les trois coups : annoncer le lever du rideau
- les applaudissements
- un rappel
- un four : l'échec d'un spectacle

*Étymologie*

- Le mot *four* vient de ce que, lorsqu'une pièce n'avait pas de succès c'est-à-dire pas de spectateurs, on éteignait les lumières de la salle et de la scène. Il faisait alors *noir comme dans un four*.

## La scène

- le plateau : la scène où évoluent les acteurs
- les coulisses
- entrer (en scène), sortir (de scène)
- le rideau de scène

*Quelle différence ?*
- **côté cour** : partie de la scène située à la droite du spectateur
- **côté jardin** : partie de la scène située à la gauche du spectateur

- le manteau d'arlequin : la partie supérieure du cadre de la scène représentant une draperie en trompe-l'œil
- le trou du souffleur
- les cintres : l'espace situé au-dessus de la scène
- la rampe : la rangée d'éclairages placée sur le devant de la scène au niveau du sol
- la herse : la rangée d'éclairages suspendue au-dessus de la scène

## La salle

- l'orchestre, le parterre
- la corbeille, le balcon
- les loges
- la galerie, le paradis, le poulailler

*Curiosité*
- **les baignoires** : les loges du rez-de-chaussée dans un théâtre. Le nom vient de leur forme incurvée qui les fait ressembler à des baignoires.

*Façons de dire*
- **la pièce est tombée** : elle n'a eu que quelques représentations
- **on donne** telle pièce dans tel théâtre
- **une belle affiche** : de bons interprètes, une belle distribution
- **être sous les feux de la rampe** : être exposé aux regards, faire l'actualité
- **passer la rampe** : produire l'effet attendu sur le public

## 191 Le vocabulaire de la presse écrite

### Informer
- un journal, un magazine, une revue
- le journalisme
- l'information, les nouvelles
- la presse, les lecteurs
- la liberté de la presse, la censure
- le délit de presse : la diffusion de fausses nouvelles, la diffamation
- une campagne de presse
- un scoop : une nouvelle importante ou sensationnelle dont un journaliste a l'exclusivité et qui est publiée en priorité

### L'administration, la direction, la rédaction
- l'administrateur, le directeur
- les rédacteurs, le rédacteur en chef, le secrétaire de rédaction
- la rédaction : l'ensemble des rédacteurs

*Curiosité*
- l'**ours** : encadré où figurent les noms de l'imprimeur, des responsables de la fabrication, du directeur de la publication, des rédacteurs, etc. Il doit être présent dans chaque exemplaire du journal.

### La périodicité
- un périodique
- un quotidien : il paraît tous les jours
- un hebdomadaire : il paraît toutes les semaines
- un bihebdomadaire : il paraît deux fois par semaine
- un mensuel : il paraît tous les mois
- un bimensuel : il paraît deux fois par mois
- un bimestriel : il paraît tous les deux mois

### Les journalistes
- l'envoyé spécial
- le correspondant (permanent)
- le critique
- le chroniqueur, la chroniqueuse
- le pigiste : une personne rétribuée au nombre de lignes écrites, de textes fournis
- le reporter : le journaliste spécialisé dans le reportage

**N. ORTH.** D'après les Rectifications orthographiques (1990), on doit écrire : *un reporteur* et *une reportrice*.

## Une page
- la une : la page une du journal
- le titre, la colonne, le gros titre
- la manchette : le titre en très gros caractères à la une du journal
- le chapeau : l'essentiel de l'information, placé en tête de l'article (après le titre)
- le ventre : le centre de la page une, où se trouvent les articles
- le rez-de-chaussée : le pied de page
- le cheval : le début d'un article à la une qui continue en page intérieure

## Les articles
- l'article de tête
- l'éditorial : le commentaire du responsable de la publication, qui donne l'opinion générale du journal
- la chronique : un article régulier dans un domaine particulier
- l'analyse, le compte rendu, l'interview, l'enquête
- le reportage : les informations recueillies par un journaliste sur le lieu de l'événement
- les faits-divers : des informations sur des faits quotidiens (accidents, vols...)
- le filet : court article de 20 à 25 lignes, comportant un titre
- la brève : information de 10 à 15 lignes, sans titre
- un papier (argot de la presse) : un article
- la revue de presse : des extraits d'articles de différents journaux sur l'actualité
- le courrier des lecteurs

## La diffusion
- le tirage : l'ensemble des exemplaires tirés (imprimés) en une fois
- l'abonnement
- les messageries (de presse) : l'organisme chargé de la distribution et de la vente des journaux
- le distributeur, le kiosque

### *Curiosité*
- une hémérothèque : une bibliothèque où l'on conserve les journaux (du grec *hêmera* : jour)

### *Façons de dire*
- **boucler une édition** : terminer la composition avant la fabrication
- **les dates de parution** d'un périodique
- **les coupures de presse** : les articles découpés dans les journaux
- **la presse** : les journalistes (métonymie → 122) *(convoquer la presse)*

## 192 Le vocabulaire de la prison

**Emprisonner**

- incarcérer

- écrouer : inscrire sur le registre d'écrou (procès-verbal mentionnant la date et la cause de l'emprisonnement)

➕ *interner* s'emploie pour l'enfermer par mesure administrative *(interner des réfugiés dans un camp)* ou pour un placement dans un hôpital psychiatrique

- la détention, les conditions de détention

- le milieu carcéral, la surpopulation carcérale

### Quelle différence ?
- **le régime pénitentiaire** : relatif aux détenus
- **le régime carcéral** : relatif à la prison

**Les lieux de détention**

- un établissement pénitentiaire

### Quelle différence ?
- **une maison d'arrêt** : la prison où sont incarcérées les personnes placées en détention provisoire et les condamnés à de courtes peines
- **une maison centrale** : la prison où sont incarcérés les détenus condamnés à des peines de plus d'un an

**Le personnel pénitentiaire**

- un directeur de prison, les surveillants, les gardiens de prison

➕ *geôle* et *geôlier* ne sont plus utilisés aujourd'hui. Ils sont devenus littéraires.

- les éducateurs : chargés des activités sociales et éducatives

- les instructeurs techniques, les chefs de travaux

**Les prisonniers**

- un détenu, un codétenu
- un prisonnier de droit commun, un prisonnier politique
- un déporté, un relégué

**Les bâtiments**

- le mur d'enceinte, la cour, la promenade, le parloir
- les cellules, le cachot (*fam.* le mitard)
- le régime cellulaire : les prisonniers sont isolés, enfermés dans des cellules séparées

## La libération

- relâcher, libérer
- une libération : la mise en liberté d'un détenu après l'expiration de sa peine
- la libération conditionnelle : la mise en liberté sous certaines conditions
- la libération anticipée : une libération qui intervient avant la date fixée
- l'Observatoire international des prisons

### Quelle différence ?

- la relaxe : (terme de droit) la remise en liberté d'un détenu *(La relaxe est prononcée par le tribunal.)*
- l'élargissement : la mise en liberté d'un détenu demandée par l'avocat et constatée par la levée d'écrou → 48

### Façons de dire

- se constituer prisonnier : se livrer à la police
- purger une peine de prison : effectuer sa peine jusqu'à la date fixée
- être en taule/au trou/en cabane (argot) : être en prison
- se faire la belle (argot) : s'évader

## 193 Le vocabulaire de la justice

### Les tribunaux

- une juridiction : l'ensemble des tribunaux
- une juridiction administrative ou civile
- une juridiction pénale : elle concerne les infractions, les délits et les crimes
- un tribunal civil : tribunal de commerce, tribunal d'instance, conseil de prud'hommes
- un tribunal de police : il juge les contraventions
- un tribunal correctionnel : il juge les délits
- une cour d'assises : elle juge les crimes

### La justice pénale

- une procédure : l'ensemble des règles à observer dans certaines situations judiciaires
- une requête : une demande auprès d'une juridiction pour obtenir une décision provisoire
- un justiciable : qui peut être jugé
- la majorité pénale : l'âge à partir duquel une personne devient responsable devant la justice (18 ans, en France)

- une comparution, comparaître : se présenter sur ordre de justice
- une assignation : l'ordre de se présenter devant un juge en tant que défendeur ou témoin
- déférer : présenter quelqu'un devant l'autorité judiciaire compétente
- un procès
- le Parquet : les magistrats du ministère public (qui soutiennent l'accusation)

### *Étymologie*
- **un procès** a d'abord désigné, et désigne encore, une progression ou une façon de *procéder*. Pour éviter toute ambiguïté, on préférera le mot *procès* pour l'affaire traitée en justice et le mot *processus* pour le développement progressif.

### *Quelle différence ?*
- **un demandeur, une demanderesse** : une personne qui engage une action en justice
- **un défendeur, une défenderesse** : une personne contre laquelle est intentée une action en justice

## Les infractions
- les contraventions : les infractions sanctionnées par une amende
- les délits : les infractions punies d'une peine correctionnelle (vol, conduite en état d'ivresse…)
- les crimes : les infractions graves jugées par une cour d'assises. Il peut y avoir crime sans qu'il y ait meurtre ; par exemple, le viol est un crime.
- un homicide : l'action, pour un être humain, de tuer un autre être humain
- un meurtre : un homicide volontaire commis avec ou sans préméditation
- un assassinat : un homicide volontaire commis avec préméditation

## Les procédures
- mise en examen : l'envoi devant le juge d'instruction d'une personne soupçonnée d'un crime ou d'un délit
- un prévenu : une personne citée à comparaître devant le tribunal de police ou le tribunal correctionnel
- un accusé : une personne envoyée devant la cour d'assises
- les chefs d'accusation : les points sur lesquels porte l'accusation

## Les décisions de justice

- **une ordonnance** : une décision émanant d'un juge unique (par exemple, une ordonnance de non-lieu)
- **une sentence** : un jugement rendu par un tribunal d'instance (qui traite les litiges)
- **un non-lieu** : la décision par laquelle le juge d'instruction déclare qu'il n'y a pas lieu d'engager des poursuites
- **le verdict** : la déclaration par laquelle un jury d'assises répond, après délibération, aux questions posées par la cour (culpabilité ou acquittement)
- **un jugement** : une décision de justice émanant d'un tribunal

> *Quelle différence ?*
> - **la relaxe** : la décision par laquelle un prévenu accusé de délit est remis en liberté
> - **l'acquittement** : le verdict par lequel un accusé est déclaré non coupable par une cour d'assises

> *Façons de dire*
> - **aller en** justice, **saisir** la justice, **poursuivre en** justice
> - La justice **tranchera**.
> - Lorsque l'on fait appel en cour d'appel, on doit **interjeter appel**.
> - Tout homme est **présumé innocent** tant qu'il n'a pas été **déclaré coupable**.

## 194 Le vocabulaire de l'avocat

### La profession d'avocat

- un avocat, une avocate
- un confrère, une consœur
- maître : le nom donné à l'avocat lorsqu'on s'adresse à lui.
Une avocate est aussi appelée maître.

> ⊕ *Maître* est abrégé *Mᵉ* à l'écrit : *Mᵉ Pinard.*

- une profession libérale
- un cabinet d'avocat
- un avocat d'affaires, un avocat-conseil
- un avocat (commis) d'office : désigné pour défendre une personne dans un procès pénal
- un dossier
- des honoraires
- la consultation d'un avocat

## L'ensemble des avocats

- l'avocature : le statut d'avocat
- le barreau : l'ensemble des avocats auprès d'un même tribunal → 122
- l'ordre des avocats : l'ensemble des avocats inscrits à un barreau
- le conseil de l'ordre
- le bâtonnier : il préside le conseil de l'ordre

### Quelle différence ?

- l'avocat général (le procureur) : il n'est pas avocat mais fonctionnaire, membre du ministère public. Il représente la société et réclame les sanctions dans un réquisitoire.
- l'avocat : il défend son client dans une plaidoirie.

## Le procès

- défendre
- plaider, une plaidoirie
- un tribunal
- une audience : la séance d'un tribunal
- la robe d'avocat
- un client
- instruire : mettre une affaire en état d'être jugée
- le palais de justice, le palais
- se présenter à la barre
- représenter son client
- l'éloquence, la persuasion

### Curiosité

- la parlote : local où les avocats peuvent s'entretenir au palais

### Quelle différence ?

- une affaire : ce qui fait l'objet d'un procès (L'*affaire* a été instruite, plaidée et jugée.)
- une cause : l'affaire que plaide l'avocat

### Curiosité

- se faire l'avocat du diable : apporter la contradiction dans un débat en plaidant contre ses propres convictions

### Façons de dire

- nous... : dans sa plaidoirie, l'avocat s'associe souvent à son client en utilisant le pluriel *nous*.
- plaider : 1. (intransitif) prononcer une plaidoirie (*plaider* longuement) ; 2. (transitif) faire valoir dans une plaidoirie (*plaider* la légitime défense).
- les effets de manche : gestuelle de l'avocat qui utilise les larges manches de sa robe pour souligner ses propos et produire certains effets
- la défense : les avocats
- les jours de palais : les jours où l'on plaide

## 195 Le vocabulaire de la grève

### Se mettre en grève

- cesser le travail
- un préavis de grève : l'annonce préalable de la grève que la loi impose de donner dans certains délais
- débrayer, un débrayage : un mouvement de grève, la cessation du travail
- un mot d'ordre de grève : les consignes et les décisions prises en commun concernant la grève
- le droit de grève

*Étymologie*
- Pour l'origine du mot **grève** → 49.

### Les grévistes

- un collectif : un groupe de personnes réunies pour exprimer des revendications sociales et décider des mots d'ordre

*Curiosité*
- un jaune : nom péjoratif donné à un briseur de grève (référence aux organisations, dont l'emblème était jaune, créées en France en 1899 pour s'opposer aux syndicats ouvriers)

- un syndicat : association qui a pour but la défense d'intérêts professionnels
- un piquet de grève : un groupe de grévistes postés devant leur entreprise pour veiller à l'application des mots d'ordre
- un briseur de grève : une personne qui continue de travailler alors qu'une grève a été décidée
- une réquisition : une situation où le gouvernement impose à certains personnels grévistes de travailler (les personnels de santé, en particulier)

### Les types de grève

- une grève générale, une grève partielle
- la grève du zèle : l'application stricte des consignes afin de ralentir l'activité
- une grève sauvage : une grève spontanée, sans contrôle ni organisation
- une grève perlée : une interruption ou un ralentissement concerté du travail à un certain stade de la production
- une grève tournante : une grève qui affecte successivement les différents secteurs de la production
- une grève sur le tas : une grève avec occupation du lieu de travail
- une grève surprise : une grève sans préavis

*Façons de dire*
- appeler à la grève
- se mettre en grève, faire grève, être en grève
- La grève se durcit. La grève s'enlise.
- cesser la grève, arrêter la grève
- la base : l'ensemble des grévistes par rapport aux dirigeants syndicaux (*consulter la base*)

## 196 Le vocabulaire des élections

### Les électeurs

- un électeur, une électrice
- éligible : qui répond aux conditions nécessaires pour se présenter à une élection
- un candidat, se présenter
- un parti politique : un groupe organisé dont les membres partagent le même projet politique
- un sympathisant : une personne qui participe à l'action d'un parti sans pour autant être membre de ce parti
- un adhérent : une personne qui paie une cotisation à un parti et possède une carte de membre
- un militant : un adhérent actif
- le droit de vote, la majorité
- la liste électorale
- le corps électoral : l'ensemble des électeurs

**Quelle différence ?**
- **un inscrit** : personne dont le nom est inscrit sur les listes électorales
- **un votant** : électeur ayant effectivement participé au vote

### Les élections

- l'élection présidentielle : l'élection du président de la République
- les élections législatives : l'élection des députés
- les élections sénatoriales : l'élection des sénateurs
- les élections cantonales, les élections municipales
- les élections européennes
- une consultation électorale : un référendum ou une élection
- un référendum : le vote direct des citoyens pour approuver ou rejeter une mesure proposée par le pouvoir exécutif

### Les différents types de suffrage

- le suffrage universel : le corps électoral est constitué de tous les citoyens en capacité de voter
- le suffrage indirect : le candidat est élu par des représentants eux-mêmes élus par le corps électoral

**Curiosité**
- **les suffragettes** : surnom donné aux militantes féministes qui réclamaient le droit de vote pour les femmes, notamment en Angleterre au début du XX$^e$ siècle

- le suffrage direct : l'électeur vote lui-même pour le candidat à élire

## Les modes de scrutin

- le scrutin majoritaire : le candidat (ou la liste) qui a obtenu le plus grand nombre de suffrages est élu
- la majorité absolue : le candidat (ou la liste) qui a obtenu la moitié des suffrages plus un est élu
- la majorité relative : le candidat (ou la liste) qui a obtenu le plus de suffrages est élu
- le candidat sortant : un candidat qui se présente à nouveau aux élections à la fin de son mandat
- une campagne électorale, un programme, des réunions, des débats, des meetings

## L'organisation du scrutin

- le bureau de vote, le président, les scrutateurs (qui participent au dépouillement d'un scrutin)
- l'isoloir : la cabine où l'électeur fait son choix à l'abri des regards
- l'urne, le bulletin
- la participation, le taux de participation
- l'abstention : l'absence de participation à une élection
- le vote par procuration : un électeur donne à un autre électeur le pouvoir de voter en son nom

## Le dépouillement

- dépouiller : compter les bulletins pour connaître le résultat d'une élection
- les suffrages exprimés : le nombre de bulletins obtenu sans compter les abstentions et les bulletins nuls
- un ballottage : lorsque aucun candidat n'obtient la majorité des voix au premier tour de scrutin, un deuxième tour est organisé
- invalider une élection : la déclarer nulle, non valable

### *Quelle différence ?*

- **le bulletin blanc** : bulletin qui ne porte aucun nom. *Vote blanc* : aucun bulletin n'est glissé dans l'enveloppe servant à voter.
- **le bulletin nul** : bulletin de vote surchargé ou déchiré

### *Façons de dire*

- Familièrement, on dit **voter un tel** à la place de **voter pour un tel**.
- Chaque séance de scrutin est un **tour de scrutin**. L'entre-deux-tours désigne la période qui sépare deux scrutins pour une même élection.
- Les ellipses sont courantes dans le vocabulaire des élections :
la **campagne** (électorale), les (élections) **législatives, municipales**.

## 197 Le vocabulaire de l'organisation politique

### État et nationalité

- un État fédéral, une fédération : une union volontaire d'États qui forment un ensemble politique (chaque État conserve une autonomie législative, mais tous ont la même politique étrangère)
- la nationalité : l'appartenance juridique d'une personne à la population d'un État
- la citoyenneté : la jouissance des droits civiques attachés à la nationalité (droit de vote, accès aux fonctions publiques…)

*Quelle différence ?*
- **une nation** : communauté, installée généralement sur le même territoire, qui se caractérise par une histoire et une culture communes, une unité linguistique, des intérêts économiques communs
- **un État** : nation organisée, administrée par un gouvernement

### Les régimes politiques

- un régime : la forme de gouvernement d'un État dans son organisation politique, économique et sociale
- une république : une forme de gouvernement où le pouvoir n'est pas détenu par un seul homme et où la fonction de chef de l'État n'est pas héréditaire
- une démocratie, un État pourvu d'institutions démocratiques : le peuple élit ses représentants, les lois garantissent le respect de la liberté et l'égalité des citoyens
- une constitution : l'ensemble des textes qui fixent les règles de l'organisation politique d'un pays
- gouverner
- une monarchie constitutionnelle : une monarchie dans laquelle le roi ou la reine règne mais ne gouverne pas

### Gouverner en France sous la V<sup>e</sup> République

- les députés : élus au suffrage direct, ils forment l'Assemblée nationale (appelée aussi Chambre des députés)
- les sénateurs : élus par des représentants (députés, conseillers généraux…), ils forment le Sénat
- le Parlement : les deux Assemblées (l'Assemblée nationale et le Sénat). Si un projet de révision de la Constitution est soumis au Parlement, celui-ci est alors convoqué en Congrès.

Les vocabulaires par thèmes

- le gouvernement : l'ensemble des ministres collectivement responsables devant le Parlement
- les lois : les règles obligatoires établies par la législation et sanctionnées par la force publique
- les ordonnances : les textes législatifs émanant du pouvoir exécutif
- les décrets : les règlements d'administration publique pris par le président de la République ou le Premier ministre
- les arrêtés : les décisions écrites qui émanent d'une autorité administrative
- le président de la République : le chef de l'État
- le Premier ministre : le chef du gouvernement

### *Les majuscules*

- On met une majuscule aux institutions : la **R**épublique *française*, *l'***A**ssemblée *nationale* (l'adjectif ne prend pas la majuscule). Pour les titres et les fonctions, s'ils sont déterminés ou qualifiés par un nom ou un adjectif, on met la majuscule au mot qui est considéré comme le nom propre : *le président de la **R**épublique, le **P**remier ministre*.

- Lorsqu'un mot est polysémique, la majuscule permet de signaler l'acception politique du mot : *un état ≠ l'**É**tat, la chambre ≠ la **C**hambre, l'assemblée ≠ l'**A**ssemblée* → 113.

- les ministres : nommés par le président de la République sur la proposition du Premier ministre
- une motion de censure : un texte par lequel l'Assemblée nationale critique l'action du gouvernement. Si la motion est adoptée par la majorité des députés, le Premier ministre doit remettre la démission du gouvernement au président de la République.
- une question de confiance : le gouvernement engage sa responsabilité devant l'Assemblée qui étudie la vie de l'État et de ses institutions. Il demande à l'Assemblée d'approuver son action.
- un politologue : qui étudie la vie de l'État et de ses institutions

### *Façons de dire*

- les **articles** de loi
- Le président de la République **désigne** le Premier ministre.
- Le président de l'Assemblée nationale dirige les débats sur le **perchoir** de l'Assemblée. Le président du Sénat dirige les débats sur le **plateau** du Sénat.

ÉVITER LES PIÈGES

# QUIZ

1. Champollion a-t-il *déchiffré* ou *défriché* les hiéroglyphes ? → 199
2. La partie visible d'un iceberg est-elle la partie *émergée* ou la partie *immergée* ? → 199
3. Déconseiller l'usage, est-ce *prescrire* ou *proscrire* ? → 199
4. Une *amande* et une *amende* : ces deux homonymes sont-ils *homographes* ou *homophones* ? → 201
5. Qu'est-ce qu'une *bière* quand il ne s'agit pas d'une boisson ? → 201
6. Que signifie *censé* dans *Nul n'est censé ignorer la loi* ? → 203
7. Quel est le sens du mot *différend* ? → 203
8. Pourquoi les mots *divulguer publiquement* font-ils double emploi ? → 204
9. Que faut-il éviter de dire : *faites encore*, *refaites* ou *refaites encore* ? → 205
10. Une célébrité accorde-t-elle *un interview* ou *une interview* ? → 206
11. La pieuvre a-t-elle de *longues tentacules* ou de *longs tentacules* ? → 207
12. Quelle différence sépare *une parallèle* d'un *parallèle* ? → 208
13. Doit-on écrire la *cour d'assise* ou la *cour d'assises* ? → 209
14. Faut-il dire d'*épais ténèbres* ou d'*épaisses ténèbres* ? → 209
15. Doit-on écrire un *dépassement d'honoraires* ou un *dépassement d'honoraire* ? → 210

# Les paronymes : des mots à ne pas confondre

Il est essentiel, pour ne pas mettre sa santé en danger, de savoir si le médecin *a prescrit* ou s'il *a proscrit* tel type de médicament. Les deux verbes ont en effet des sens opposés. Pourtant ils se ressemblent et on peut être tenté de les prendre l'un pour l'autre. Ce sont des paronymes.

## 198 Qu'est-ce qu'un paronyme ?

Un paronyme (du grec *para* : à côté de et *onoma* : nom) est un **mot proche d'un autre par la forme mais différent par le sens**.
~ *éruption* et *irruption*

La ressemblance trompeuse entre les mots paronymes est à l'**origine de fréquentes erreurs**. Les confusions tiennent à quelques détails, mais ces détails sont déterminants pour le sens.

Les **différences** peuvent porter sur :
- le **préfixe** : *opposition* et *apposition* ;
- le **radical** : *déchiffrer* et *défricher* ;
- une **syllabe** : *perpétuer* et *perpétrer* ;
- une **lettre** : *prodige* et *prodigue*.

## 199 Les principaux paronymes

*abjurer* et *adjurer*
- abjurer : renoncer solennellement à une religion, à une opinion *(Henri IV a abjuré la religion protestante.)*
- adjurer : supplier avec insistance *(On l'adjurait de ne pas céder.)*

*l'acceptation* et *l'acception*
- l'acceptation : le fait d'accepter, de consentir *(Il n'a pas donné son acceptation.)*
- l'acception : le sens dans lequel un mot est employé *(Un mot peut avoir une acception figurée.)*

### *affliger* et *infliger*

- **affliger** : attrister *(Cette triste nouvelle l'a beaucoup affligé.)*
- **infliger** : imposer, faire subir *(On lui a infligé une lourde amende.)*

### *une allocation* et *une allocution*

- **une allocation** : une somme versée par un organisme social *(l'allocation de rentrée scolaire)*
- **une allocution** : un discours *(prononcer une brève allocution)*

### *une allusion* et *une illusion*

- **une allusion** : un sous-entendu *(parler par allusion)*
- **une illusion** : une apparence ; une croyance dénuée de réalité *(le théâtre, royaume de l'illusion ; se faire des illusions)*

### *une amnistie* et *un armistice*

- **une amnistie** : l'acte par lequel le pouvoir législatif annule les condamnations *(L'amnistie des contraventions n'est pas à l'ordre du jour.)*
- **un armistice** : en temps de guerre, la suspension des hostilités par un accord mutuel *(L'armistice du 11 novembre 1918.)*

### *des attentions* et *des intentions*

- **des attentions** : les marques d'intérêt et de délicatesse envers quelqu'un *(entourer d'attentions affectueuses)*
- **des intentions** : des projets, des résolutions *(faire connaître ses intentions pour l'avenir)*

### *une avarie* et *une avanie*

- **une avarie** : des dégâts causés au cours d'un transport maritime ou aérien *(une escale nécessaire pour réparer les avaries)*
- **une avanie** : une humiliation, un affront public *(les avanies subies lors des bizutages)*

### *se colleter avec* et *se coltiner*

- **se colleter avec** (langue soutenue) : se débattre *(se colleter avec les difficultés)*
- **se coltiner** (langue familière) : se charger de quelque chose, le plus souvent contre son gré *(Je me suis déjà coltiné tout le travail.)*

### *une collision* et *une collusion*

- **une collision** : un choc brutal *(Deux véhicules sont entrés en collision.)*
- **une collusion** : une entente secrète, une connivence *(On dénonce la collusion de la presse avec le pouvoir politique.)*

# Les paronymes : des mots à ne pas confondre

### *une conjoncture* et *une conjecture*
- **une conjoncture** : une situation qui résulte d'un ensemble de circonstances *(une conjoncture économique favorable)*
- **une conjecture** : une supposition, une hypothèse *(En l'absence de preuve, on ne peut se livrer qu'à des conjectures.)*

### *décerner* et *discerner*
- **décerner** : accorder une récompense *(Le jury a décerné l'oscar du meilleur film.)*
- **discerner** : percevoir, différencier *(discerner un changement ; discerner le vrai du faux)*

### *déchiffrer* et *défricher*
- **déchiffrer** : lire une langue inconnue, une écriture difficile ou une partition musicale *(Champollion a déchiffré les hiéroglyphes.)*
- **défricher** : nettoyer un terrain (en friche) pour le rendre cultivable *(défricher une forêt, une lande)*

### *décimer* et *disséminer*
- **décimer** : faire périr (une personne sur dix, d'après l'étymologie) *(Le fléau a décimé la population.)*
- **disséminer** : répandre, disperser *(des villas disséminées le long de la côte)*

### *le dénouement* et *le dénuement*
- **le dénouement** : le moment où se termine et se résout une intrigue, une affaire, une crise *(L'aventure a connu un dénouement heureux.)*
- **le dénuement** : l'état de celui qui manque du nécessaire *(Les réfugiés vivent dans le plus complet dénuement.)*

### *désaffecté* et *désinfecté*
- **désaffecté** : qui n'est plus affecté à sa vocation première *(Ces églises ont été désaffectées pendant la Révolution.)*
- **désinfecté** : qui a été assaini, purifié de tout germe d'infection *(La plaie doit être soigneusement désinfectée.)*

### *effleurer* et *affleurer*
- **effleurer** : toucher légèrement *(effleurer du bout des doigts)*
- **affleurer** : apparaître à la surface de l'eau ou du sol *(un rocher qui affleure)*

### *effraction* et *infraction*
- **effraction** : un bris de clôture ou de serrure *(vol avec effraction ; pénétrer par effraction)*
- **infraction** : une violation de la loi *(commettre une infraction au code de la route)*

### *élucider* et *éluder*
- **élucider** : rendre clair ce qui ne l'était pas *(Le mystère a finalement été élucidé.)*
- **éluder** : éviter un sujet, éviter de l'aborder *(Très gêné, il a préféré éluder la question.)*

### *émerger* et *immerger*
- **émerger** : sortir (de l'eau) *(La partie émergée de l'iceberg est celle que l'on voit.)*
- **immerger** : plonger dans l'eau *(La partie immergée de l'iceberg est celle que l'on ne voit pas.)*

### *éminent* et *imminent*
- **éminent** : supérieur, remarquable dans son domaine *(un éminent professeur de médecine)*
- **imminent** : sur le point de se produire, très proche *(un danger imminent ; une arrivée imminente)*

### *enduire* et *induire*
- **enduire** : recouvrir d'un enduit *(Le papier a été enduit de colle.)*
- **induire** : conduire quelqu'un à faire (une erreur) *(On l'a induit/Il a été induit en erreur.)*

### *erratique* et *hiératique*
- **erratique** : qui n'est pas fixe ; irrégulier (dans le temps et l'espace) *(un comportement erratique)*
- **hiératique** : raide, majestueux, solennel *(une pose hiératique)*

### *une éruption* et *une irruption*
- **une éruption** : un jaillissement, une poussée de matière *(Le volcan est en éruption. Une éruption cutanée.)*
- **une irruption** : une entrée en force de façon inattendue *(La police a fait irruption dans la salle.)*

### *évoquer* et *invoquer*
- **évoquer** : faire apparaître à l'esprit, rappeler au souvenir *(évoquer brièvement le problème)*
- **invoquer** : implorer, appeler à son secours, faire valoir en sa faveur *(invoquer la légitime défense)*

### *exalter* et *exulter*
- **exalter** : élever quelque chose ou quelqu'un au-dessus du niveau ordinaire *(Le spectacle était censé exalter le courage des soldats.)*
- **exulter** : être transporté de joie *(Il a réussi : il exulte.)*

### *importun* et *opportun*
- importun : qui dérange, qui tombe mal *(Une visite importune contrarie.)*
- opportun : qui vient à propos, qui tombe bien *(Une visite opportune fait plaisir.)*

### *l'imprudence* et *l'impudence*
- l'imprudence : le manque de prudence *(Partir ce soir serait une imprudence.)*
- l'impudence : l'arrogance, l'impertinence *(mentir avec impudence)*

### *inculper* et *inculquer*
- inculper : accuser *(La police l'a inculpé pour vol avec effraction.)*
- inculquer : enseigner, faire entrer dans l'esprit *(inculquer les bases de la lecture)*

### *infecter* et *infester*
- infecter : transmettre une infection *(La plaie s'est infectée.)*
- infester : envahir un lieu *(Le lieu est infesté de requins, de moustiques.)*

### *insoluble* et *indissoluble*
- insoluble : qui ne peut être dissous ; au sens figuré : qu'on ne peut pas résoudre *(Le problème est insoluble.)*
- indissoluble : qui ne peut être désuni *(Leurs liens d'amitié semblent indissolubles.)*

### *un inventaire* et *un éventaire*
- un inventaire : un recensement d'objets ; la description qui en est faite *(fermé pour cause d'inventaire ; l'inventaire des Monuments historiques)*
- un éventaire : l'étal extérieur d'une boutique où sont exposées des marchandises *(l'éventaire du fleuriste)*

### *luxuriant* et *luxurieux*
- luxuriant : qui se déploie avec abondance *(La végétation tropicale est luxuriante.)*
- luxurieux : qui se livre à la débauche *(un individu luxurieux)*

### *un percepteur* et *un précepteur*
- un percepteur : un fonctionnaire chargé du recouvrement des impôts directs *(Le contribuable a reçu un avis du percepteur au sujet de sa déclaration de revenus.)*
- un précepteur : un professeur chargé de l'instruction d'un enfant qui ne fréquente pas l'école *(Dans les familles russes, le précepteur devait parler aux enfants en français.)*

### *perpétuer* et *perpétrer*
- perpétuer : faire durer *(Le monument perpétue le souvenir des héros. Perpétuer une tradition.)*
- perpétrer : commettre (un acte criminel) *(Le crime a été perpétré à 9 heures.)*

### *prescrire* et *proscrire*
- prescrire : recommander *(suivre ce qui est prescrit sur l'ordonnance)*
- proscrire : interdire, condamner *(Au volant, la consommation d'alcool est proscrite.)*

### *prodige* et *prodigue*
- prodige : très doué *(un jeune pianiste prodige)*
- prodigue : qui donne en abondance *(être prodigue de compliments)*

### *proéminent* et *prééminent*
- proéminent : gros, qui avance, en relief *(La femme enceinte a un ventre proéminent.)*
- prééminent : supérieur, qui est au premier rang *(Le savant mérite une place prééminente dans la société.)*

### *prolifique* et *prolixe*
- prolifique : fécond, qui produit beaucoup *(Un écrivain prolifique produit de nombreux ouvrages.)*
- prolixe : trop long, bavard dans son discours *(Un écrivain prolixe écrit de façon diffuse, verbeuse.)*

### *stimuler* et *simuler*
- stimuler : inciter, pousser *(Un jeu stimule l'esprit d'observation.)*
- simuler : faire semblant, imiter l'apparence *(simuler une maladie, un sentiment)*

### *subvenir* et *survenir*
- subvenir : fournir ce qui est nécessaire, pourvoir *(Ils subviennent aux besoins de la famille.)*
- survenir : arriver brusquement *(À ce moment-là, les difficultés surviennent.)*

### *une suggestion* et *une sujétion*
- une suggestion : une proposition, une inspiration donnée *(J'attends une suggestion de votre part.)*
- une sujétion : un état de soumission *(Un traitement médical lourd représente une sujétion difficile à accepter.)*

# Les homonymes : des mots presque identiques

*Si six scies scient six cyprès…*
*Il était une fois une marchande de foie…*
*Les poules du couvent couvent…*
Les jeux sur les mots qui se ressemblent sont nombreux. Mais la ressemblance entre les mots peut aussi être source de confusions orthographiques ou d'erreurs sur le sens.

six scies

Sissi

## LES MOTS HOMONYMES

### 200 Qu'est-ce qu'un homonyme ?

Un homonyme est un **mot presque identique à un autre mot par sa forme mais différent par son sens**.

*la mer, la mère*
*un seau, un sceau, un saut, un sot*
*une agence, il agence*

L'homonymie **se distingue de la polysémie** → 110. En effet, deux homonymes ne sont pas un même mot dans deux sens différents mais bien **deux mots distincts**, même si ces mots ont une forme semblable. Dans la plupart des cas, le phénomène d'homonymie est dû au hasard.

- Les mots homonymes n'ont **aucun lien de sens** entre eux.

| HOMONYMES | SENS |
|---|---|
| *un verre* | pour boire |
| *un ver* | de terre |
| *un vers* | dans un poème |
| *la voix* | le son |
| *la voie* | le chemin |

- Les mots homonymes n'ont **aucun lien étymologique** entre eux.

| HOMONYMES | SENS | ORIGINE |
|---|---|---|
| *un bar* | établissement où l'on sert des boissons | l'anglais *bar-room* |
| | poisson de mer | le néerlandais *baers* |
| | unité de pression atmosphérique | le grec *baros* : pesanteur |
| *saint* | sanctifié, sacré | le latin *sanctus* |
| *sain* | en bonne santé, salubre | le latin *sanus* |
| *sein* | mamelle de la femme | le latin *sinus* |

## 201 Les différentes formes d'homonymie

On distingue différents types de mots homonymes.

### Les homonymes homophones

- Ils **se prononcent de la même façon** mais **ne s'écrivent pas de la même façon**. Ce sont les homonymes les plus nombreux.

  *une date, une datte*
  *une amande, une amende*
  *un poids, un pois*
  *un phare, un fard, un far*
  *trop, le trot*
  *car, quart*

### Les homonymes homographes

- Ils **s'écrivent de la même façon** mais **ne se prononcent pas de la même façon**.

  *nous portions* (verbe *porter*)        *des portions* (des parts)
      [pɔʀtjɔ̃]                              [pɔʀsjɔ̃]
  *les fils* (d'un tissu)                  *les fils* (les enfants)
      [fil]                                   [fis]

> ### Chat *ou* chat *? L'ambiguïté de l'écrit*
>
> - Les familiers de l'écrit se trouvent parfois déconcertés devant les homographes qui ne sont pas homophones. Par exemple, certains chats n'ont rien à voir avec les félins qu'ils connaissent : aujourd'hui les ***chats*** [tʃat] sont des conversations échangées par Internet.
>
> - Le phénomène n'est pas nouveau : que penser du mot ***jet*** ? S'agit-il d'un *jet* [ʒɛ] ou d'un *jet* [dʒɛt] ? Et comment deviner le sens du mot ***punch*** ? Même si l'on sait qu'un bon *punch* (boisson alcoolisée) [pɔ̃ʃ] peut donner du *punch* (dynamisme) [pœnʃ] !

Les homonymes : des mots presque identiques    **201** à **202**

**Les homonymes homophones et homographes**

- Ils **se prononcent et s'écrivent de la même façon**.

  ～ *une bière*
  la boisson fermentée

  ～ *une bière*
  un cercueil

  ～ *louer*
  prendre ou donner en location

  ～ *louer*
  faire l'éloge

- Cette forme d'homonymie se rencontre fréquemment entre **deux formes verbales**.

  ～ *il vit*
  présent du verbe *vivre*

  ～ *il vit*
  passé simple du verbe *voir*

  ～ *ils admirent*
  présent du verbe *admirer*

  ～ *ils admirent*
  passé simple du verbe *admettre*

- Le plus souvent, ces mots homonymes **n'appartiennent pas à la même classe grammaticale**.

  ～ *grêle*    *la grêle*
  adjectif    nom

  ～ *un dessert*    *il dessert*
  nom    verbe

  ～ *menu*    *un menu*
  adjectif    nom

  ～ *tendre*    *tendre*
  adjectif    verbe

# ÉVITER LES CONFUSIONS

Les homonymes que l'on confond le plus souvent sont les homonymes homophones : ils se prononcent de la même façon alors que leur orthographe et, bien sûr, leur signification sont différentes.

## 202 Quelques homophones grammaticaux à ne pas confondre

Les homophones grammaticaux sont des **mots grammaticaux** → 11 (formes verbales, prépositions, pronoms…). Ils sont souvent pris l'un pour l'autre. Quelques opérations simples permettent d'éviter les erreurs.

**ce ou se ?**

- **ce** : déterminant démonstratif masculin singulier. Il est placé devant un groupe nominal. Il sert à désigner. *(Appelez-moi à ce numéro.)*
  ASTUCE : remplacer *ce numéro* par *celui-ci*

- **se** : pronom personnel de 3ᵉ personne. Il est placé devant un verbe pronominal. *(Elle se doute de quelque chose.)*
  ASTUCE : remplacer *elle se* par *je me* ou *tu te*

### *est* ou *ait* ?

- **est** : verbe *être* à la 3ᵉ personne du singulier du présent de l'indicatif *(Il est toujours absent.)*
ASTUCE : remplacer *est* par *était*

- **ait** : verbe *avoir* à la 3ᵉ personne du présent du subjonctif *(Je ne pense pas qu'il ait compris.)*
ASTUCE : remplacer *qu'il ait* par *que nous ayons* ou *que vous ayez*

### *où* ou *ou* ?

- **où** : exprime le lieu ou le temps *(une région, une saison où l'on aime voyager)*
ASTUCE : remplacer *où* par *dans laquelle* ou *pendant laquelle*

- **ou** : exprime le choix *(Avec du lait ou du citron ?)*
ASTUCE : remplacer *ou* par *ou bien*

### *peut être* ou *peut-être* ?

- **peut être** (sans trait d'union) : verbe *pouvoir* + verbe *être* *(Avec lui, on peut être rassuré.)*
ASTUCE : remplacer *on peut être* par *nous pouvons être* ou *vous pouvez être*

- **peut-être** (avec trait d'union) : adverbe *(Tu as peut-être raison.)*
ASTUCE : remplacer *peut-être* par *probablement*.

### *quoique* ou *quoi que* ?

- **quoique** (en un seul mot) : signifie *bien que* *(J'accepte, quoique je ne sois pas tout à fait d'accord.)*
ASTUCE : remplacer *quoique* par *bien que*

- **quoi que** (en deux mots) : signifie *quel que soit ce que* *(Quoi qu'il fasse, on l'admire.)*
ASTUCE : remplacer *quoi que* par *quelle que soit la chose que*

## 203 Quelques homophones lexicaux à ne pas confondre

Les homophones lexicaux sont des **mots lexicaux** → 11 (noms, adjectifs, verbes…). Ils sont souvent confondus puisqu'ils se prononcent de la même façon. Mais quelques indices peuvent aider à les distinguer.

### *abord*, *des abords*

- **un abord** : façon d'aborder quelqu'un ou de se présenter à quelqu'un *(être d'un abord facile, de prime abord, au premier abord* [à première vue]*)*

- **des abords** (toujours au pluriel) : ce qui donne accès à un lieu, les alentours *(On surveille les abords du stade.)*

# Les homonymes : des mots presque identiques

### *acquis, acquit*

- **acquis** (du verbe *acquérir*) : qui a été gagné *(les caractères acquis* [≠ innés]*, Il est acquis à notre cause.)* ; un acquis (nom) *(un acquis social)*
  INDICE : le mot *acquisition*

- **acquit** (du verbe *acquitter*) : qui a été payé *(pour acquit* [mentionné au bas d'une quittance], *par acquit de conscience* [signifie que la conscience est quitte])

### *une arche, une arche*

- **une arche** : un coffre de bois *(l'arche de Noé, l'arche d'alliance des Hébreux)*
- **une arche** : une voûte en forme d'arc *(les arches du pont, l'arche de la Défense)*

### *une balade, une ballade*

- **une balade** : une promenade *(une balade en forêt)*
- **une ballade** : un poème (souvent mis en musique) *(les ballades irlandaises)*

### *un cahot, un chaos*

- **un cahot** : une secousse d'une voiture *(ressentir les cahots du chemin)*
  ADJECTIFS DÉRIVÉS : *cahotant* ou *cahoteux (une route cahoteuse)*

- **un chaos** [kao] : un grand désordre, au sens figuré *(le chaos d'une existence)*
  ADJECTIF DÉRIVÉ : *chaotique*

### *censé, sensé*

- **censé** : supposé *(Nul n'est censé ignorer la loi.)*
- **sensé** : de bons sens *(Son raisonnement m'a paru très sensé.)*
  INDICE : le mot *sens*

### *décrépi, décrépit*

- **décrépi** : qui a perdu son crépi *(un mur décrépi, une façade décrépie)*
- **décrépit** : dans un état de déchéance physique du fait de l'âge *(un vieillard décrépit, une silhouette décrépite)*
  INDICE : le mot *décrépitude*

### *délacer, délasser*

- **délacer** : défaire ce qui est lacé *(délacer ses chaussures)*
  INDICE : le mot *lacet*
- **délasser** : reposer, détendre *(un jeu fait pour délasser l'esprit)*
  NOM DÉRIVÉ : *le délassement*   INDICE : le mot *lassitude*

### *détoner, détonner*

- **détoner** : exploser, émettre une détonation (un seul *n* malgré la parenté avec *tonner*) *(On entend détoner les explosifs.)*
- **détonner** : contraster, ne pas être dans le ton juste, chanter ou jouer faux *(une voix qui détonne dans un ensemble)*

ÉVITER LES PIÈGES

### *différent, un différend*

- **différent** : qui diffère, qui est dissemblable, distinct *(Le garçon a un caractère très différent de celui de sa sœur.)*

- **un différend** : un désaccord, un litige *(Le différend a finalement été réglé à l'amiable.)*

### *exaucer, exhausser*

- **exaucer** : satisfaire un vœu, répondre favorablement à une demande *(Vos souhaits ont été exaucés.)*

- **exhausser** : augmenter la hauteur, rehausser *(exhausser un mur)*
  INDICE : l'adjectif *haut*

### *un fond, un fonds*

- **un fond** : la partie la plus basse de quelque chose de creux, de profond *(le fond du verre)* ; au sens figuré *(le fond du problème)*

- **un fonds** : un ensemble de biens *(un fonds de commerce)* ; un capital *(une mise de fonds, le Fonds monétaire international)*

### *le golf, le golfe*

- **le golf** : le sport qui consiste à envoyer une balle dans des trous disposés le long d'un parcours *(jouer au golf, un golf miniature)*

- **le golfe** : la côte d'une vaste baie où avance la mer *(le golfe de Gascogne, les pays du Golfe)*

### *un gril, un grill*

- **un gril** : un ustensile sur lequel on fait griller le poisson ou la viande *(poser le gril sur la braise)*

- **un grill** : un restaurant de grillades *(s'arrêter dans un grill au bord de la route)*

### *haler, hâler*

- **haler** : tirer à l'aide d'une corde *(haler un bateau)*
  NOM DÉRIVÉ : le halage

- **hâler** : brunir la peau *(le teint hâlé par le soleil)*
  NOM DÉRIVÉ : le hâle

### *un martyr, un martyre*

- **un martyr** : une personne qui souffre et meurt pour défendre sa foi *(les saints apôtres et martyrs)* ; qui est maltraité *(un enfant martyr)*

- **un martyre** : la souffrance, la mort endurées par un martyr *(le martyre de saint Sébastien, souffrir le martyre, un véritable martyre)*

Les homonymes : des mots presque identiques

### *une paire, un pair*

- **une paire** : deux choses ou deux êtres semblables qui sont réunis *(une paire de chaussures, une paire d'amis)*

- **un pair** : un égal par la situation, la fonction *(être élu par ses pairs)* ; c'est ce mot qui est employé dans les locutions *(hors pair, aller de pair, travailler au pair)*

### *une pause, une pose*

- **une pause** : une interruption momentanée *(faire la pause, la pause [pour le] déjeuner)*

- **une pose** : l'action de poser *(la pose du carrelage)*, l'attitude du corps, d'un modèle devant un artiste *(prendre la pose)*
INDICE : le nom *position*

### *près de, prêt à*

- **près de** (+ infinitif) : sur le point de *(Il est parti avec la caisse, on n'est pas près de le revoir. La route est coupée : ils ne sont pas près d'arriver.)*
*Près de* est un adverbe ; il est donc invariable.

- **prêt à** (+ infinitif) : disposé à, en état de, capable de *(Soyez prêts à partir dans une heure. Je suis prête à vous aider si vous voulez.)*
*Prêt* est un adjectif ; il s'accorde.

### *un(e) pupille, une pupille*

- **un(e) pupille** : un(e) orphelin(e) mineur(e) pris(e) en charge par un tuteur ou une collectivité *(les pupilles de la nation)*

- **une pupille** : le centre de l'iris de l'œil *(les pupilles dilatées par l'obscurité)*

### *un repaire, un repère*

- **un repaire** : un endroit caché où se retirent les animaux ou les malfaiteurs *(un repaire de brigands)*

- **un repère** : une marque qui permet de retrouver un endroit *(un point de repère)*
INDICE : le verbe *repérer*

### *raisonner, résonner*

- **raisonner** : faire usage de sa raison *(raisonner avant d'agir)*
INDICE : la raison, le raisonnement

- **résonner** : produire un son, retentir *(Le bruit de ses pas résonne dans le couloir.)*

### *sain, saint*

- **sain** : qui est en bonne santé, qui contribue à la bonne santé *(un esprit sain dans un corps sain, un climat sain)*
INDICE : l'adjectif *sanitaire*

- **saint** : qui a un caractère sacré, en particulier pour l'Église catholique *(les lieux saints, un saint patron)*
  INDICE : le nom *sainteté*

### une session, une cession

- **une session** : la période pendant laquelle une assemblée tient séance *(être convoqué aux examens pour la session de septembre)*
  INDICE : le mot *séance*
- **une cession** : l'action de céder un bien, un droit *(la cession d'un fonds de commerce)*
  INDICE : le verbe *céder*

### subi, subit

- **subi** : qui est supporté, enduré (participe passé du verbe *subir*) *(Le choc subi l'année dernière n'a laissé aucune séquelle.)*
- **subit** : qui se produit en très peu de temps, brusque *(Un départ si subit nous a tous étonnés.)*
  INDICE : l'adverbe *subitement*

### la une, la hune

- **la une** : la première page d'un journal *(un événement qui fait la une)*
  INDICE : la page une
- **la hune** : plate-forme arrondie à l'avant, qui repose sur la partie inférieure du mât d'un voilier *(la hune du grand mât)*

---

#### *Équivoques et calembours*

- L'homonymie est souvent exploitée pour **susciter des équivoques**.
  *Voyager avec sa tante/sa tente.*
  *Huit vols chaque jour !* (S'agit-il de la publicité d'une compagnie aérienne ou du constat alarmant de l'augmentation des délits ?)

- La confusion volontaire entre les homonymes conduit au **calembour** : un jeu de mots qui se fonde sur la similitude des sons pour rapprocher des mots de sens différent et créer un effet comique.
  *Le grand Dieu fit les planètes et nous faisons les plats nets.* (Rabelais)
  *Entre deux mots, il faut choisir le moindre.* (Paul Valéry)
  « Les *quatre sans cou* » (poème de Robert Desnos)
  *Mesdames, n'achetez plus de tissus écossais. Écossez-les vous-mêmes.*
  (Francis Blanche)

# Les pléonasmes : des mots superflus

*Monter en haut, prévoir d'avance, faire montrer, permettre de pouvoir, un petit nain, car en effet* : il y a dans chacun de ces groupes de mots un pléonasme, c'est-à-dire un mot qui ne fait qu'ajouter une répétition inutile à un autre mot déjà présent. Les pléonasmes témoignent d'une expression négligée. On peut assez facilement les éviter.

## COMMENT ÉVITER LES PLÉONASMES ?

### 204 Éviter le redoublement de l'idée dans deux mots côte à côte

#### *abolir entièrement*

- *Abolir* signifie déjà faire disparaître complètement, réduire à néant.

IL FAUT DIRE : *abolir un usage, une loi. 1848, l'année où l'esclavage a été aboli en France.*

#### *commémorer un souvenir*

- *Commémorer* signifie déjà rappeler le souvenir, faire mémoire.

IL FAUT DIRE : *commémorer un événement, célébrer un anniversaire.*

#### *comparer ensemble, comparer entre eux*

- *Comparer* signifie déjà mettre en relation, confronter plusieurs choses entre elles.

IL FAUT DIRE : *On a comparé les deux écritures.*

#### *la conjoncture actuelle*

- *La conjoncture* signifie déjà la situation actuelle.

IL FAUT DIRE : *Profitons d'une conjoncture favorable.*

#### *se dévisager mutuellement (ou l'un l'autre)*

- *Dévisager* signifie déjà regarder le visage de quelqu'un.

IL FAUT DIRE : *Ils se sont dévisagés.* OU : *Chacun a dévisagé l'autre.*

### ~~divulguer publiquement~~

- *Divulguer* signifie déjà porter à la connaissance du public (du latin *vulgus* : la foule).

IL FAUT DIRE : *La nouvelle a été divulguée par les journaux.*

### ~~exporter à l'étranger~~

- *Exporter* signifie déjà vendre ou diffuser à l'extérieur du pays.

IL FAUT DIRE : *exporter des produits en Chine, au Japon* OU : *diffuser une marque à l'étranger.*

### ~~un hasard imprévu~~

- Le hasard est, par définition, imprévu.

IL FAUT DIRE : *Ils se sont trouvés réunis par le plus grand des hasards.*
OU : *Ils se sont trouvés réunis de façon totalement imprévue.*

### ~~avoir le monopole exclusif~~

- *Avoir le monopole* signifie déjà avoir l'exclusivité.

IL FAUT DIRE : *Cette entreprise a le monopole de tel produit.*
OU : *Cette entreprise détient le marché exclusif de tel produit.*

### ~~la panacée universelle~~

- *Panacée* signifie étymologiquement : qui guérit tout.

IL FAUT DIRE : *Ce remède n'est pas la panacée, une panacée.*

### ~~Il est (im)possible de pouvoir~~

- *(im)possible* signifie déjà (ne pas) pouvoir.

IL FAUT DIRE : *Il est impossible de s'adapter en si peu de temps.*
OU : *On ne peut pas s'adapter en si peu de temps.*

### ~~un faux prétexte~~

- *Un prétexte* signifie déjà une fausse raison, une fausse excuse.

IL FAUT DIRE : *Il a trouvé un nouveau prétexte pour ne pas venir.*

### ~~primer avant tout~~

- *Primer* signifie déjà l'emporter avant tout autre chose.

IL FAUT DIRE : *Ce qui prime, c'est l'exactitude.*
OU : *Ce qui importe avant tout, c'est l'exactitude.*

### ~~la première priorité~~

- *Priorité* signifie déjà ce qui vient en premier.

IL FAUT DIRE : *Le pouvoir d'achat est la priorité du gouvernement.*
OU : *Le pouvoir d'achat est la première préoccupation/tâche du gouvernement.*

Les pléonasmes : des mots superflus

### ~~se relayer tour à tour~~
- *Se relayer* signifie déjà se remplacer l'un l'autre tour à tour.
  **IL FAUT DIRE :** *Pour ce long trajet, nous nous sommes relayés au volant.*
  **OU :** *Nous avons pris le volant chacun à notre tour.*

### ~~répéter deux fois la même chose~~
- *Répéter* signifie déjà redire ou dire deux fois.
  **IL FAUT DIRE :** *Ne répétez pas ce que vous avez déjà dit.*
  **MAIS ON PEUT DIRE :** *Répéter dix fois la même chose.*

### ~~retenir d'avance~~
- *Retenir* signifie déjà réserver préalablement.
  **IL FAUT DIRE :** *Vous auriez intérêt à retenir vos places.*
  **MAIS ON PEUT DIRE :** *Retenir sa place une semaine à l'avance.*

### ~~solidaires l'un de l'autre~~
- *Être solidaires* signifie déjà répondre l'un de l'autre.
  **IL FAUT DIRE :** *Tous se sont montrés solidaires dans cette aventure.*

### ~~assez suffisant~~
- *Suffisant* signifie déjà qu'il y a assez de telle chose.
  **IL FAUT DIRE :** *Nos réserves d'eau sont bien suffisantes.*

### ~~il suffit simplement de~~
- *Suffit* signale déjà une opération simple.
  **IL FAUT DIRE :** *Il suffit que je vérifie l'adresse.*
  **OU :** *Il faut simplement que je vérifie l'adresse.*

### ~~un tollé d'indignation~~
- *Un tollé* signifie déjà une vive réaction d'indignation générale.
  **IL FAUT DIRE :** *La mesure a déclenché un tollé.*
  **OU :** *La mesure a déclenché une manifestation d'indignation.*

### ~~à l'unanimité de tous les présents~~
- *L'unanimité* indique déjà l'accord de tous (les présents).
  **IL FAUT DIRE :** *Le projet a été adopté à l'unanimité.*
  **OU :** *Le projet a été adopté par tous les présents* ou *par l'ensemble des présents.*

### ~~opposer son veto~~
- Le mot latin *veto* signifie déjà : je m'oppose.
  **IL FAUT DIRE :** *Mettre son veto.*

### Allumer la lumière :
### *des pléonasmes presque admis*

Certains pléonasmes choquent moins que d'autres. Ils se sont répandus dans l'usage courant, et le redoublement du sens n'est plus perçu. Mais, même s'ils sont acceptés, on peut trouver le moyen de les éviter.

• *allumer la lumière* : *allumer* contient le mot *lumière*. Il suffirait de dire : *allumer une lampe* ou (sans complément) : *Allume !*

• *l'apparence extérieure* : *apparence* signifie ce qui est visible de l'extérieur. Il suffirait de dire : *ne pas juger sur l'apparence, ne pas se fier aux apparences.*

• *une dune de sable* : une *dune* est une colline de sable fin. Il suffirait de dire : *La dune du Pilat est en Gironde. Les dunes du Sahara sont modelées par le vent.*

• *marcher à pied, marche à pied* : *marcher* signifie aller à pied. Il suffirait de dire : *Faire une petite, une longue marche. Pratiquer la marche en montagne. Être à un quart d'heure de marche du centre-ville.*

• *pondre un œuf* : *pondre* signifie faire et déposer ses œufs. Il suffirait de dire : *La poule, la cane, l'oie… pondent.* Mais on peut dire : *La poule a pondu trois œufs ; l'autruche pond des œufs énormes…*

Les pléonasmes : des mots superflus

## 205 Éviter les adverbes qui font double emploi dans la phrase

### *avant, d'avance*

• À ne pas utiliser avec les verbes formés du **préfixe *pré-*** qui expriment une **action anticipée** : *prédire, préparer, prévenir, prévoir...*

IL FAUT DIRE : *Je l'ai prévenu depuis longtemps pour qu'il prenne ses dispositions. La direction aurait dû prévoir ce genre d'incident.*

### *encore*

• À ne pas utiliser avec les verbes formés du **préfixe de répétition *re-*** : *refaire, recommencer, redemander...*

IL FAUT DIRE : *Refaites l'exercice.* OU : *Faites-le encore. Faites-le une nouvelle fois.*

### *ensemble*

• À ne pas utiliser avec les verbes qui expriment la **mise en commun**, l'**action commune** : *collaborer, coopérer...*

IL FAUT DIRE : *Tous ont collaboré à cet ouvrage.*

### *mutuellement, réciproquement, ensemble*

• À ne pas utiliser avec les verbes formés du **préfixe *entre-*** qui expriment une **action mutuelle** : *s'entraider, s'entremêler, s'entretenir, s'entretuer, s'entre-déchirer...*

IL FAUT DIRE : *Les habitants se sont entraidés.*
OU : *Les habitants se sont aidés mutuellement.*

IL FAUT DIRE : *Nous nous entretiendrons de la situation de votre fils.*
OU : *Nous parlerons ensemble de la situation de votre fils.*

### *seulement*

• À ne pas utiliser avec les verbes exprimant la **restriction** : *se borner à, se résumer à, se limiter à, s'en tenir à, se contenter de...*

IL FAUT DIRE : *Dans un exposé, on doit se limiter à l'essentiel, s'en tenir à l'essentiel.*
OU : *Dans un exposé, on doit traiter seulement l'essentiel.*

### *trop*

• À ne pas utiliser avec les mots qui expriment la **quantité excessive** : *abuser, exagérer, excessif, extrême...*

IL FAUT DIRE : *Il est recommandé de ne pas abuser des médicaments.*
OU : *Il est recommandé de ne pas prendre trop de médicaments.*

IL FAUT DIRE : *Le mot est exagéré dans ce contexte.*
OU : *Le mot est beaucoup trop fort dans ce contexte.*

# Le genre des noms

Masculin ? Féminin ? Le genre des noms fait partie des notions difficiles pour les étrangers qui apprennent le français. Les francophones parfois hésitent, eux aussi, lorsqu'il s'agit de mots peu courants. Faut-il dire *une équivoque* ? *un hémisphère* ? Quelle différence y a-t-il entre *un pendule* et *une pendule* ?

## 206 Le genre des noms : les noms féminins

Les noms suivants sont **féminins**.

- une aérogare : *la nouvelle aérogare*
- l'algèbre : *une algèbre compliquée*
- une alvéole : *les parfaites alvéoles des rayons de la ruche*

➕ *alvéole* était autrefois de genre masculin.

- une amibe : *certaines amibes sont dangereuses*
- une amnistie : *l'amnistie présidentielle*
- une anagramme (un mot obtenu avec les lettres d'un autre mot réparties différemment) : *Niche est une anagramme amusante de chien.*
- une apostrophe : *une apostrophe injurieuse*
- une atmosphère : *une atmosphère pesante, chaleureuse*
- une autoroute : *une nouvelle autoroute payante*
- une azalée : *un pot d'azalées blanches*
- une câpre : *des câpres confites, délicieuses*
- une caténaire : *une caténaire endommagée*
- une dartre : *une dartre irritante*
- l'ébène : *de la belle ébène*
- une ecchymose : *de nombreuses ecchymoses sur le bras*
- une échappatoire : *aucune échappatoire n'est possible*
- une épigramme (un petit poème satirique) : *des épigrammes mordantes*
- une épithète : *une épithète désobligeante*
- une équivoque : *cette équivoque peut être gênante*
- une idole : *Johnny, l'idole incontestée du rock*

- une interview : *accorder une longue interview*
- une météorite : *une dangereuse météorite*
- une oasis : *une verte oasis*
- une octave : *chanter la mélodie à l'octave supérieure*
- une opinion : *avoir bonne opinion de soi-même ; se conformer à l'opinion générale*
- une optique : *considérer sous une optique différente ; vu sous cette optique...*
- une orbite : *une orbite très creuse*
- une oriflamme : *des oriflammes chatoyantes*
- une stalactite : *des stalactites impressionnantes*
- l'urticaire : *une urticaire gênante*
- une volte-face : *des volte-face surprenantes*

⊕ *volte-face* est un mot invariable.

### Une espèce de : *une expression source d'erreurs*

- Tout le monde sait que le nom *espèce* est féminin dans *une espèce protégée, une espèce menacée*. Mais on oublie souvent que *espèce* reste féminin dans l'expression **une espèce de** même si le mot qui suit est masculin. Il faut donc dire : *Il portait une espèce de chapeau melon. C'est une espèce de garage aménagé.*

## 207 Le genre des noms : les noms masculins

Les noms suivants sont **masculins**.
- un abîme : *un abîme effrayant*
- un abysse : *Un abîme sous-marin est un abysse.*
- un aérolithe : *un impressionnant aérolithe*
- l'albâtre : *un précieux albâtre*
- l'alcool : *un alcool fort*

- **l'amiante** : *L'amiante est dangereux, il est aujourd'hui interdit.*
- **l'ambre** : *l'ambre gris*
- **un antidote** (un contrepoison) : *un bon antidote au chômage*
- **l'antipode** : *L'antipode exact de la France est la Nouvelle-Zélande.*
- **un aparté** : *Au théâtre, un aparté doit être entendu par les spectateurs.*
- **un aphte** : *un aphte douloureux*
- **un apogée** (le plus haut degré) : *l'apogée incontesté de la civilisation grecque*
- **un armistice** : *Les deux pays ont signé un armistice satisfaisant.*
- **un aromate** : *les aromates recommandés pour cette recette*
- **un arôme** : *le puissant arôme du café*
- **un astérisque** : *un astérisque placé après le mot*
- **un astéroïde** : *des astéroïdes groupés*
- **un augure** : *C'est de bon augure.*
- **un cerne** : *des cernes marqués autour des yeux*
- **un colchique** : *Le colchique est vénéneux.*
- **un effluve** : *un effluve délicieux*
- **un éloge** : *un éloge émouvant, vibrant*
- **un emblème** : *des emblèmes partout présents*
- **l'épiderme** : *un épiderme délicat*
- **un épisode** : *le dernier épisode de la série*
- **un équinoxe** : *L'équinoxe de printemps est célébré par des fêtes.*
- **un esclandre** : *un esclandre inattendu et choquant*
- **un escompte** : *L'escompte est déduit du prix.*
- **un exode** : *un exode massif*
- **un haltère** : *un haltère de plus en plus lourd dans chaque main*
- **un harmonica** : *de nombreux harmonicas anciens*
- **un hémicycle** : *L'hémicycle était à moitié plein.*
- **un hémisphère** : *l'hémisphère droit du cerveau*
- **un interstice** : *un étroit interstice entre deux planches*
- **un intervalle** : *à intervalles réguliers*
- **un isthme** : *l'isthme le plus étroit, le plus visité du globe*
- **l'ivoire** : *un ivoire jauni, sculpté*
- **le jade** : *un beau jade ancien*
- **un météore** : *un prodigieux météore*
- **un obélisque** : *un obélisque égyptien*

> ⊕ *effluve* est employé le plus souvent au pluriel.

- l'opprobre : *subir l'opprobre général*
- un ovule : *un ovule fécondé*
- l'ozone : *L'ozone est menacé par les pollutions.*
- le saccharose : *Le saccharose est présent dans la betterave.*
- un succédané (un produit de remplacement) : *un succédané avantageux*
- un tentacule : *les longs tentacules de la pieuvre*
- un termite : *Les termites sont envahissants.*
- un tubercule : *la pomme de terre, surnommée le « précieux tubercule »*
- le tulle : *un tulle blanc, vaporeux*

### Hésitations sur le genre

- Les noms ***après-midi*** et ***HLM*** sont signalés masculin ou féminin dans les dictionnaires : *un(e) après-midi mouvementé(e) ; un(e) HLM réhabilité(e).*

## 208 Les noms qui n'ont pas le même sens au masculin et au féminin

Certains noms existent à la fois au féminin et au masculin, mais leur sens change avec leur genre. Plusieurs sont de simples homonymes → 200. Ici, on ne retiendra que les noms à double genre proprement dits, c'est-à-dire ceux qui ont une même origine étymologique. En voici quelques exemples.

### *aigle*
- un aigle : l'oiseau rapace *(un bec d'aigle)*
- une aigle : l'enseigne militaire *(l'aigle romaine, l'aigle impériale)*

### *cartouche*
- un cartouche : un emplacement destiné à recevoir une inscription *(un cartouche très orné)*
- une cartouche : un petit étui contenant la charge d'une arme à feu, ou de l'encre *(une cartouche pleine)*

### *critique*
- une critique : un jugement souvent défavorable *(Quelles critiques pourriez-vous faire ?)*
- un critique : une personne qui commente et analyse les œuvres d'art *(un critique littéraire)*

### *enseigne*
- une enseigne : un panneau signalant un commerce *(une enseigne lumineuse)*
- un enseigne : un officier de la marine *(un brillant enseigne de vaisseau)*

### finale
- **une finale** : la dernière épreuve d'une compétition sportive après les éliminations *(l'équipe de France qualifiée pour la finale)*
- **un final(e)** : le dernier mouvement d'une composition musicale *(un final[e] allegro presto)*

### greffe
- **un greffe** : le bureau où l'on garde les actes de procédures *(le greffe du tribunal)*
- **une greffe** : l'opération par laquelle on implante un tissu ou un organe prélevé *(une greffe de peau, une greffe du rein)*

### manœuvre
- **une manœuvre** : le mouvement d'un véhicule, d'un appareil ; d'une armée *(une fausse manœuvre, une manœuvre délicate)*
- **un manœuvre** : un ouvrier non qualifié *(un manœuvre embauché récemment)*

### mémoire
- **la mémoire** : la faculté de se souvenir *(une bonne mémoire, perdre la mémoire)*
- **un mémoire** : un compte rendu *(rédiger un mémoire)*

### mode
- **une mode** : le goût le plus répandu, en matière d'habillement surtout *(suivre la mode, la mode vestimentaire des années 1960)*
- **un mode** : la méthode, le moyen *(le mode de vie, le mode d'emploi)* ; au sens grammatical : *le mode indicatif* ; au sens musical : *le mode majeur, mineur*

### parallèle
- **une parallèle** : une ligne droite parallèle à une autre *(tracer une parallèle)*
- **un parallèle** : une comparaison, un rapprochement *(établir un parallèle entre deux peintres)*
- **un parallèle terrestre** : un cercle parallèle à l'équateur *(le 38e parallèle)*

### pendule
- **une pendule** : une horloge *(une pendule Empire, une pendule de voyage)*
- **un pendule** : un balancier *(l'oscillation d'un pendule)*

### vapeur
- **la vapeur** : un brouillard *(une vapeur dense, enveloppante)* ; la vapeur d'eau : l'eau à l'état gazeux *(un bain de vapeur)*
- **un vapeur** : un bateau (à vapeur) *(Le vapeur était aussi nommé steamer.)*

### voile
- **une voile** : une toile se gonflant au vent sur un bateau *(hisser la voile blanche)*
- **un voile** : un morceau d'étoffe qui couvre *(un voile de mariée, porter le voile)*

# Les noms toujours au pluriel

> Dans un dictionnaire, les noms suivis de la mention *n. m. pl.* ou *n. f. pl.* sont des noms qui n'existent qu'au pluriel dans le français contemporain. On ne les rencontre jamais au singulier. La plupart de ces mots appartiennent à un niveau de langue assez soutenu. Ils ne sont pas très nombreux mais ils méritent d'être connus.

## 209 Les noms féminins toujours au pluriel

- des ablutions : *des ablutions rituelles*
- des alluvions : *des dépôts d'alluvions sableuses*
- des annales : *à noter dans les annales sportives*
- des archives : *les archives départementales*
- des armoiries : *un recueil d'armoiries*
- des arrhes : *récupérer les arrhes déjà versées*
- les assises : *plaider en cour d'assises*
- des balayures : *des restes de balayures*
- des bribes : *j'ai appris l'histoire par bribes*
- des castagnettes : *jouer des castagnettes andalouses*
- des chips : *ça a un goût de chips*
- des condoléances : *présenter ses condoléances*
- des doléances : *les cahiers de doléances*
- des embûches : *un parcours semé d'embûches*
- les entrailles : *une douleur d'entrailles*
- des étrennes : *les belles étrennes du jour de l'an*
- des fiançailles : *une bague de fiançailles*
- des funérailles : *une cérémonie de funérailles ; des funérailles nationales*
- des guides (les lanières de cuir) : *les guides tendues pour arrêter le cheval*
- des immondices : *un dépôt d'immondices puantes*

- **les mœurs** : *un procès pour outrage aux bonnes mœurs ; une comédie de mœurs*
- **des obsèques** : *assister aux obsèques d'un proche ; les obsèques civiles, religieuses*
- **des pierreries** : *un spécialiste en pierreries*
- **des représailles** : *une période de représailles*
- **des retombées** (le plus souvent au pluriel) : *les retombées radioactives ; les retombées économiques de la crise*
- **des retrouvailles** : *fêter d'heureuses retrouvailles*
- **des rillettes** : *un pot de rillettes*
- **des ténèbres** : *d'épaisses ténèbres*
- **des tripes** : *un plat de tripes*
- **des vêpres** : *les vêpres siciliennes*
- **des victuailles** : *un panier chargé de victuailles*

## 210 Les noms masculins toujours au pluriel

- **les abats** : *acheter un kilo d'abats chez le tripier*
- **les abords** : *s'avancer jusqu'aux abords de la propriété*
- **les agissements** : *des agissements suspects*
- **les agrès** : *la gymnastique aux agrès*
- **les alentours** : *aucun magasin dans les alentours*
- **des appointements** : *des appointements mensuels versés sur un compte*
- **des auspices** : *une succursale inaugurée sous d'heureux auspices*
- **les confins** : *des confins dangereux, mal sécurisés*
- **les environs** : *les environs de Paris ; aux environs de 8 heures*
- **les décombres** : *les décombres sont peu à peu dégagés*
- **les dépens** : *vivre aux dépens de quelqu'un ; elle l'a appris à ses dépens*
- **les frais** : *de gros frais, sans aucuns frais*
- **les gravats** : *un tas de gravats*
- **les honoraires** : *un dépassement d'honoraires*
- **les mânes** (les âmes des morts) : *Les mânes étaient honorés chez les Romains.*
- **les oreillons** : *Ses oreillons ont été mal soignés.*
- **les ossements** : *un dépôt d'ossements mérovingiens*
- **les parages** : *éviter de circuler dans les parages de l'ambassade*
- **les pénates** (les dieux du foyer) : *Les pénates étaient aussi honorés chez les Romains.*
- **des pourparlers** : *être en pourparlers ; de longs pourparlers*

# Les noms toujours au pluriel

- **les préparatifs** (surtout au pluriel) : *être en pleins préparatifs ; de longs préparatifs*
- **des sévices** : *coupable de lourds sévices*
- **les tenants et les aboutissants** : *connaître les tenants et les aboutissants d'une affaire*
- **des thermes** : *les thermes romains*
- **des vivres** : *les vivres sont acheminés rapidement mais ils sont insuffisants* (au singulier dans la locution : *le vivre et le couvert*)

## Des mots qui n'ont pas le même sens au singulier et au pluriel

Voici quelques exemples de mots qui changent de sens selon qu'ils sont employés au singulier ou au pluriel.

- ***un ciseau*** : un outil à lame en biseau qui sert à tailler *(un ciseau à bois ; un ciseau de sculpteur)*

***des ciseaux*** : un instrument à deux branches montées sur un pivot qui sert à couper *(des ciseaux de couturière ; des ciseaux à ongles)*

- ***une lunette*** : un instrument d'optique *(une lunette d'approche)*

***des lunettes*** : deux verres portés par une monture et servant à corriger la vue *(une paire de lunettes ; porter des lunettes)*

- ***un mémoire*** : un compte rendu *(rédiger un mémoire)*

***des mémoires*** : le récit par une personne d'événements de sa vie *(Les Mémoires d'une jeune fille rangée)*

- ***la noce*** : la fête qui accompagne le mariage *(un repas de noce)*

***les noces*** : le mariage *(fêter ses noces d'or ; partir en voyage de noces)*

- ***la vacance*** : état d'une charge, d'un poste vacant, c'est-à-dire non pourvu *(la vacance du pouvoir : les organes institutionnels ne sont pas en mesure de fonctionner)*

***les vacances*** : les congés *(les vacances d'été, de Noël)*

- ***la végétation*** : les végétaux, les plantes qui poussent dans un lieu *(une végétation pauvre ; la végétation tropicale)*

***les végétations*** : une hypertrophie des amygdales *(se faire opérer des végétations)*

ANNEXES

# ALPHABET PHONÉTIQUE INTERNATIONAL

## Voyelles

- [a] m**a**, p**a**tte, f**e**mme
- [ɑ] b**a**s, l**â**che, p**â**te
- [e] th**é**, je plaç**ai**, aim**er**, vous cour**ez**, **œ**dème
- [ɛ] m**e**rci, am**er**, p**è**re, bl**ê**me, No**ë**l, j'**ai**mais, p**e**lle, jou**et**
- [ə] t**e**, p**e**tit, pr**e**mier
- [i] v**i**e, **î**le, c**y**près, ca**ï**d
- [o] r**o**se, p**ô**le, c**au**se, **eau**
- [ɔ] c**o**l, b**o**tte, P**au**l
- [ø] j**eu**di, d**eu**x, j**eû**ne, **œu**fs
- [œ] **œu**f, fl**eu**r, **œ**il
- [u] c**ou**, g**oû**t, t**ou**x
- [y] s**u**r, l**u**ne, m**û**r, j'**eu**s
- [ɑ̃] **an**, v**en**te, **en**s**em**ble, t**em**ps
- [ɛ̃] f**in**, p**ain**, p**ein**dre, mi**en**, f**aim**, s**ym**pathique, s**yn**chrone
- [ɔ̃] **on**, r**on**d, t**om**be
- [œ̃] br**un**, h**um**ble, à j**eun**

## Semi-voyelles
(ou semi-consonnes)

- [j] l**i**eu, **y**eux, bi**ll**e, œ**il**
- [w] p**oi**l, sq**u**ale, j**ou**er, **ou**i
- [ɥ] n**u**it, l**u**i

## Consonnes

- [b] **b**on**b**on, a**b**aisser, a**bb**aye
- [d] **d**ans, a**d**roit, a**dd**ition
- [f] **f**il, che**f**, e**ff**acer, **ph**otogra**ph**e
- [g] **g**are, navi**gu**er, se**c**onde
- [k] **c**o**q**, a**cc**aparer, **qu**i, a**cqu**itter, **k**aki, bo**ck**
- [l] **l**ire, a**ll**er, calcu**l**
- [m] **m**er, a**m**our, fe**mm**e
- [n] **n**uage, a**n**imal, a**nn**ée, conda**mn**é
- [p] **p**iano, a**pp**rendre, sto**p**
- [ʀ] **r**i**r**e, a**rr**êter, **rh**ésus, veni**r**
- [s] **s**eul, **c**elui, per**ç**u, de**ss**us, di**x**, **sc**ience, na**t**ion
- [t] **t**on, vi**t**e, a**tt**aque, **th**éorème
- [v] **v**ous, o**v**ale, **w**agon
- [z] **z**one, a**z**ur, ha**s**ard, mai**s**on, ro**s**e
- [ʃ] **ch**at, **sh**ampooing, **sch**éma
- [ʒ] **j**e, dé**j**euner, rou**g**e, **g**eôlier
- [ɲ] a**gn**eau, i**gn**orer, **gn**occhi
- [ŋ] danci**ng**, bowli**ng**

# INDEX DES NOTIONS

## A

**abréviation** (de dictionnaire) ▶ 129, 133

**acception** (d'un mot) ▶ 114

**acronyme** ▶ 103

**adjectifs**
– composés (noms de pays) ▶ 95
– dérivés ▶ 203
– formés sur le latin ▶ 35

**adverbes** ▶ 205

**alphabétique** (prononciation ~) ▶ 103

**analogique** (dictionnaire ~) ▶ 20

**ancien français** ▶ 29

**anglicisme** ▶ 38

**animé/inanimé** ▶ 120

**anthropomorphique** (métaphore ~) ▶ 121

**antithèse** ▶ 152

**antonymes** ▶ 149
– complémentaires ▶ 152
– lexicaux ▶ 150
– réciproques ▶ 152
– simples ▶ 152

**aphérèse** ▶ 106

**apocope** ▶ 106

**argot** ▶ 148
– suffixes argotiques ▶ 87
– synonymes argotiques ▶ 148

**article** (de dictionnaire) ▶ 23

**axe**
– paradigmatique ▶ 4
– syntagmatique ▶ 4

## B C

**base** (mot de ~) ▶ 77-78

**calembour** ▶ 203

**catachrèse** ▶ 121

**celtique** (langue ~) ▶ 25

**citation** ▶ 125

**comparatif irrégulier** ▶ 32

**composants**
– des mots composés ▶ 93-96
– des composés de formation savante ▶ 98-102
– -culture (noms d'élevages) ▶ 102
– -logie (noms de spécialités) ▶ 102
– -manie (noms de manies) ▶ 102
– -phile (noms de collectionneurs) ▶ 102

**composés** (mots) ▶ mots composés

**connotation** ▶ 135, 139, 145

**contexte de phrase** ▶ 115, 144

**création lexicale** ▶ 97

## D

**défectif** (verbe ~) ▶ 30

**définition** (de dictionnaire) ▶ 24

**dénotation** ▶ 134

**dépréciatif** (mot ~) ▶ 137, 145

**dérivation**
– impropre ▶ 79
– inverse ▶ 79
– régressive ▶ 79

*Les numéros renvoient aux paragraphes des différentes parties dont ils reprennent la couleur.*

**dérivés** ▶ 33, 77-78, 116, 150
– à ne pas confondre ▶ 92
– noms ~, adjectifs ~ ▶ 203

**dévalorisant** (mot ~) ▶ 137, 145

**déverbaux** ▶ 79

**diachronique** (étude ~) ▶ 7

**dictionnaire** ▶ 18
– abréviations de ~ ▶ 129, 133
– analogique ▶ 20
– article de ~ ▶ 23
– définitions de ~ ▶ 24
– encyclopédique ▶ 19
– entrée de ~ ▶ 110, 127
– de langue ▶ 19, 21
– nombre d'entrées d'un ~ ▶ 22
– nomenclature de ~ ▶ 22
– de spécialité ▶ 21

**doublet** ▶ 34

# E

**écrit/oral** ▶ 201

**ellipse** (dans les mots composés) ▶ 97

**emprunts** ▶ 36
– affichés ▶ 37
– à l'allemand ▶ 44
– à l'anglais ▶ 45
– de l'anglais au français ▶ 45
– à l'arabe ▶ 41
– à l'espagnol ▶ 42
– faux ~ ▶ 37
– francisation des ~ ▶ 37
– au grec (formation des mots composés) ▶ 101
– à l'italien ▶ 43
– au latin ▶ 55-58 ; (formation des mots composés) ▶ 100
– masqués ▶ 37

– à la mythologie ▶ 59-60
– nombre des ~ ▶ 40
– périodes d'~ ▶ 39
– au vocabulaire de la chasse ▶ 124
– au vocabulaire de l'équitation ▶ 124
– au vocabulaire de la guerre ▶ 124
– au vocabulaire du jeu ▶ 124
– au vocabulaire de la religion ▶ 124

**encyclopédique** (dictionnaire ~) ▶ 19

**entrée** (de dictionnaire) ▶ 110, 127

**équivoque** ▶ 124, 203

**étymologie** ▶ 46
– datation ▶ 46
– fausse ~ ▶ 48
– populaire ▶ 48
– savante ▶ 48

**étymologique** (sens ~) ▶ 126

**étymon** ▶ 47, 71

**euphémisme** ▶ 140-141

**exagération** ▶ 130

**expression figée** ▶ 143, 151

# F

**familier** (niveau de langue ~) ▶ 146-147

**famille de mots** ▶ 69
– orthographe ▶ 70

**féminin**
– noms au ~ ▶ 206, 209
– noms de métier au ~ ▶ 91, 191
– noms au ~ pluriel ▶ 209

**français** (langue)
– d'Afrique ▶ 68
– de Belgique ▶ 65
– du Québec ▶ 67
– de Suisse ▶ 66

**francique** (langue ~) ▶ 27
**francisation** (des emprunts) ▶ 37
**francophones** (pays ~) ▶ 61-64
**Francophonie** ▶ 64

# G

**gauloise** (langue ~) ▶ 25

**genre**
– des noms ▶ 206-208
– noms à double ~ ▶ 208

**germanique** (langue ~) ▶ 27

**grec ancien**
– formation des composés sur des emprunts au ~ ▶ 101
– radicaux du ~ ▶ 102, 150

# H

**homographes** ▶ 201

**homonymes** ▶ 200-201
– homographes ▶ 201
– homophones ▶ 201
– homophones et homographes ▶ 201

**homonymie** ▶ 110, 201

**homophones**
– grammaticaux ▶ 202
– homonymes ~ ▶ 201
– lexicaux ▶ 203

**hyperbole** ▶ 130-131

**hyperonyme** ▶ 145

**hyponyme** ▶ 145

# I

**inanimé/animé** ▶ 120

**interjection** ▶ 10

**intransitif** (emploi ~) ▶ 116

# J

**jeu de mots** ▶ 124

**juxtaposition** ▶ 93

# L

**langue**
– dictionnaire de ~ ▶ 19, 21
– familière ▶ 146-147
– soutenue ▶ 146-147
– standard ▶ 146-147

**latin**
– adjectifs formés sur le ~ ▶ 35
– emprunts au ~ ▶ 55-58
– formation des composés sur des emprunts au ~ ▶ 100
– noms formés sur le ~ ▶ 35
– populaire ▶ 26
– radicaux du ~ ▶ 102, 150
– vulgaire ▶ 26

**lettre-mot** ▶ 10

**lexicographie** ▶ 9

**lexicologie** ▶ 8

**lexique** ▶ 1, 4-7

**locuteur** ▶ 1

**locution figurée** ▶ 123-124

**locution figée** ▶ 31

# M

**majuscule** ▶ 113, 164, 197

**masculin**
- noms au ~ ▶ 207, 210
- noms au ~ pluriel ▶ 210

**maxime** ▶ 125, 152

**mélioratif** (mot ~) ▶ 138, 145

**métaphore** ▶ 112, 121

**métonymie** ▶ 112, 122, 159

**monosémique** (mot ~) ▶ 109

**morphème** ▶ 16-17

**morphologie** ▶ 8

**mot** ▶ 16-17
- acceptions d'un ~ ▶ 114

**mot-phrase** ▶ 10

**mots**
- composés ▶ mots composés
- construits ▶ 12, 150
- dépréciatifs ▶ 137, 145
- dévalorisants ▶ 137, 145
- dérivés ▶ 12
- grammaticaux ▶ 11
- lexicaux ▶ 11
- mélioratifs ▶ 138, 145
- monosémiques ▶ 109
- d'origine gauloise (celtique) ▶ 25
- d'origine germanique (francique) ▶ 27
- péjoratifs ▶ 137, 145
- polysémiques ▶ 110, 143, 151
- simples ▶ 12
- soudés ▶ 32, 93-94
- tabous ▶ 140
- tronqués ▶ 106-108
- valorisants ▶ 138, 145
- venus d'un nom de la littérature ▶ 53
- venus d'un nom de pays ou de peuple ▶ 51
- venus d'un nom de personne ▶ 54
- venus d'un nom de ville ▶ 52

**mots composés** ▶ 93-96, 12, 150
- composants des ~ ▶ 93-95
- ellipses dans les ~ ▶ 97
- pluriel des ~ ▶ 93
- savants ▶ 98-101, 150

**moyen français** ▶ 33

**mythologie** (emprunts à la ~ grecque ou latine) ▶ 59-60

# N

**négation** *ne... pas* ▶ 32

**néologisme** ▶ 79
- de sens ▶ 132

**niveau de langue** ▶ 146-147

**nomenclature** (de dictionnaire) ▶ 22

**noms**
- dérivés ▶ 77-79
- à double genre ▶ 208
- féminins ▶ 206, 209
- féminins pluriels ▶ 209
- formés sur le latin ▶ 35
- genre des ~ ▶ 206-208
- masculins ▶ 207, 210
- masculins pluriels ▶ 210
- toujours au pluriel ▶ 209-210

# O

**oc** (langue d'~) ▶ 27

**oïl** (langue d'~) ▶ 27

**onomatopée** ▶ 10

**oral/écrit** ▶ 201

**orthographe**
– des mots de même famille ▶ 70
– rectifications orthographiques ▶ 37, 70, 93, 191

# P

**paradigmatique** (axe ~) ▶ 4

**paronymes** ▶ 198-199

**péjoratif** (mot ~) ▶ 137, 145

**phonétique** (évolution ~) ▶ 28

**pléonasme** ▶ 204-205

**pluriel**
– des mots composés ▶ 93
– noms au féminin ~ ▶ 209
– noms au masculin ~ ▶ 210
– noms toujours au ~ ▶ 209-210
– sens différent au singulier et au ~ ▶ 210

**polysémie** ▶ 110-114, 200
– dérivés à ne pas confondre ▶ 92

**polysémique** (mot ~) ▶ 110, 143, 151

**préfixes** ▶ 12, 16, 33, 77-78, 80, 150
– d'intensité ▶ 84
– marquant la relation ▶ 84
– marquant le retour ▶ 83
– marquant le sens contraire ▶ 82
– marquant la situation dans l'espace ▶ 81

**pronominale** (voix ~) ▶ 116

**prononciation** ▶ 103
– alphabétique ▶ 103
– syllabique ▶ 103

**proverbe** ▶ 152

# R

**racine** ▶ 71

**radical** ▶ 69, 72

**radicaux**
– grecs ▶ 150
– latins ▶ 150

**rectifications orthographiques** ▶ 37, 70, 93, 191

**référent** ▶ 15, 125

**relativisation** ▶ 35

**répétitions** ▶ 144

**roman** (langue) ▶ 28

# S

**sémantique** ▶ 8

**sens**
– abstrait/concret ▶ 112, 119
– affaiblissement du ~ ▶ 130
– changement de ~ ▶ 125-126
– connoté ▶ 135, 139, 145
– courant ▶ 113, 143
– dénoté ▶ 134
– différent selon le genre ▶ 208
– différent au singulier et au pluriel ▶ 210
– extension de ~ ▶ 128
– figuré ▶ 118
– figuré/propre ▶ 118, 143, 151, 185

– général/précis ▶ 145
– propre ▶ 117
– renforcement du ~ ▶ 130
– restriction du ~ ▶ 129
– second ▶ 118
– spécifique 113, 143

**sigle** ▶ 103-104

**signe linguistique** ▶ 14

**signifiant** ▶ 13-14

**signifié** ▶ 13-14

**soudure** (des mots) ▶ 93

**soutenu** (niveau de langue ~) ▶ 146-147

**spécialité** (dictionnaire de ~) ▶ 21

**standard** (niveau de langue ~) ▶ 146-147

**suffixes** ▶ 12, 16, 33, 77-78, 85-86
– exprimant l'action ▶ 89
– argotiques ▶ 87
– exprimant la capacité ▶ 90
– diminutifs ▶ 87
– fréquentatifs ▶ 89
– des lieux d'activité ▶ 91
– des noms de maladie ▶ 91
– des noms de métier ▶ 91
– péjoratifs ▶ 87, 137
– de qualités et de défauts ▶ 91

**superlatif irrégulier** ▶ 32

**syllabique** (prononciation ~) ▶ 103

**symbolisme**
– des animaux ▶ 136
– des couleurs ▶ 136

**synchronique** (étude ~) ▶ 7

**synonyme** ▶ 116, 142-145

**synonymes**
– argotiques ▶ 148
– dévalorisants ▶ 137
– par euphémisme ▶ 140-141
– intensifs ▶ 145
– régionaux ▶ 142
– valorisants ▶ 138

**syntagmatique** (axe ~) ▶ 4

**syntaxe** ▶ 4

# T

**terminaison verbale** ▶ 16

**trait d'union** ▶ 93

**transitif** (emploi ~) ▶ 116

# V

**valorisant** (mot ~) ▶ 138, 145

**verbe défectif** ▶ 30

**vocabulaire** ▶ 1
– actif ▶ 3
– commun ▶ 2
– courant ▶ 142
– latent ▶ 3
– passif ▶ 3
– scientifique ▶ 142
– spécialisé ▶ 109, 113
– spécifique ▶ 2, 177-184
– technique ▶ 142
– thémaque ▶ 185-197

**voix pronominale** ▶ 116

**Conception graphique :** Marie-Astrid Bailly-Maître
**Mise en page :** Isabelle Vacher
**Illustrations :** Mathieu de Muizon
**Correction :** Danièle Bouilly et Violaine Nicaud
**Édition :** Claire Dupuis

**Typographie :** cet ouvrage est composé avec les polices de caractères *Cicéro*, *Présence* (créées par Thierry Puyfoulhoux) et *Kievit* (créée par Michael Abbink)